同等学力人员申请硕士学位全国统一考试辅导丛书

全国同等学力统考命题研究组 组编

工商管理

学科综合水平

全国统一考试真题解析

（最新版考试大纲配套用书）

北京理工大学出版社
BEIJING INSTITUTE OF TECHNOLOGY PRESS

图书在版编目（CIP）数据

工商管理学科综合水平全国统一考试真题解析 / 全国同等学力统考命题研究组组编 . —北京 : 北京理工大学出版社, 2019.8（2021.1 重印）

ISBN 978 - 7 - 5682 - 7413 - 5

Ⅰ. ①工…　Ⅱ. ①全…　Ⅲ. ①工商行政管理—硕士—水平考试—题解　Ⅳ. ① F203.9–44

中国版本图书馆 CIP 数据核字（2019）第 174499 号

出版发行 / 北京理工大学出版社有限责任公司

社　　　址 / 北京市海淀区中关村南大街 5 号

邮　　　编 / 100081

电　　　话 /（010）68914775（总编室）

　　　　　　（010）82562903（教材售后服务热线）

　　　　　　（010）68948351（其他图书服务热线）

网　　　址 / http://www.bitpress.com.cn

经　　　销 / 全国各地新华书店

印　　　刷 / 三河市文阁印刷有限公司

开　　　本 / 787 毫米 × 1092 毫米　1/16

印　　　张 / 16.25　　　　　　　　　　　　　　　责任编辑 / 王俊洁

字　　　数 / 406 千字　　　　　　　　　　　　　　文案编辑 / 王俊洁

版　　　次 / 2019 年 8 月第 1 版　2021 年 1 月第 2 次印刷　　责任校对 / 刘亚男

定　　　价 / 46.80 元　　　　　　　　　　　　　　责任印制 / 李志强

图书出现印装质量问题，请拨打售后服务热线，本社负责调换

王　蕙：中国青年政治学院杰出的青年教师，英语语言学硕士，京城著名在职英语"王牌组合"的"二王"之一。著有多部在职英语教科书及辅导用书。

王利平：中国人民大学商学院教授，管理学博士。先后出版《管理学原理》《经济管理基础》《商业企业经营学》《现代企业管理基础》等专著和教材。管理理论、企业理论、企业战略管理、连锁经营管理为其主要研究领域。

闫相国：中国人民大学管理学硕士、北京大学心理学硕士，《广州日报·求学指南》专家顾问团成员，学苑教育教学研究中心主任，主要研究方向为企业战略管理和公司财务管理。

前　言

　　同等学力申请硕士学位是国务院提供给已经在工作岗位上获得一定工作经验、有继续提升自身专业知识愿望的大学毕业生一个继续深造的机会。"工商管理学科综合水平考试"的考试内容主要涵盖了《管理学原理》《企业战略管理》《市场营销》和《财务管理》四部分。

　　本书真题分为三部分：1999—2003年真题适用于国务院学位委员会办公室修订的第一版考试大纲，即《同等学力人员申请硕士学位工商管理学科综合水平全国统一考试大纲及指南（第一版）》；2004—2010年真题适用于国务院学位委员会办公室修订的第二版考试大纲，即《同等学力人员申请硕士学位工商管理学科综合水平全国统一考试大纲及指南（第二版）》；2011—2019年真题适用于国务院学位委员会办公室修订的第三版考试大纲，即《同等学力人员申请硕士学位工商管理学科综合水平全国统一考试大纲及指南（第三版）》。

　　为了帮助考生更好地复习与备考，本资料整理了1999—2019年共21年的工商管理学科综合水平全国统一考试真题，并对所有知识点做了详尽的解析，便于考生在复习中对相关知识点加以整体梳理，防止考生在复习中只见树木不见森林。

　　笔者建议考生在备考期间，首先建立各门课的整体知识结构框架，熟悉各个框架中涵盖的章节内容并思考其相关性，在此基础上结合本资料分析各知识点以不同题型出题时应该如何应对。

考试介绍

　　同等学力人员申请硕士学位是我国目前开展非全日制培养研究生的主要方式之一。同等学力人员申请硕士学位全国统一考试，是国务院学位委员会为保证我国学位授予的总体质量，规范同等学力人员申请硕士学位工作而设立的国家水平考试。

　　根据《中华人民共和国学位条例》的规定，具有研究生毕业同等学力的人员，都可以按照《国务院学位委员会关于授予具有研究生毕业同等学力人员硕士、博士学位的规定》的要求与办法，向学位授予单位提出申请。授予同等学力人员硕士学位是国家为同等学力人员开辟的获得学位的渠道。这对于在职人员业务素质的提高和干部队伍的建设都能起到积极的作用。申请人通过学位授予单位及国家组织的全部考试，并通过学位论文答辩后，经审查达到了硕士学位学术水平者，可以获得硕士学位。

报考条件

　　报名参加外国语水平考试和学科综合水平考试的考生，必须是已通过学位授予单位资格审查的硕士学位申请人，即考生应具备以下资格：

　　1. 已获得学士学位，并在获得学士学位后工作三年以上；

　　2. 本人在教学、科研、专门技术、管理等方面做出成绩的有关材料已提交学位授予单位，并经学位授予单位审查确定具有申请硕士学位资格。

报考时间

各地报名时间详见学苑教育 (http://www.xycentre.com) 网站的考试动态栏目。

考试报名采用网上报名与现场确认相结合的办法。报考者在规定的网上报名时间内，通过互联网登录有关省级主管部门指定的网站，填写、提交报名信息；然后在规定的现场确认时间内，持经学位授予单位审查通过的《同等学力人员申请硕士学位全国统一考试资格审查表》（简称《考试资格审查表》）到指定地点现场照相、缴费、确认报名信息。

网上报名时间：3 月初开始，3 月底结束。

考生一般应在接受其硕士学位申请的学位授予单位所在省（自治区、直辖市）参加报名和考试。如有特殊情况，需申请在工作单位所在地参加报名和考试，必须经接受其硕士学位申请的学位授予单位和其工作单位所在省级主管部门同意，方可报名和考试。

考试时间

每年全国水平考试时间为 5 月底，上午 9:00—11:30 为外国语水平考试，考试时间为 150 分钟；下午 2:30—5:30 为学科综合水平考试，考试时间为 180 分钟。

考试科目

同等学力人员申请硕士学位考试为全国统考，分外国语水平考试和学科综合水平考试两部分。工商管理学科综合水平考试的考试内容包括《管理学原理》《企业战略管理》《市场营销》和《财务管理》四个科目的知识点。

考试内容

一、试卷满分及考试时长

试卷满分为 100 分，考试时间为 180 分钟。

二、答题方式

闭卷、笔试。

三、试卷题型结构

1. 单项选择题：10 小题，每小题 1 分，共 10 分。

2. 多项选择题：4 小题，每小题 2 分，共 8 分。

3. 名词解释：4 小题，每小题 3 分，共 12 分。

4. 简答题：4 小题，每小题 7 分，共 28 分。

5. 论述题：2 小题，每小题 11 分，共 22 分。

6. 案例分析题：2 小题，每小题 10 分，共 20 分。

四、内容比例

管理学原理，约 25%；

企业战略管理，约 25%；

市场营销，约 25%；

财务管理，约 25%。

五、试题难易比例

容易题，约 40%；

中等难度题，约 40%；

难题，约 20%。

六、最新版考试大纲

《同等学力人员申请硕士学位工商管理学科综合水平全国统一考试大纲及指南（第三版）》，国务院学位委员会办公室，高等教育出版社，2010 年 12 月出版。

七、教辅材料

《工商管理学科综合水平考试精要及重点题库汇编》，北京理工大学出版社。

学苑教育简介：学苑教育自 1997 年建立以来，作为全国最早的在职研究生考试辅导培训机构，以其优异的师资团队和完善的教学服务，20 余年来帮助数万名考生通过了在职研究生考试，顺利获得硕士、博士学位。教研中心拥有自己的专职教师队伍、专业教学研发团队和自行研发出版的学员用书，同时与数百位国内外管理专家以及多家国内外知名的管理培训机构建立了紧密的合作关系，共同推出了各个系列的培训课程及图书教材，并在此基础上打造了学苑教育 (www.xycentre.com)、学苑教育在线 (www.xycentre.org) 等多个服务性培训网络平台。学员和社会的认可，愈发证明学苑教育已成为在职培训领域中的领跑者。

我们将始终以"智力服务于中国，提高企业与个人整体竞争力"为目标，用我们恒久不变的真诚与努力，与您共同"启迪广袤思维，追求卓越表现，迈向成功之路"。

本书使用指南

为贯彻实施《国务院学位委员会关于授予具有研究生毕业同等学力人员硕士、博士学位的规定》，加强国家对授予同等学力人员硕士学位的宏观质量控制，保证和提高授予学位的质量，规范质量管理，国务院学位委员会决定按 10 个一级学科点，从 1999 年 6 月起，举办同等学力人员申请硕士学位学科综合水平全国统一考试。

《工商管理学科综合水平全国统一考试真题解析》（以下简称《工商管理考试真题解析》）是受全国同等学力统考命题研究组委托，由"学苑教育工商管理学科命题研究组"组织编写的工商管理类学科的综合水平考试用书。

编写《工商管理考试真题解析》是为了贯彻和实施国务院学位委员会关于同等学力人员申请硕士学位学科综合水平全国统一考试工作的要求，为考试、复习、命题、阅卷评分做出基本规定。同时，也是为了给参加工商管理学科综合水平全国统一考试的考生提供考试复习范围、要求和应全面掌握的基本知识。

《工商管理考试真题解析》由以下三个部分组成：

1. 前言部分

本真题集是根据考试报考条件、报考时间、考试时间、考试科目、试卷题型结构、考试内容比例、试题难易程度以及配套使用的最新版考试大纲和教辅材料来编写的，是工商管理学科综合水平考试概括性的介绍，是考试内容的纲要性提示。

2. 历年真题及解析

《工商管理考试真题解析》是对历年考试内容的总结以及考点的分解和细化，目的在于帮助考生厘清知识要领与脉络，以便考生进一步复习。

3. 模拟试卷

本书最后列出两份模拟试卷，供应试者参考。

《工商管理考试真题解析》由"学苑教育工商管理学科命题研究组"负责组织编写。在确定基本内容，写出初稿后，邀请部分在京专家召开专家评审会，听取同行专家的意见和建议，作了进一步调整和修改。但由于时间紧迫、水平所限，本书肯定还有偏颇和不完善之处。真诚期望同行和考生提出意见和建议。

编　者

CONTENTS

目录

第一部分

（1999—2003 年真题）

适用于第一版考试大纲

考试说明

1. 本试卷满分 100 分。
2. 请考生务必将本人准考证号最后两位数字填写在本页右上角方框内。
3. 第一题、第二题的答案一律用 2B 铅笔填涂在指定的答题卡上，写在试卷上或答题纸上的答案一律无效。
4. 在答题卡上正确的填涂方法为在答案所代表的字母上画线，如 [A] [B] [C] [D]。
5. 其他题一律用蓝色或黑色墨水笔在答题纸指定位置上按规定要求作答，未写在指定位置上的答案一律无效。
6. 监考员收卷时，考生须配合监考员验收，并请监考员在准考证上签字（作为考生交卷的凭据）。否则，若发生答卷遗失，责任由考生自负。

学科综合水平全国统一考试
工商管理试卷

一、单项选择题（每题 1 分，共 10 分。请从 A、B、C、D 中选择一个正确答案）

1. 马克斯·韦伯提出的通常称作"官僚制""科层制"或"理想的行政组织"理论的基本权威是建立在（   ）的基础上的。

   A. 个人的权威　　　　　　　　　　B. 传统的权威

   C. 法理的权威　　　　　　　　　　D. 神授的权威

2. 实现组织动态平衡，最关键是处理（   ）的矛盾。

   A. 个人与整体　　　　　　　　　　B. 内部与外部

   C. 稳定与变革　　　　　　　　　　D. 一般与特殊

3. 明星类产品是指处于（   ）的产品群。

   A. 高市场占有率、低市场增长率　　B. 低市场占有率、低市场增长率

   C. 低市场占有率、高市场增长率　　D. 高市场占有率、高市场增长率

4. 以下对企业文化与战略的关系表述错误的是（   ）。

   A. 企业文化为战略提供成功的动力　　B. 企业文化是战略实施的关键

   C. 企业文化决定了企业战略　　　　　D. 企业文化与战略相互适应与协调

5. 企业想办法在现有市场上把产品卖给从未买过本企业产品的顾客是指（   ）。

   A. 产品推销　　　　　　　　　　　　B. 市场渗透

   C. 市场开发　　　　　　　　　　　　D. 产品开发

6. 以小型的、间断性进攻干扰对手的士气，以占据长久性的立足点，这是（   ）。

   A. 迂回进攻　　　　　　　　　　　　B. 侧翼进攻

   C. 运动防御　　　　　　　　　　　　D. 游击进攻

7. 消费者在购买前往往需要去多家商店了解和比较价格、式样、品质等的消费品是指（   ）。

   A. 有形产品　　　　　　　　　　　　B. 特殊产品

   C. 选购产品　　　　　　　　　　　　D. 非渴求品

8. 以下比率表述正确的是（   ）。

   A. 流动比率反映的是企业长期偿债的能力，该比率等于 2 的时候最好

   B. 资产负债率越高，说明企业的偿债能力越强

   C. 企业的利息周转倍数若低于 1，说明企业实现的利润不足以支付费用，表明企业有很大的财务风险

   D. 投资报酬率反映的是税后利润与净资产的比值，指标越高，说明企业的风险越高

9. 在以下资金来源中，成本最高的是 (   )。

    A. 银行贷款　　　　　　　　　　　B. 发行普通股

    C. 发行债券　　　　　　　　　　　D. 未分配利润

10. 某企业某投资项目的净现值小于零，则该项目 (   )。

    A. 净现值小于零，项目可行　　　　B. 净现值小于零，项目不可行

    C. 实际报酬率大于零，项目可行　　D. 内部报酬率大于资金成本率，项目可行

二、多项选择题（每题 2 分，共 8 分。请从 A、B、C、D、E 中选择所有你认为正确的答案）

11. 在实践中锻炼和培养管理人员的方法有 (   )。

    A. 比较法　　　　　B. 有计划提升　　　　　　C. 委以助手职务

    D. 临时提升　　　　E. 职务轮换

12. 战略控制的制约因素包括 (   )。

    A. 人员　　　　　　B. 组织　　　　　　　　　C. 整合

    D. 分工　　　　　　E. 企业文化

13. 企业在对渠道方案评估时，其标准包括 (   )。

    A. 经济性　　　　　B. 控制性　　　　　　　　C. 合理性

    D. 适应性　　　　　E. 公平性

14. 根据成本习性，可将企业的成本划分为 (   )。

    A. 固定成本　　　　B. 变动成本　　　　　　　C. 机会成本

    D. 混合成本　　　　E. 代理成本

三、名词解释（每题 3 分，共 12 分）

1. 非正式组织

2. 企业战略

3. 品牌扩展

4. 财务管理假设

四、简答题（每题 7 分，共 28 分）

1. 简述事业部制组织结构的优点。

2. 简述影响企业宏观环境的因素。

3. 简述企业提高市场占有率时应考虑的因素。

4. 简述理财主体假设及其特点。

五、论述题（每题 11 分，共 22 分）

1. 论述卓有成效的领导者所具备的素质。

2. 如何理解差异化战略及其实施的动因和缺陷？

六、案例分析题（每题 10 分，共 20 分）

案例一：

药物营销的多渠道管理策略

某企业有一个产品，是治疗 ED（勃起功能障碍）的。由于这个产品已经被批准在零售药店销售，这个产品的主要销售渠道就有三个：医院、专科诊所和零售药店。销售渠道多本来是件好事，可以扩容市场；但如果管理不善，也可能出现窜货和渠道间的恶性竞争，最终导致整个市场的混乱。

而这个企业巧妙地采用了不同的包装和价格管理策略，让三个渠道都非常通畅，并且没有出现窜货和恶性竞争。

企业给零售药店提供的产品包装是 2 片，每盒 50 元；给医院提供的包装是 4 片，每盒 72 元；给专科诊所的包装是 6 片，每盒 120 元。同时价格也略有不同，药店的相对比较贵，专科诊所居中，医院的最便宜。

问题：

1. 该企业设计销售渠道时考虑了哪些因素？

2. 该企业采用了哪些定价策略？谈谈你对这种定价的看法。

案例二：

宏达公司在初创时拟筹资 5 000 万元，现有甲、乙两个备选方案，有关资料经测算如下表：

筹资方式	甲		乙	
	筹资额（万元）	资金成本	筹资额（万元）	资金成本
长期借款 公司债券 普通股	800 1 200 3 000	7% 8.5% 14%	1 100 400 3 500	7% 8.5% 14%
合计	5 000		5 000	

要求：确定宏达公司应选择哪个筹资方案？

1999 年同等学力人员申请硕士学位
学科综合水平全国统一考试
工商管理答案及解析

一、单项选择题

1. 【正确答案】C

    【所属学科】《管理学》第一章，管理的发展历史。

    【难易程度】容易

    【考点解析】早期的组织管理过程中多依靠个人的权威，以传统的权威和"神授"的超凡权威为基本的控制手段。马克斯·韦伯指出，组织管理过程中依赖的基本权威将由个人转向"法理"，以理性的、正式规定的制度规范为权威中心实施管理。

2. 【正确答案】C

    【所属学科】《管理学》第二章，组织管理原理。

    【难易程度】容易

    【考点解析】实现组织动态平衡，最关键的是处理稳定与变革的矛盾。如何在稳定与变革之间、日常的正常经营管理与阶段性变革之间取得平衡，是动态平衡、发展过程管理中最困难的一个方面。

3. 【正确答案】D

    【所属学科】《企业战略管理》第一章，导论。

    【难易程度】中度

    【考点解析】通过相对市场占有率和相对市场增长率两个因素相互作用，会出现四种不同性质的产品类型，形成不同的产品发展前景：(1) 销售增长率和市场占有率"双高"的产品群 (明星类产品)；(2) 销售增长率和市场占有率"双低"的产品群 (瘦狗类产品)；(3) 销售增长率高、市场占有率低的产品群 (问题类产品)；(4) 销售增长率低、市场占有率高的产品群 (现金牛类产品)。

4. 【正确答案】C

    【所属学科】《企业战略管理》第七章，企业战略与企业文化。

    【难易程度】中度

    【考点解析】企业文化与战略的关系主要表现在：(1) 企业文化为战略提供成功的动力；(2) 企业文化是战略实施的关键；(3) 企业文化与战略相互适应与协调。因此，企业文化有助于企业制定和实施战略，保证了企业的效率，但企业文化绝非企业战略的决定因素。

5. 【正确答案】B

    【所属学科】《市场营销》第二章，企业战略计划过程和市场营销管理过程。

    【难易程度】中度

【考点解析】如果企业尚未完全开发潜伏在其现有产品和市场中的机会，则可采取密集增长战略。这种战略包括以下三种类型：市场渗透、市场开发、产品开发。其中，市场渗透是指企业采取更积极的销售措施，在现有的市场增加现有的产品销售的战略。

6. 【正确答案】D

【所属学科】《市场营销》第五章，市场竞争战略。

【难易程度】中度

【考点解析】游击进攻是主要适用于规模较小、力量较弱的企业的一种战略，其目的在于以小型的、间断性的进攻干扰对手的士气，以占据长久性的立足点。因为小企业无力发动正面进攻或有效的侧翼进攻，只有向较大的对手市场的某些角落发动游击式的促销或价格攻势，才能逐渐削弱对手的实力。如果想打倒对手，仅靠游击战不可能达到目的，还需要发动更强大的攻势。

7. 【正确答案】C

【所属学科】《市场营销》第六章，产品策略。

【难易程度】偏难

【考点解析】A.有形产品，是核心产品借以实现的形式，即向市场提供的实体和服务的形象。如果有形产品是实体物品，则它在市场上通常表现为产品质量水平、外观特色、式样、品牌名称和包装等。B.特殊产品，指消费者能识别哪些牌子的商品物美价廉，哪些牌子的商品质次价高，而且许多消费者习惯上愿意多花时间和精力去购买的消费品。C.选购产品，指消费者为了物色适当的物品，在购买前往往要去许多家零售商店了解和比较商品的花色、式样、质量、价格等方面的消费品。D.非渴求品，指顾客不知道的物品，或者虽然知道却没有兴趣购买的物品。例如，刚上市的新产品、人寿保险、百科全书等。

8. 【正确答案】C

【所属学科】《财务管理》第三章，企业财务分析。

【难易程度】偏难

【考点解析】A.流动比率反映的是在短期内转化成现金的资产对需要在短期内偿还的负债的一种保障程度，能比较好地反映企业的短期偿债能力。根据惯例，流动比率等于2的时候最佳。B.资产负债率反映的是在企业的全部资金中有多大的比例是通过借债而筹集的。因此，这一比率能反映资产对负债的保障程度。这个比率越高，说明长期偿债能力越差；反之，这个比率越低，说明长期偿债能力越好。当然，也并不是说这个比率越低越好。C.利息周转倍数反映企业所实现的利润支付利息费用的能力。这一指标越大，说明支付利息的能力越强；反之，则说明支付利息的能力越弱。此指标若低于1，说明企业实现的利润不足以支付其当期费用，表明企业有了较大的财务风险。D.投资报酬率反映的是企业投入的全部资金的盈利能力，是财务管理中的一个重要指标，也是总公司对分公司下达经营目标、进行内部考核的主要指标。这一指标越高，说明企业的盈利能力越强。

9. 【正确答案】B

   【所属学科】《财务管理》第四章，企业筹资决策。

   【难易程度】偏难

   【考点解析】企业的普通股与留存收益都属于所有者权益，股利的支付不固定。如果企业破产后，股东的求偿权位于最后，与其他投资者相比，普通股所承担的风险就最大，因此报酬也最高，所以在企业的各种资金来源中，普通股的成本最高。

10. 【正确答案】B

    【所属学科】《财务管理》第五章，企业投资决策。

    【难易程度】中度

    【考点解析】本题考查净现值法的决策规则。净现值法的决策规则是，在只有一个备选方案的采纳与否决策中，净现值为正者，则采纳； 净现值为负者，不采纳。

二、多项选择题

11. 【正确答案】BCDE

    【所属学科】《管理学》第五章，计划与控制。

    【难易程度】中度

    【考点解析】实践中锻炼和培养管理人员的方法。

12. 【正确答案】ABE

    【所属学科】《企业战略管理》第五章，企业战略的制定与实施。

    【难易程度】中度

    【考点解析】战略控制的制约因素。

13. 【正确答案】ABD

    【所属学科】《市场营销》第八章，分销渠道策略。

    【难易程度】中度

    【考点解析】企业对分销渠道交替方案评估的标准。

14. 【正确答案】ABD

    【所属学科】《财务管理》第四章，企业筹资决策。

    【难易程度】中度

    【考点解析】企业成本按照成本习性进行的分类。

三、名词解释

1. 【答案提示】非正式组织，是指两个或两个以上的人无意识地体系化、类型化了的多种心理因素的系统。

2. 【答案提示】企业战略，是指企业面对激烈变化、严峻挑战的经营环境，为求得长期生存和不断发展而进行的总体性谋划。

3. 【答案提示】品牌扩展，是指企业利用其成功品牌名称的声誉来推出改良产品或新产品，包括推出新的包装规格、式样等。

4. 【答案提示】财务管理假设，是人们利用自己的知识，根据财务活动的内在规律和理财环境的要求所提出的，具有一定事实依据的假定或设想，是进一步研究财务管理理论和实践问题的基本前提。

四、简答题

1. 【答案提示】事业部制组织结构的优点：

(1) 权力下放，有利于最高管理层摆脱日常行政事务，集中精力研究外部环境，制定长远的全局性的发展战略规划，使其成为强有力的决策中心。

(2) 各事业部主管摆脱了事事请示、汇报的框架，能自主处理各种日常工作，有助于加强事业部管理者的责任感，发挥他们搞好经营管理的主动性和创造性，提高企业经营适应能力。

(3) 各事业部可集中力量从事某一方面的经营活动，实现高度专业化，整个企业可以容纳若干经营特点有很大差别的事业部，形成大型联合企业。

(4) 各事业部的经营责任和权限明确，物质利益与经营状况紧密挂钩。

2. 【答案提示】企业宏观环境是指那些给企业造成市场机会或环境威胁的主要社会力量，直接或间接地影响了企业的战略管理。其中，主要的影响因素有：

(1) 政治和法律环境，是指那些制约和影响企业的政治要素和法律系统，及其运行状态。

(2) 经济环境，是指构成企业生存与发展的社会经济状况及国家的经济政策，包括社会经济结构、经济体制、宏观经济政策等指标。

(3) 科技环境，是指企业所处的环境中科技要素及与该要素直接相关的各种社会现象的集合，包括科技体制、政策、技术水平、发展趋势。

(4) 社会文化环境，是指企业所处的社会结构、社会风俗和习惯、信仰和价值观、行为规范、生活方式、人口规模、地理分布等因素的形成与变动。

3. 【答案提示】企业在提高市场占有率时，应该考虑以下因素：

(1) 引起反垄断活动的可能性。当企业的市场占有率超过一定限度时，就可能受到指控和制裁。

(2) 为提高市场占有率所付出的成本。当企业的市场占有率进一步提高时，势必会付出很大的成本。

(3) 争夺市场占有率时所采用的市场营销组合策略。

4. 【答案提示】理财主体假设是指企业的财务管理工作不是漫无边际的，而是限制在每一个经济上和经营上具有独立性的组织之内的。它明确了财务管理工作的空间范围。理财主体应具备以下特点：

(1) 理财主体必须有独立的经济利益；

(2) 理财主体必须有独立的经营权和财产权；

(3) 理财主体一定是法律实体，但法律实体不一定是理财主体。

五、论述题

1. 【答案提示】是否有卓越的领导者或领导集团，直接决定了企业的经营成败。显然，才智平庸、软弱无能者是无法担负起有效领导的重任的。所以，现代企业领导职能客观上要求领导者具备相应的良好素质。一般而言，一个卓有成效的企业领导者应具备如下素质：

(1) 品德高尚。领导者要公正无私，襟怀坦荡，富于牺牲精神，严于律己，宽以待人。

(2) 性格完善。领导者应性格开朗，豁达大度，意志坚强，自信，有自知之明，对事物具有广泛的兴趣和热情。

(3) 富于进取心和创新意识。领导者通常会有较强的事业心和成就需要，希望通过事业的成功体现自身的价值，有魄力和独创精神，勇于积极开拓新的活动领域。

(4) 博学多识。领导者应具有较完备的知识结构，不仅通晓与企业领导工作有关的现代管理科学知识，同时还精通与本部门业务活动性质有关的专业知识。

(5) 多谋善断。决策是领导的主要职能之一。企业领导者应善于发现问题，提出多种解决方案，并从中进行优选决策；能够根据情况的变化，随机应变地进行跟踪决策和适时处理。

(6) 知人善任。领导的核心是用人。有效的领导者应当善于观察人、了解人，用人之长，唯才是举，充分发挥每个成员的潜力和积极性。

(7) 沟通协调能力强。现代企业领导者应具有较强的人际交往能力，善于与下属及外部公众建立良好的沟通关系；能够调节各种复杂的矛盾，促进企业内外关系的协调发展。

除上述基本素质外，企业领导者还应具备一定的领导风格。领导风格是领导者个性气质、性格、能力、思想方法、价值观念及行为习惯的综合体现。鲜明、独特的领导风格可以增强领导者的魅力和感召力，因而也是领导者获取成功的重要条件之一。

2. 【答案提示】差异化战略是指企业通过提供与众不同的产品和服务，来满足顾客的特殊需要，从而形成竞争优势的战略。

企业实施差异化战略的动因包括：

(1) 形成进入障碍。

(2) 降低顾客的敏感度。

(3) 增强议价的能力。

(4) 防止替代品的威胁。

企业实施差异化战略时，主要存在的风险有：

(1) 企业没有形成适当的差异化。

(2) 在竞争对手的模仿和进攻下，行业条件发生变化时，企业不能保持差异化。

六、案例分析题

案例一【答案提示】

1. 企业设计销售渠道时考虑的因素有：顾客特性、产品特性、中间商特性、竞争特性、企业特性、环境特性。

2. 该企业采用了差别定价策略。差别定价策略是实际中应用较典型的定价策略之一，也称为歧视性定价 (Price discrimination)，是对企业生产的同一种产品根据市场的不同、顾客的不同而采用不同的售价。这种定价策略的优点：根据实际需要和综合变化，可以随时做出调整和适应，最大限度地满足不同顾客的需求。这种定价策略的缺点：可控因素少，变化信息大，各个环节需要尽快在第一时间确认和反馈出来，影响时效性。

案例二【答案提示】

$$甲方案的加权平均成本 = 800/5\,000 \times 7\% + 1\,200/5\,000 \times 8.5\% + 3\,000/5\,000 \times 14\%$$
$$= 16\% \times 7\% + 24\% \times 8.5\% + 60\% \times 14\%$$
$$= 1.12\% + 2.04\% + 8.4\% = 11.56\%$$

$$乙方案的加权平均成本 = 1\,100/5\,000 \times 7\% + 400/5\,000 \times 8.5\% + 3\,500/5\,000 \times 14\%$$
$$= 22\% \times 7\% + 8\% \times 8.5\% + 70\% \times 14\%$$
$$= 1.54\% + 0.68\% + 9.8\% = 12.02\%$$

根据上述计算可以看出，乙方案的加权平均成本高于甲方案的加权平均成本。因此，宏达公司应选择甲方案来进行筹资。

2000 年同等学力人员申请硕士学位

学科综合水平全国统一考试

工商管理试卷

一、单项选择题（每题 1 分，共 10 分。请从 A、B、C、D 中选择一个正确答案）

1. 管理就是决策，这是（　　）的观点。

   A. 泰罗　　　　　　　　　　　　B. 法约尔

   C. 西蒙　　　　　　　　　　　　D. 巴纳德

2. "集中决策，分散经营"是（　　）组织结构的本质特征。

   A. 直线制　　　　　　　　　　　B. 直线职能制

   C. 事业部制　　　　　　　　　　D. 矩阵制

3. 实施集中化战略的条件不包括（　　）。

   A. 市场足够大，可以实现盈利

   B. 在相同缝隙市场经营的竞争者少

   C. 集中者可以有效地预防竞争者的挑战

   D. 比竞争对手实现更低的成本价格

4. 企业根据所拥有的技术、产品和服务的市场，客观地评价优势与劣势，确定自己的位置，制订竞争基准，这是指（　　）。

   A. 企业目的　　　　　　　　　　B. 企业定位

   C. 企业理念　　　　　　　　　　D. 公众形象

5. 市场对一个或几个产品的需求呈下降趋势，这是指（　　）。

   A. 负需求　　　　　　　　　　　B. 无需求

   C. 有害需求　　　　　　　　　　D. 下降需求

6. 企业集中所有力量，以一个或少数几个性质相似的子市场作为目标市场，这种行为是指（　　）。

   A. 差异市场营销　　　　　　　　B. 无差异市场营销

   C. 集中市场营销　　　　　　　　D. 市场定位

7. 针对（　　）行为，市场营销者可采用销售促进和占据有利货架位置的办法以保障供应，鼓励消费者购买。

   A. 习惯型购买　　　　　　　　　B. 变换型购买

   C. 协调型购买　　　　　　　　　D. 复杂型购买

8. 在企业筹资的个别资金成本计算中，不必考虑筹资费用影响因素的（　　）。

   A. 普通股筹资成本　　　　　　　B. 留存收益筹资成本

   C. 债券筹资成本　　　　　　　　D. 优先股筹资成本

9. 某企业流动负债 50 万元，速动比率 1.5，流动比率 2.0，销售成本 35 万元，当期没有发生待摊费用和待处理财产损益，则存货周转次数为 ( )。

A. 1   B. 2   C. 3   D. 1.4

10. 回收初始投资所需要的时间是 ( )。

A. 投资报酬率   B. 平均报酬率

C. 投资回收期   D. 内部报酬率

二、多项选择题 (每题 2 分，共 8 分。请从 A、B、C、D、E 中选择所有你认为正确的答案)

11. 股份所有制企业的特征包括 ( )。

A. 公司的股份不能自由进行转让   B. 资本证券化

C. 有限责任制   D. 所有权与经营权分离

E. 公司账目公开

12. 企业实施多种经营战略的外部原因是 ( )。

A. 产品需求趋向停滞   B. 市场的集中程度   C. 实现范围经济

D. 转移竞争能力   E. 需求的不确定性

13. 企业产品的整体概念包括 ( ) 层次。

A. 核心产品   B. 选购产品   C. 附加产品

D. 便利产品   E. 有形产品

14. 股利分配政策包括 ( )。

A. 剩余股利政策   B. 稳定股利政策   C. 变动股利政策

D. 低正常股利政策   E. 低正常股利加额外股利政策

三、名词解释 (每题 3 分，共 12 分)

1. 人员配置

2. 整合

3. 市场营销

4. 财务管理理论

四、简答题 (每题 7 分，共 28 分)

1. 简述革新的过程。

2. 简述经营单位战略与总体战略的区别。

3. 简述生产商与中间商产生矛盾的原因。

4. 简述企业筹资管理的基本原则。

五、论述题 (每题 11 分，共 22 分)

1. 试论组织的正式侧面与非正式侧面。

2. 论述纵向分工结构的基本类型。

六、案例分析题（每题10分，共20分）

案例一：

日本的化妆品——资生堂细分"岁月"

日本的化妆品，首推资生堂。近年来，它连续名列日本各化妆品公司榜首。资生堂之所以长盛不衰，与其独具特色的营销策略密不可分。

独创品牌分生策略

与一般化妆品公司不同，资生堂对其公司品牌的管理采取所谓的品牌分生策略。该公司以主要品牌为准，对每一品牌设立一个独立的子公司。这样，每个子公司可以针对这一品牌目标顾客的不同情况，制定独立的产品价格、促销策略；同时，公司内部品牌与品牌之间，子公司与子公司之间也要进行激烈的竞争。例如，20世纪90年代初，该公司以年龄在20岁左右、购买能力较低、对知名品牌敬而远之、对默默无闻的品牌能自主选择的女性为目标顾客，推出"ettusais"系列化妆品。该品牌的营销管理就比较特别。他们在东京银座一楼专卖"ettusais"系列化妆品的商店中，陈列的品种达30多种，顾客可以当场试用，且价格也较低。考虑到目标顾客的思想行为特点，他们在"ettusais"系列化妆品包装上一律不写资生堂的名字，让人不易觉察这是大名鼎鼎的资生堂产品。通常，一般店铺中，顾客一上门，售货员就会做一大串说明，而资生堂ettusais店则规定，除非顾客主动询问，售货员绝不能对其进行干扰，为这些年轻女性创造一种能完全独立自主挑选的购物气氛。

体贴不同岁月的脸

20世纪80年代以前，资生堂实行的是一种不对顾客进行细分的大众营销策略，即希望自己的每种化妆品对所有的顾客都适用。80年代中期，资生堂因此遭到重大挫折，市场占有率下降。1987年，公司经过认真反省以后，决定由原来的无差异的大众营销转向个别营销，即对不同顾客采取不同营销策略，资生堂提出的口号便是"体贴不同岁月的脸"。他们对不同年龄阶段的顾客提供不同品牌的化妆品。为十几岁少女提供的是RECIENTE系列，为20岁左右的女士提供的是ettusais，为四五十岁的中年妇女提供的是长生不老的ELIXIR系列，而50岁以上的妇女则可以用防止肌肤老化的资生堂返老还童RIVITAL系列。

资生堂不像一般的化妆品公司那样，对零售商有较大的依赖，它有自己独立的销售渠道，旗下专卖店（柜）达25000多家。为配合产品销售，资生堂又推行了"品牌店铺"策略，即结合各品牌的具体情况，在每一专卖店（柜）中只集中销售一种或几种品牌。例如，在学校、游乐场、电影院附近等年轻人较多的地方，设立RECIENTE系列专卖店；在老年人出入较多的地方，则设立RIVITAL系列专卖店。为使其对市场的细分达到最彻底的程度，资生堂制定的战略是，未来旗下的每一家店铺只出售一种品牌的资生堂产品。

CL店构想

资生堂还对化妆品市场进行了调查和研究，发现一般消费者不仅需要化妆品公司提供高质量的产品，更需要他们提供高水平的美容咨询服务，于是资生堂提出了CL店构想。资生堂强调其旗下各专卖店（柜）的销售人员必须有较强的咨询能力（couseling，即CL），能把化妆品店变成美容咨询室，为入店顾客提供各种咨询服务。为此，资生堂积极对其员工进行培训，目的是使每个销售人员都成为"美容专家"。每年，资生堂要举行六期美容CL的研讨会，以传授商店美容咨询的秘诀。

战略营销管理

资生堂是日本最早进行战略营销管理的企业之一，内部有专门的战略营销研究机构——资生堂营销战略室。这个研究室的主要任务便是对资生堂的外部营销环境、行业竞争态势做出判断，制定中长期的企业营销策略，并负责实施这些战略。此外，资生堂还在日本全国各地聘请了35位高级营销顾问，每年在资生堂总部集中研讨国内外化妆品市场动向，检讨资生堂在战略管理中的问题。技高一筹的战略营销管理使资生堂在激烈的市场竞争中始终能领先一步。

问题：

1. 资生堂是如何进行市场细分的？其品牌分生策略其实属于哪种目标市场营销战略？

2. 资生堂的目标市场战略有何独特之处？

案例二：

ABC公司，1998年实现销售收入100万元，税后净利润为9万元。企业总资产为50万元，资产负债率为76%。

要求：计算该企业的所有者权益报酬率。（保留两位小数）

2000 年同等学力人员申请硕士学位

学科综合水平全国统一考试

工商管理答案及解析

一、单项选择题

1. 【正确答案】C

   【所属学科】《管理学》第一章，管理的发展历史。

   【难易程度】容易

   【考点解析】A. 泰罗最根本的贡献，是在管理实践和管理问题研究中利用观察、记录、调查、实验等手段的近代分析科学方法。泰罗成为名副其实的"科学管理之父"。B. 法约尔在其代表作《工业管理与一般管理》中提出的一般管理理论对西方管理理论的发展具有重大影响，该理论成为管理过程学派的理论基础。C. 以西蒙为代表的决策理论学派强调决策的重要性，并把"决策人"作为一种独立的管理模式。D. 巴纳德开创的组织管理理论研究，揭示了管理过程的基本原理。巴纳德因此被誉为近代管理理论的奠基人。

2. 【正确答案】C

   【所属学科】《管理学》第四章，决策。

   【难易程度】中度

   【考点解析】A. 直线制，是最简单的集权式组织结构形式，又称军队式结构，领导关系按垂直系统建立。B. 直线职能制，是厂长（经理）对业务职能部门实行垂直领导的组织结构形式，职能部门的作用是参谋和助手。C. 事业部制的本质特征：集中决策、分散经营；独立核算、自负盈亏；经营权力下放，增强主动性、创造性，提高企业适应能力。D. 矩阵制，是由横纵两个管理系列交叉组成的组织结构形式，有双道命令系统。这种组织结构的优点：及时沟通、降低成本、组建方便、及时化解矛盾。

3. 【正确答案】D

   【所属学科】《企业战略管理》第四章，经营单位战略。

   【难易程度】偏难

   【考点解析】(1) 实施低成本领先战略的条件：比竞争对手实现更低的成本价格；能持续降低成本。(2) 实施差异化战略的条件：有多种方法能实现产品差异化；能为顾客增加价值；用相同的差异化战略展开竞争的企业很少。(3) 实施集中化战略的条件：市场足够大以至于能盈利；对于行业领导者来讲并不重要；对于从事多细分市场经营的竞争者来讲，要满足这些缝隙顾客的要求；在相同缝隙市场经营的竞争者很少；集中者能以卓越的缝隙市场服务能力抵御挑战。

4. 【正确答案】B

   【所属学科】《企业战略管理》第一章，导论。

【难易程度】中度

【考点解析】A. 企业目的，特别是企业的经济目的。在企业里，企业的生存、增长、获利三个经济目的决定着企业的战略方向。在日益激烈变化的环境中，企业只有真正关注其长期增长与发展，才能够真正生存下来。B. 企业定位，企业要在竞争中根据所拥有的技术、所生产的产品和所服务的市场，客观地评价自己的优劣条件，准确地确定自己的位置，制订竞争的基准。C. 企业理念，或称企业信念。这是企业的基本信念、价值观、抱负和哲理选择，是企业的行为准则。企业可以据此对自己的行为进行自我控制和自我约束。D. 公众形象，企业管理者应该充分满足公众期望，树立良好的企业形象，尽到对社会应尽的责任。

5. 【正确答案】D

【所属学科】《市场营销》第二章，企业战略计划过程和市场营销管理过程。

【难易程度】中度

【考点解析】A. 负需求是指绝大多数人对某个产品感到厌恶，甚至愿意出钱回避它的一种需求状况。B. 无需求是指目标市场对产品毫无兴趣或漠不关心的一种需求状况。C. 有害需求是指市场对某些有害物品或服务的需求。D. 下降需求是指市场对一个或几个产品的需求呈下降趋势的一种需求状况。

6. 【正确答案】C

【所属学科】《市场营销》第二章，企业战略计划过程和市场营销管理过程。

【难易程度】中度

【考点解析】A. 差异市场营销是指企业决定同时为几个子市场服务，设计不同的产品，并在渠道、促销和定价方面都做出相应的改变，以适应各子市场的需要。B. 无差异市场营销是指企业在市场细分之后，不考虑各子市场的特性，而只注重子市场的共性，决定只推出单一产品，运用单一的市场营销组合，力求在一定程度上满足尽可能多的顾客的需求。C. 集中市场营销是指企业集中所有力量，以一个或少数几个性质相似的子市场作为目标市场，试图在较少的子市场上占较大的市场占有率。D. 市场定位，是企业为了使自己生产或销售的产品获得稳定的销路，要从各方面为产品培养一定的特色，树立一定的市场形象，以求在顾客心目中形成一种特殊的偏爱。

7. 【正确答案】C

【所属学科】《市场营销》第四章，市场购买行为分析。

【难易程度】中度

【考点解析】A. 习惯型购买行为是指对于价格低廉、经常购买、品牌差异小的产品，消费者不需要花时间选择，也不需要经过搜集信息、评价产品特点等复杂过程的最简单的消费者购买行为类型。B. 变换型购买行为是指对于品牌差异明显的产品，消费者不愿花长时间来选择和估价，而是不断变换所购产品品牌的消费者购买行为类型。C. 协调型购买行为是指对于品牌差异不大的产品，消费者不经常购买，而购买时又有一定的风险，所以消费者一般要比较、看货，只要价格公道、购买方便、机会合适，消费者就会决定购买。D. 复杂型购买行为是指消费者面对不常购买的贵重产品，由于产品品牌差异大，购买风险大，消费者需要有一个学习的过程，广泛了解产品性能、特点，从而对产品产生某种看法，最后决定购买的消费者购买行为类型。

8. 【正确答案】B

【所属学科】《财务管理》第四章，企业筹资决策。

【难易程度】中度

【考点解析】使用留存收益来筹集资本不需要支付发行费用，因而也不需要考虑筹资费用。公司的留存收益是由公司的税后净利形成的，它属于普通股股东的权益。从表面上看，公司使用留存收益似乎不花费什么成本；但实际上，股东之所以愿意将其留存于公司，而不是作为股利分配投资于别的项目，是因为他们必然会要求相应的报酬作为补偿，其报酬率至少应该等于投资于公司普通股应获得的报酬，否则，股东会要求将留存收益分配并将其投资于其他的项目。换句话说，公司留存收益作为一种资本来源，也有其成本，只不过是一种机会成本。因此，留存收益成本的确定方法与普通股成本的确定方法基本相同。

9. 【正确答案】D

【所属学科】《财务管理》第三章，企业财务分析。

【难易程度】中度

【考点解析】根据题目中的已知条件：流动负债 50 万元，速动比率 1.5，流动比率 2.0，销售成本 35 万元，我们可以计算出存货周转次数为 1.4。计算过程如下：存货周转次数＝销售成本 / 存货平均占用额 ＝ $35/[(2 \times 50) - (1.5 \times 50)] = 35/25 = 1.4$。

10. 【正确答案】C

【所属学科】《财务管理》第五章，企业投资决策。

【难易程度】中度

【考点解析】A. 投资报酬率又称资产报酬率，是企业税后净利润同全部资产净值的比率，反映的是企业投入的全部资金的盈利能力。B. 平均报酬率（用 ARR 表示）是投资项目寿命周期内平均的年投资报酬率，没有考虑资金的时间价值，第一年的现金流量与最后一年的现金流量被看作具有相同的价值，所以，有时会做出错误的决策。C. 投资回收期（用 PP 表示）是指回收项目的初始投资所需要的时间，指标没有考虑货币的时间价值，没有考虑回收期满后的现金流量状况。D. 内部报酬率（用 IRR 表示），又称内含报酬率，是使投资项目的净现值等于零的贴现率。内部报酬率实际上反映了投资项目的真实报酬。

二、多项选择题

11. 【正确答案】BCDE

【所属学科】《管理学》第三章，企业和企业制度。

【难易程度】容易

【考点解析】股份所有制企业的特征。

12. 【正确答案】ABE

【所属学科】《企业战略管理》第三章，企业总体战略。

【难易程度】中度

【考点解析】企业实施多种经营战略的外部原因。

13. 【正确答案】ACE

【所属学科】《市场营销》第六章，产品策略。

【难易程度】中度

【考点解析】产品，是指能提供给市场，用于满足人们某种欲望和需要的任何事物，包括实物、服务、场所、组织、思想、主意等。产品的整体概念包含核心产品、有形产品和附加产品三个层次。

14. 【正确答案】ABCE

【所属学科】《财务管理》第六章，企业分配决策。

【难易程度】中度

【考点解析】股利分配政策。

三、名词解释

1. 【答案提示】人员配置是对企业各类人员进行恰当而有效的选择、使用、考评和培养，以合适的人员去充实组织结构中所规定的各项职务，从而保证企业正常运转并实现预定目标的职能活动。

2. 【答案提示】整合是指企业为实现预期的目标而用来协调人员与职能的手段。为此，企业必须建立组织结构，协调不同职能与事业部的生产经营活动，以便有效地执行企业的战略。

3. 【答案提示】市场营销是指与市场有关的人类活动，即以满足人类各种需要和欲望为目的，通过市场将潜在交换转变为现实交换的活动。

4. 【答案提示】财务管理理论是根据财务管理假设所进行的科学推理或对财务管理实践的科学总结而建立的概念体系，其目的是用来解释、评价、指导、完善和开拓财务管理实践。

四、简答题

1. 【答案提示】革新不是一项决策或一种措施所能实现的，它要花费一定的时间，经历一个过程。这一过程包括四个阶段：认识、探索、决策、稳定。

  (1) 认识阶段是有关企业经营已趋成熟或饱和的认识过程。认识是革新的前提。

  (2) 探索阶段是在关于成熟化认识的基础上，重新分析、研究市场，寻找发展途径和机会，进行战略探索的阶段。

  (3) 决策阶段是企业做出重大转折性决策、确定新战略的阶段。

  (4) 稳定阶段是根据新确定的经营战略协调和组织企业各方面的资源和力量、展开战略、稳定经营的过程。

2. 【答案提示】经营单位战略与总体战略的区别：

  (1) 重要程度不同。

  总体战略是有关企业全局发展的、整体性的、长期的战略计划，会对整个企业的长期发展产生深远的影响；而经营单位战略着眼于企业中有关事业部或子公司的局部性战略问题，影响着某一具体事业部或子公司的具体产品和市场，只能在一定程度上影响总体战略的实现。

(2) 参与人员不同。

总体战略形成的参与者主要是企业的高层管理者，而经营单位战略形成的参与者主要是各具体事业部或子公司的经理。

3. 【答案提示】生产商与中间商产生矛盾的原因，从生产者所批评的中间商的缺点中，可理解为：

(1) 中间商并不是制造商所雇用的分链锁中的一环，而是一个独立的市场营销机构，并且能自由制定政策而不受他人干涉。

(2) 中间商首先主要执行顾客购买代理商的职能，其次才执行供应商销售代理商的职能。中间商销售的最好的产品都是顾客愿意购买的产品，不一定是生产者希望中间商销售的产品。

(3) 中间商总是将所有产品进行货色搭配，然后卖给顾客，而不是单一货色的订单。

(4) 生产者若不给中间商特别奖励，中间商绝不会保存所销售的各种品牌的记录。

4. 【答案提示】企业筹资管理有以下几项基本原则：

(1) 分析生产经营情况，合理预测资金需要量。

(2) 合理安排筹资时间，适时取得所需资金。

(3) 认识筹资渠道和资金市场，合理选择筹资方式。

(4) 研究各种筹资方式，选择最佳资金结构。

五、论述题

1. 【答案提示】现实的组织是正式组织与非正式组织的统一，是正式侧面与非正式侧面的统一。

组织是正式组织与非正式组织的统一：

(1) 正式组织与非正式组织是同一组织的两个侧面，两者互为条件，共存于一个组织当中。离开其中任何一方，另一方都无法单独存在。

(2) 只有在两者统一的意义上，才能理解组织的本质。通常只有在对该组织的人际关系、活动特点、运转过程等各方面有了较深入了解后，才能获得完整的概念。而这种了解仅仅依靠正式组织侧面是不可能做到的。

(3) 正式组织与非正式组织的一体化程度反映组织实际状况。正式组织与非正式组织之间的结合程度，我们称之为组织的一体化程度。

组织是正式侧面与非正式侧面的统一：

(1) 组织是正式侧面和非正式侧面的统一的思想，正式组织与非正式组织理论将组织管理过程中科学化、理性化的部分和难以科学化的、非理性化的部分区别开来，为具体区别和把握不同管理问题提供了手段和方法。不仅如此，这种区别还为管理学本身的组成部分与影响管理行为的外部因素之间的联系、界限提供了可靠的把握手段，为深入研究管理中各类要素与有关方面的联系开辟了道路。

(2) 组织是正式侧面和非正式侧面的统一的思想，组织的正式侧面和非正式侧面的思想，揭示了组织管理中一个最基本的事实，找到了问题的核心所在，为理解和把握现实的组织管理过程提供了有力武器。在实际的组织运转过程中，正式侧面和非正式侧面这两方面都在起作用，有时非正式侧面起着比正式侧面更为重要的作用。明确这一点，对于把握管理过程，提高管理的艺术和水平具有极其重要的意义。

2.【答案提示】纵向分工是指企业高层管理人员为了有效地贯彻执行企业的战略，选择适当的管理层次和正确的控制幅度，并说明连接企业各层管理人员、工作以及各项职能的关系。在纵向分工中，有两种基本形式：一是高长型组织结构，二是扁平型组织结构。

(1) 高长型组织结构，是指具有一定规模的企业的内部有很多管理层次。在每个层次上，管理人员的控制幅度较窄。这种结构有利于企业内部的控制，但对市场变化的反应较慢。从实际管理来看，拥有 3 000 名员工的企业平均管理层次一般为 7 个层次。如果某公司有 9 个管理层次，则为高长型组织结构。

(2) 扁平型组织结构，是指具有一定规模的企业的内部管理层次较少。在每个层次上，管理人员的控制幅度较宽。例如，在拥有 3 000 名员工的企业中只有 4 个管理层次，这便是扁平型组织结构。这种结构可以及时地反映市场变化，并做出相应的反应，但容易造成管理的失控。

企业应根据自己的战略以及战略所需要的职能来选择组织的管理层次。当企业达到一定规模时，企业便会使组织的管理层次保持在一定数目上，尽可能地使组织结构扁平化。企业的管理层次过多，企业的战略就难以实施，而且管理费用会大幅度地增加。

六、案例分析题

案例一【答案提示】

1. 资生堂根据顾客的年龄、收入、购买心理对女性市场进行了细分，特别是考虑到公司产品的特殊性 (化妆品)，因此将年龄这个因素作为市场细分的重点，也由此抓住了目标顾客的心。同时，公司还针对不同的细分市场出售不同品牌的产品，这其实是一种差异化的营销战略。

2. 资生堂的目标市场战略的独特之处在于公司对每一种品牌使用不同的分销策略，使产品可以更方便地接触到目标顾客，而且公司在与其他企业的竞争中突出其咨询服务的能力，形成了自己在每个细分市场中的竞争优势。

案例二【答案提示】

该企业销售净利润率＝税后净利润 / 销售收入 = 9/100 = 9%

总资产周转率＝销售收入 / 资产总额 = 100/50 = 2

权益乘数 = 50/(50 − 50×76%) = 50/12 = 4.17

该企业的所有者权益报酬率＝总资产报酬率 × 权益乘数

$$= 销售净利率 × 总资产周转率 × 权益乘数$$

$$= 9\% × 2 × 4.17$$

$$= 75.06\%$$

2001年同等学力人员申请硕士学位

学科综合水平全国统一考试

工商管理试卷

一、单项选择题（每题1分，共10分。请从A、B、C、D中选择一个正确答案）

1. （   ）提出的"官僚制""科层制"是一种广泛采用的组织管理方式，因此他被誉为"组织理论之父"。

    A. 泰罗
    B. 巴纳德
    C. 马克斯·韦伯
    D. 法约尔

2. 利用强化物抑制不良行为重复出现的可能性来运用管理的手段是指（   ）。

    A. 正强化
    B. 消退
    C. 负强化
    D. 弱化

3. 随着经验的增加，能够形成单位成本下降趋势的原因不包括（   ）。

    A. 劳动的效率
    B. 规模经济
    C. 工艺的改进
    D. 产品的改善

4. 技术许可企业通过签订合同的方式，向技术受许可企业提供所必需的专利、商标或专有技术的使用权以及产品的制造权和销售权，这是指（   ）。

    A. 出口
    B. 合资
    C. 特许经营
    D. 技术授权

5. 以下对多种经营战略类型的表述错误的是（   ）。

    A. 纵向整合型是纵向整合比率大于70%
    B. 专业型是专业比率在70%～95%
    C. 关联型是专业比率小于70%，关联比率大于70%
    D. 非关联型是专业比率小于70%

6. 高机会、高威胁的业务是指（   ）。

    A. 理想业务
    B. 冒险业务
    C. 成熟业务
    D. 困难业务

7. 企业在各种不同的新产品的品牌名称前冠以企业名称，使产品合法化并提高企业的信誉，这是（   ）的品牌策略。

    A. 个别品牌
    B. 统一品牌
    C. 多种品牌
    D. 企业名称加个别品牌

8. 优先股因无到期日，又有固定的股利，因而优先股股利可以看作（   ）。

    A. 普通年金
    B. 永续年金
    C. 延期年金
    D. 先付年金

9. 某公司 β 系数为 2.0，无风险利率 6%，市场上所有股票的平均报酬率为 10%，那么该公司的必要报酬率是 (   )。

   A.10%   B.8%   C.16%   D.14%

10. 股东大会通过股利分配方案并由董事会宣布发放股利的日期，这是指 (   )。

   A. 股利宣告日   B. 股权登记日

   C. 除息日   D. 股利发放日

二、多项选择题 (每题 2 分，共 8 分。请从 A、B、C、D、E 中选择所有你认为正确的答案)

11. 动机在激发行为的过程中，具体的功能有 (   )。

   A. 维持功能   B. 始发功能   C. 选择功能

   D. 导向功能   E. 强化功能

12. 在行业成熟期，企业一般有 (   ) 的战略形式可供选择。

   A. 缩减产品系列   B. 创新   C. 降低成本

   D. 提高现有顾客的购买量   E. 发展国际化经营

13. 企业顾客关系管理的主要功能包括 (   )。

   A. 顾客的获取   B. 顾客的开发   C. 顾客的规模

   D. 顾客的保持   E. 顾客的分布

14. 企业把产值最大化作为财务管理的目标，存在 (   ) 缺点。

   A. 没有考虑资金的时间价值   B. 只讲产值，不讲效益

   C. 只讲数量，不求质量   D. 只抓生产，不抓销售

   E. 只重投入，不讲挖潜

三、名词解释 (每题 3 分，共 12 分)

1. 制度化管理

2. 核心能力

3. 产品延伸

4. 直接标价法

四、简答题 (每题 7 分，共 28 分)

1. 如何看待制度化与人性?

2. 简述公司实施差异化战略的动因和风险。

3. 简述消费者市场细分的依据。

4. 简述企业短期偿债能力指标。

五、论述题 (每题 11 分，共 22 分)

1. 论述组织的内部平衡。

2. 论述竞争者对价格变动的反应。

六、案例分析题（每题 10 分，共 20 分）

案例一：

海尔集团的发展战略

海尔集团自 1984 年至 1991 年只生产单一的产品——电冰箱；1991 年与青岛电冰柜总厂、空调器总厂组建海尔集团公司；1991 年至 1995 年 3 年多时间里生产制冷家电产品；1995 年 5 月，海尔集团收购了青岛红星电器股份有限公司，进入了洗衣机行业；1997 年 8 月，海尔集团与莱阳家电总厂合资组建莱阳海尔电器有限公司，进入了小家电行业，生产电熨斗。海尔集团的经营领域扩大到全部白色家电行业，时间是两年。1997 年，海尔集团与杭州西湖电子集团合资组建了杭州海尔电器，生产彩电、VCD 等产品，正式进入黑色家电领域；后海尔集团控股了青岛第三制药厂，进入了医药行业；1998 年，海尔集团开始进入知识产业；随后，海尔集团又进入了金融、餐饮和旅游等行业，成功实施了多元化经营战略。

问题：结合材料谈谈海尔集团的发展战略。

案例二：

某项目需投资 1200 万元用于购建固定资产，项目寿命 5 年，用直线法计提折旧，5 年后设备残值 200 万元；另外在第一年年初一次投入流动资金 300 万元。每年预计付现成本 300 万元，可实现销售收入 800 万元，项目结束时可收回全部垫支的流动资金，所得税率为 40%。当国库券的利息率为 4%，市场证券组合的报酬率为 12%，投资计划的 β 值为 0.5 时。

期数	5	5	5	5	5
利息率	5%	6%	7%	8%	9%
年金现值系数	4.329	4.212	4.100	3.993	3.890
复利现值系数	0.784	0.747	0.713	0.681	0.650

要求：确定该项目的现金流量，并通过净现值对该项目做出决策。（保留两位小数）

2001 年同等学力人员申请硕士学位

学科综合水平全国统一考试
工商管理答案及解析

一、单项选择题

1. 【正确答案】C

　　【所属学科】《管理学》第一章，管理的发展历史。

　　【难易程度】容易

　　【考点解析】A. 泰罗最根本的贡献，是在管理实践和管理问题研究中利用观察、记录、调查、实验等手段的近代分析科学方法。泰罗成为名副其实的"科学管理之父"。B. 巴纳德开创的组织管理理论研究，揭示了管理过程的基本原理。巴纳德被誉为近代管理理论的奠基人。C. 马克斯·韦伯提出的通常称作"官僚制""科层制"或"理想的行政组织"理论，对工业化以来各种不同类型的组织产生了广泛而深远的影响，成为现代大型组织广泛采用的一种组织管理方式。马克斯·韦伯被誉称为"组织理论之父"。D. 法约尔在其代表作《工业管理与一般管理》中提出的一般管理理论对西方管理理论的发展具有重大影响，该理论成为管理过程学派的理论基础。

2. 【正确答案】C

　　【所属学科】《管理学》第六章，组织。

　　【难易程度】中度

　　【考点解析】A. 正强化，又称积极强化，即利用强化物刺激行为主体，来保持和增强某种积极行为重复出现的频率。正强化包括表扬、奖励、提薪、提升等。B. 消退，即对行为不施以任何刺激，任其反应频率逐渐降低，以至自然消退。消退也是强化的一种方式。C. 负强化，又称消极强化，即利用强化物抑制不良行为重复出现的可能性来运用管理手段。负强化包括批评、惩罚、降职、降薪等。D. 弱化，指使某种事物变弱，减轻程度。

3. 【正确答案】B

　　【所属学科】《企业战略管理》第一章，导论。

　　【难易程度】中度

　　【考点解析】在企业制定总体战略时，需要了解企业的每项经营业务的经验曲线，特别是企业以增长与份额矩阵作为制定战略的依据时，经验曲线更为重要。经验曲线是指当某一产品的累积生产量增加时，产品的单位成本趋于下降。因此，在经营单位层次上，经验曲线的优势是成本分析的关键。随着经验的增加，能够形成单位成本下降趋势的原因包括劳动的效率、工艺的改进、产品的改善。

4. 【正确答案】D

　　【所属学科】《企业战略管理》第八章，国际化经营战略。

　　【难易程度】中度

【考点解析】A. 企业出口一般分为间接出口和直接出口。间接出口，是指企业通过设在本国的各种外贸机构或国外企业设在本国的分支机构出口自己的产品和服务。直接出口，是指企业的产品或服务直接卖给国外的客户或最终用户，而不是通过国内的中间机构转卖给国外顾客。B. 合资，是指两个或两个以上不同国家和地区的投资者共同投资组成的具有法人地位的企业。C. 特许经营，是指企业卖给被特许经营企业有限的权利，而收取一次性付清的费用和被特许企业的一部分利润。D. 技术授权，是指技术许可企业通过签订合同的方式，向技术受许可企业提供所必需的专利、商标或专有技术的使用权以及产品的制造权和销售权。

5. 【正确答案】B

   【所属学科】《企业战略管理》第三章，企业总体战略。

   【难易程度】中度

   【考点解析】依据专业比率、关联比率、纵向整合比率可将多种经营战略分为：纵向整合型，纵向整合比率在70%以上；专业型，专业比率在95%以上；本业中心型，专业比率在70%～95%；关联型，专业比率小于70%，关联比率大于70%；非关联型，专业比率小于70%。

6. 【正确答案】B

   【所属学科】《市场营销》第三章，市场营销环境分析。

   【难易程度】中度

   【考点解析】在分析市场营销环境的方法中，市场机会矩阵图的纵列代表"成功的可能性"，横排代表"潜在的吸引力"，表示潜在盈利能力。用这种方法来分析和评价企业所经营的业务，可能会出现四种不同的结果：①理想业务，即高机会和低威胁的业务；②冒险业务，即高机会和高威胁的业务；③成熟业务，即低机会和低威胁的业务；④困难业务，即低机会和高威胁的业务。

7. 【正确答案】D

   【所属学科】《市场营销》第六章，产品策略。

   【难易程度】中度

   【考点解析】A. 个别品牌，即企业中的各种不同的产品分别使用不同的品牌名称。B. 统一品牌，即企业所有的产品都统一使用一个品牌名称。例如，美国通用电气公司的所有产品都统一使用"GE"这个品牌名称。C. 多品牌策略是指企业同时经营两种或两种以上互相竞争的品牌。这种策略由宝洁公司首创。D. 企业名称加个别品牌，即企业决定其各种不同的产品分别使用不同的品牌，而且在各种产品的品牌名称前面还冠以企业名称。例如，美国凯洛格公司就采取这种策略，推出"凯洛格米饼"和"凯洛格葡萄干"。

8. 【正确答案】B

   【所属学科】《财务管理》第二章，财务管理的价值观念。

   【难易程度】中度

【考点解析】A. 后付年金是指每期期末都有等额收付款项的年金。在现实经济生活中，这种年金最为常见，故称为普通年金。B. 永续年金是指无限期支付的年金。西方有些债券为无期债券，这些债券的利息可以视为永续年金。优先股因为有固定的股利而又无到期日，因而优先股股利也可以看作永续年金。C. 延期年金是指在最初若干期没有收付款项的情况下，后面若干期有等额的系列收付款项的年金。D. 先付年金是指在一定时期内，每期期初都有等额的系列收付款项的年金。

9. 【正确答案】D

【所属学科】《财务管理》第二章，财务管理的价值观念。

【难易程度】中度

【考点解析】该公司的必要报酬率＝无风险报酬率＋β 系数 ×（平均报酬率－无风险报酬率）
$$= 6\% + 2 \times (10\% - 6\%) = 14\%$$

10. 【正确答案】A

【所属学科】《财务管理》第六章，企业分配决策。

【难易程度】中度

【考点解析】A. 股利宣告日是股东大会通过股利分配方案并由董事会宣布发放股利的日期。B. 股权登记日是有权领取本期股利的股东进行登记的截止日期。C. 除息日是领取股利的权利与股票分开的日期。D. 股利发放日也称付息日，是将股利正式发放给股东的日期。

二、多项选择题

11. 【正确答案】ABCDE

【所属学科】《管理学》第六章，组织。

【难易程度】中度

【考点解析】动机在激发行为的过程中，具体的功能表现在：

(1) 始发功能，即由动机唤起和驱动人们采取某种行动。

(2) 导向和选择功能。动机总是具体指向某一目标，因而对行为具有定向作用。

(3) 维持功能，即当个体的某种行为产生以后，动机维持这种行为就能达到一定目标。

(4) 强化功能。如果行为尚未达到目标，动机将驱使有机体加强这种活动，以达到目标。

12. 【正确答案】ABCDE

【所属学科】《企业战略管理》第四章，经营单位战略。

【难易程度】中度

【考点解析】成熟行业是一个由迅速成长时期转变为增长缓慢时期的行业发展阶段，行业成熟所引起的竞争变化，要求企业战略迅速做出反应。

13. 【正确答案】ABD

【所属学科】《市场营销》第一章，市场营销导论。

【难易程度】中度

【考点解析】顾客关系管理，包括各种营销理念、战略和策略，如根据顾客行为方式的变化安排分销渠道，借助顾客数据来规划和实施分销、促销和服务战略等。其主要功能集中在三个方面：①顾客的获取；②顾客的开发；③顾客的保持。

14.【正确答案】BCDE

【所属学科】《财务管理》第一章，财务管理理论。

【难易程度】中度

【考点解析】财务管理的目标包括产值最大化、利润最大化、股东财富最大化、企业价值最大化。但如果企业把产值最大化作为财务管理的目标，则会存在以下缺点：①只讲产值，不讲效益；②只讲数量，不求质量；③只抓生产，不抓销售；④只重投入，不讲挖潜。所以，企业将产值最大化作为财务管理的目标是不符合财务运行规律的。

三、名词解释

1.【答案提示】制度化管理，是指以制度规范为基本手段协调企业组织集体协作行为的管理方式。制度化管理的实质在于以科学确定的制度规范为组织协作行为的基本约束机制，其主要依靠外在于个人的、科学合理的理性权威实行管理。

2.【答案提示】核心能力，就是企业在具有重要竞争意义的经营活动中能够比其竞争对手做得更好的能力。

3.【答案提示】产品延伸策略指全部或部分地改变公司原有产品的市场定位，具体做法有向下延伸、向上延伸和双向延伸三种。

4.【答案提示】直接标价法又称应付标价法，是以一定单位（一、百、万等）的外国货币为标准，折算为一定数额的本国货币的方法。当前世界上除英、美等少数国家外，都采用直接标价法。

四、简答题

1.【答案提示】制度化管理强调的并不是极端的制度化，而是以制度化管理体系为基础，谋求制度化与人性、制度化与活力的平衡。在此意义上，在推行制度化管理的同时，要处理好以下两组矛盾平衡关系：

(1)"经"与"权"的关系。

"经"与"权"，即所谓原则性与灵活性，坚持按制度办事与适当变通之意。在管理中，"经"就是坚持管理的基本原则、基本制度，坚持原则性；"权"就是从实际出发，根据情况的变化采取适当措施，必要时采取变通办法。根据现实情况和经验反映出的问题，处理"经"与"权"的矛盾，需要注意以下两点：

第一，根据企业组织中的实际情况，应加强"经"的一面，推行制度化管理，即使牺牲部分灵活性也在所不惜。

第二，在基本的、关系全局的方面应坚持原则不动摇；而在局部的、无关宏旨的方面可以适当放宽，多给灵活性。

(2) 他律与自律的关系。

借助于约束、强制手段来规范个体行为叫作他律；依靠个人自我控制、自我管理来约束个体行为称作自律。强调他律还是自律，从根本上说来，取决于管理者心目中关于人性的假设。认为人性"恶"的，以他律为主；认为人性"善"的，多依靠自律。尽管在处理他律与自律的矛盾方面有各种不同主张，但有两点是必须注意的：

第一，个体自觉性、自我约束程序有限，许多组织活动仅靠个体自觉性无法按部就班、协调一致地进行，所以，必须充分依靠他律，发挥制度规范的作用。

第二，在保证组织活动正常进行的范围内，应尽可能发挥自律的作用，缩小他律的范围。

2. 【答案提示】差异化战略是指企业通过提出与众不同的产品和服务，来满足顾客的特殊需求，从而形成竞争优势的战略。企业实施这种战略的动因包括：

(1) 形成进入障碍，提高行业的进入壁垒。

(2) 降低顾客对产品价格的敏感程度。

(3) 增强企业讨价还价的能力。

(4) 防止替代品的威胁。

企业在实施差异化战略时，通常会面临两种风险：

(1) 企业没有能够形成适当的差异化。

(2) 在竞争对手的模仿和进攻下，行业的条件发生了变化，企业不能保持差异化。

3. 【答案提示】消费者市场的细分变量主要有地理变量、人口变量、心理变量和行为变量四类。

(1) 地理细分，就是企业按照消费者所在的地理位置以及其他地理变量 (包括城市农村、地形气候、交通运输等) 来细分消费者市场。地理细分的主要理论根据是处在不同地理位置的消费者，他们对企业的产品有不同的需要和偏好，他们对企业所采取的市场营销战略，对企业的产品价格、分销渠道、广告宣传等市场营销措施也有不同的反应。

(2) 人口细分，就是企业按照人口变量 (包括年龄、性别、收入、职业、教育水平、家庭规模、家庭生命周期阶段、宗教、种族、国籍等) 来细分消费者市场。人口变量一直是细分消费者市场的重要变量，这是因为人口变量比其他变量更容易测量。消费者的欲望和需要，不仅受人口变量影响，而且同时受其他变量特别是心理变量影响，所以人口细分不完全可靠。

(3) 心理细分，就是企业按照消费者的生活方式、个性等心理变量来细分消费者市场。消费者的欲望、需要和购买行为，不仅受人口变量影响，而且受心理变量影响，所以还要进行心理细分。

(4) 行为细分，就是企业按照消费者购买或使用某种产品的时机、消费者所追求的利益、使用者情况、消费者对某种产品的使用率、消费者对品牌 (或商店) 的忠诚程度、消费者的待购阶段和消费者对产品的态度等行为变量来细分消费者市场。

4. 【答案提示】企业的短期偿债能力是指企业偿还其短期债务的能力。企业的短期偿债能力可通过下列指标来进行分析。

(1) 流动比率。流动比率是流动资产与流动负债进行对比所确定的比率。流动比率说明的是能在短期内转化成现金的资产对需要在短期内偿还的负债的一种保障程度，能比较好地反映企业的短期偿债能力。流动比率等于 2 的时候最佳。流动比率太低，表明企业缺乏短期偿债能力；流动比率太高，虽然能说明企业的短期偿债能力强，但也说明企业的现金、存货等流动资产有闲置或存在流动负债利用不足的情况。

(2) 速动比率。速动比率是由速动资产和流动负债对比所确定的比率。速动比率由于在计算时不包含存货因素，所以能比流动比率更好地反映企业的短期偿债能力。一般而言，速动比率等于 1 时最好。当然，也要结合行业和企业的具体情况进行分析。

(3) 现金比率。现金比率是可立即动用的资金与流动负债进行对比所确定的比率。现金比率是对短期偿债能力要求最高的指标，主要适用于应收账款和存货的变现能力都存在问题的企业。这一指标越高，说明企业的短期偿债能力越强。

(4) 现金净流量比率。现金净流量比率是现金净流量与流动负债进行对比所确定的比率。现金净流量比率反映了企业用每年的现金净流量偿还到期债务的能力。这一指标越高，说明企业偿还当期债务的能力越强，企业的财务状况越好；反之，则说明企业偿还当期债务的能力较差。

五、论述题

1. 【答案提示】组织内部平衡，指由单独个体行为到集体化协作行为的环节，个体与组织整体之间的平衡。组织内部平衡是诱因与贡献的平衡，即组织提供给个人的可用来满足个人的需求，影响个人动机的诱因必须大于或等于个人对组织的贡献。

组织内部平衡与以下几种因素直接相关：

(1) 个人的需求、动机及其标准是制约组织内部平衡的关键因素。因此，仅仅依靠满足个体需求这一种途径无法达到有效管理的目的，必须设法改变个人的动机，借助说服教育、强制等作用于个人动机的手段。

(2) 诱因的分配过程。提供诱因满足个体需求的方法有局限性：一是资源有限；二是效果有限。说服教育的方法和强制的方法可以在一定程度上抑制和改变个体的动机，因此具有重要意义。另外，诱因的提供，说服教育、强制方法的使用，应考虑到正式组织和非正式组织两方面。正式组织与非正式组织结合意义上的诱因分配，具有更重要的作用。

(3) 组织的效率，是组织目标实现的程度。它直接关系到组织是否能够生产、创造出足以满足个体需求的诱因资源，也直接关系到可供分配的资源。组织效率的高低实际上与组织在环境中的生存发展状态有关。所以，组织内部平衡与组织和环境的平衡相关。在企业管理实践中，组织内部平衡往往通过组织结构设计、人员配置、制度化管理、激励、领导、企业文化教化等多种职能活动实现。

2. 【答案提示】企业在考虑改变价格时，不仅要考虑购买者的反应，而且必须考虑竞争对手对企业产品价格的反应。当某一行业中企业的数量很少，提供同质的产品较少，购买者颇具辨别力与知识时，竞争者的反应就愈显重要。

(1) 企业如何去估计竞争者的可能反应呢？

假设企业只面临一家大的竞争者，竞争者的可能反应可从两个不同的出发点加以理解。其一是假设竞争者有一组适应价格变化的政策；其二是假设竞争者把每一次价格变动都当作单一挑战。每一个假设在研究上均有不同的含义。

(2) 企业可以从以下两个方面来估计、预测竞争者对本企业的产品价格变动的可能反应。

①假设竞争对手采取老一套的办法来对付本企业的价格变动。在这种情况下，竞争对手的反应是能够预测的。

②假设竞争对手把每一次价格变动都看作是新的挑战，并根据当时自己的利益做出相应的反应。在这种情况下，企业就必须断定当时竞争对手的利益是什么。企业必须调查研究竞争对手目前的财务状况、近来的销售和生产能力、顾客忠诚情况以及企业目标等。如果竞争者的企业目标是提高市场占有率，那么他就可能随着本企业的产品价格变动而调整价格。如果竞争者的企业目标是取得最大利润，那么他就会采取其他对策，如增加广告预算、加强广告促销或者提高产品质量等。

总之，企业在发动价格变动时，必须善于利用来自企业内部和外部的信息，预测出竞争对手的心思，以便采取适当的对策。

六、案例分析题

案例一【答案提示】

海尔集团的发展战略主要分为两个阶段：第一个阶段是从 1984 年到 1991 年为期七年的品牌发展阶段。七年间，海尔集团只做冰箱一种产品，通过冰箱逐渐建立起品牌的声誉和信用；第二个阶段是从 1991 年到 1998 年的又一个七年的多元化产品战略时期。海尔通过多元化战略成功避免了产品单一带来的竞争风险，同时形成了网络市场新产品互补。

海尔实施多元化战略的特征为：①根据企业能力控制多元化的节奏。充分使企业的能力与多元化的节奏相匹配，当能力一般时，就放慢节奏；当能力较强时，就加快节奏。随着企业竞争能力的逐步提高，多元化的节奏也就逐步加快。②根据行业的相关度进入新的行业。多元化经营的成功率与行业之间的相关度成正相关，相关度越高，成功率越高。海尔的多元化经营正是根据行业相关度，从进入高度相关的行业，到进入中度相关的行业，最后再进入低度相关的行业，甚至是进入不相关的行业。

针对不同情况采取不同的进入方式。进入新行业一般有三种方式：①利用自身资源进入新行业，实现内部发展。②通过并购进入新行业。③通过行业联盟进入新行业。海尔进入新行业的方式是综合的。其中，采取内部发展方式进入的主要是家居设备行业；采取外部并购方式进入的是空调、冰柜、洗衣机行业；采取战略联盟方式进入的是小家电、彩电、知识产业以及金融、保险、医药行业。

案例二【答案提示】

(1) 该项目的初始流量＝1 200 ＋ 300 ＝ 1 500(万元)

　　每年的折旧额＝(1 200 － 200)/5 ＝ 200(万元)

(2) 该项目营业中现金流量 ＝销售收入－付现成本－所得税

　　　　　　　　　　　　＝销售收入－付现成本－[(销售收入－付现成本－折旧)×

　　　　　　　　　　　　　所得税率]

　　　　　　　　　　　　＝ 800 － 300 － (800 － 300 － 200)×40%

　　　　　　　　　　　　＝ 800 － 300 － 120

　　　　　　　　　　　　＝ 380(万元)

(3) 终结现金流量＝ 200 ＋ 300 ＝ 500(万元)

(4) 贴现率＝ 4% ＋ 0.5×(12% － 4%) ＝ 8%

(5) 净现值＝(380×$PVIFA_{8\%,5}$ ＋ 500×$PVIF_{8\%,5}$) － 1 500

　　　　　＝ 380×3.993 ＋ 500×0.681 － 1 500

　　　　　＝ 1 517.34 ＋ 340.5 － 1 500

　　　　　＝ 1 857.84 － 1 500

　　　　　＝ 357.84(万元)

(6) 由于该项目的净现值大于零，所以项目可行。

2002 年同等学力人员申请硕士学位

学科综合水平全国统一考试

工商管理试卷

一、单项选择题（每题 1 分，共 10 分。请从 A、B、C、D 中选择一个正确答案）

1. 无意识地体系化、类型化形成的多种心理因素的系统是指（　　）。

    A. 正式组织　　　　　　　　　　B. 非正式组织

    C. 组织结构　　　　　　　　　　D. 组织流程

2. 具有双道命令系统的组织结构形式是指（　　）。

    A. 直线制　　　　　　　　　　　B. 直线职能制

    C. 事业部制　　　　　　　　　　D. 矩阵制

3. 从战略要素的角度看，资源配置和（　　）通常是经营单位战略中最重要的组成部分。

    A. 协同作用　　　　　　　　　　B. 竞争优势

    C. 经营范围　　　　　　　　　　D. 规模经济

4. 生产链上相邻阶段的两个企业进行的合并是（　　）。

    A. 横向并购　　　　　　　　　　B. 混合并购

    C. 纵向并购　　　　　　　　　　D. 杠杆并购

5. 企业利用原有市场，采用不同的技术来发展新产品，增加产品种类，这是指（　　）。

    A. 水平一体化　　　　　　　　　B. 同心多元化

    C. 水平多元化　　　　　　　　　D. 集团多元化

6. 根据消费者所追求的利益、使用者情况对市场进行细分是（　　）。

    A. 地理细分　　　　　　　　　　B. 人口细分

    C. 心理细分　　　　　　　　　　D. 行为细分

7. 品牌中可以被认出但不能用言语称呼的部分是指（　　）。

    A. 品牌名称　　　　　　　　　　B. 品牌标志

    C. 商标　　　　　　　　　　　　D. 域名

8. A 企业 2002 年 7 月 1 日购买某公司 2001 年 1 月 1 日发行的面值为 10 万元，票面利率 8%，期限 5 年，每半年付息一次的债券，若此时市场利率为 10%，计算该债券价值；若该债券此时市价为 94 000 元，是否值得购买？（　　）

    A. 由于终值大于 94 000 元，值得购买　　B. 由于现值大于 94 000 元，值得购买

    C. 由于终值等于 94 000 元，值得购买　　D. 由于现值小于 94 000 元，值得购买

9. 某企业税后净利润为 70 万元，所得税税率为 30%，利息费用为 20 万元，则利息周转倍数为（　　）。

    A. 3.5　　　　　　　B. 4.5　　　　　　　C. 5　　　　　　　D. 6

10.当一定数额的本国货币，只能兑换较少的外国货币时，说明 (   )。

A.外汇汇率升高，本国货币币值贬值　　B.外汇汇率下降，本国货币币值升值

C.外汇汇率下降，本国货币币值贬值　　D.外汇汇率升高，本国货币币值升值

二、多项选择题 (每题 2 分，共 8 分。请从 A、B、C、D、E 中选择所有你认为正确的答案)

11.正式沟通渠道包括 (   )。

A.上行沟通　　　　　　　B.下行沟通　　　　　　　C.横向沟通

D.斜向沟通　　　　　　　E.交互式沟通

12.影响战略选择的行为因素包括 (   )。

A.过去战略的影响　　　B.企业对外界的依赖程度　　C.对待风险的态度

D.时间因素　　　　　　E.竞争者的反应

13.企业在选择广告媒体时，需要考虑 (   ) 因素。

A.竞争特性　　　　　　　B.产品特性　　　　　　　C.信息类型

D.成本　　　　　　　　　E.企业特性

14.持续的通货膨胀，给经济生活带来了许多问题，也给企业理财造成了困难，主要表现在 (   )。

A.企业资金需求不断膨胀　　B.资金供应持续性短缺　　　C.货币性资金不断贬值

D.实物性资金相对升值　　　E.资金成本不断升高

三、名词解释 (每题 3 分，共 12 分)

1.激励

2.战略控制

3.数量细分

4.非系统性风险

四、简答题 (每题 7 分，共 28 分)

1.简述个人在组织中学习的特点。

2.简述矩阵组织结构的优点。

3.简述产品组合策略。

4.简述企业在投资决策中为什么使用现金流量指标。

五、论述题 (每题 11 分，共 22 分)

1.论述企业发展过程中的矛盾冲突。

2.论述行业竞争分析模型。

六、案例分析题 (每题 10 分，共 20 分)

案例一：

宝洁公司的品牌策略

始创于 1837 年的宝洁公司，是世界最大的日用消费品公司之一。宝洁公司全球雇员近 10 万，在全球 80 多个国家设有工厂及分公司，所经营的 300 多个品牌的产品畅销 160 多个国家

和地区，其中包括织物与家居护理、美发美容、婴儿与家庭护理、健康护理、食品与饮料等。宝洁拥有洗发护发、护肤美容、个人清洁等7条产品线。而每条产品线下又有各种类型进行选择，比如洗发护发产品线下的海飞丝，首先突出其去屑效果，并针对不同的发质——油性、中性、干性以及电烫染等受损发质，分别推荐海洋活力型、丝质柔滑型、怡神舒爽型、柠檬草控油型、滋养护理型、洁净呵护型、莹采乌黑型、去屑润发精华露等，把市场细分化。而同样是洗发水的潘婷，其突出之处在于使秀发柔顺，同样在潘婷下也有各种不同的品种可供选择，如滋养防掉发系列、倍直垂顺系列等。从这里可以看出宝洁在产品组合的深度上挖掘得很到位。每一个品牌，也就是产品项目，可以说是相当独立的。产品项目的深度越深，产品进行各种组合就越方便，人们的购买兴趣就会相对更浓。

但宝洁这种品牌延伸的战略也不总是有效。2002年6月，当宝洁公司推出"激爽"沐浴露的时候，以其特别的路演吸引了无数媒体和大众的目光，甚至引起了营销界关于"事件营销"的讨论。宝洁公司如今却无奈地宣布："出于长远发展的战略考虑，宝洁公司已经决定从2005年7月起，停止'激爽'的生产。"

至于失败的原因，宝洁公司"激爽"品牌的中国对外事务部公关经理王虹这样解释："从市场份额上看，'激爽'沐浴露远远不如'舒肤佳'和'玉兰油'，集中精力做大后两个品牌是公司此次进行资源整合的初衷。"

想当年，"激爽"曾以一个新品的姿态闯入全国沐浴品牌前十名，并拿下了接近2%的市场份额，甚至公开与沐浴产品老大"六神"叫板。但消费者并不买账。数字显示："激爽"品牌的市场占有率一直徘徊在3%左右，其在超市与对手"六神"的竞争也基本以失败告终。

问题：

1. 结合宝洁在品牌延伸方面的成功，论述品牌延伸策略的利益。

2. 面对"激爽"的失败，你认为品牌延伸具备哪些风险？

案例二：

筹资决策

华特公司现有资金30000元，其中公司债券100000元，利息率8%；普通股200000元，面值10元。目前公司计划投资新项目，需要筹集资金200000元，有两种方式可以选择：方案一，采用发行普通股来筹资200000元，面值20元；方案二，采用发行债券来筹资200000元，利息率12%。预计实现息税前利润250000元，企业所得税税率25%。

要求：

1. 计算两种方案下的每股盈余的无差别点利润。

2. 当公司的预计息税前利润为250000元时，试通过每股盈余做出决策。

2002年同等学力人员申请硕士学位

学科综合水平全国统一考试
工商管理答案及解析

一、单项选择题

1. 【正确答案】B

   【所属学科】《管理学》第二章，组织管理原理。

   【难易程度】中度

   【考点解析】A. 正式组织是两个或两个以上的人有意识地加以协调的行为或力的系统。B. 非正式组织是两个或两个以上的人无意识地体系化、类型化了的多种心理因素的系统。C. 组织结构是指组织内部分工协作的基本形式或框架。D. 组织流程是指完成一项任务、一个事件或一项活动的全过程。这一全过程由一系列工作环节或步骤组成，相互之间有先后顺序，有一定的指向。

2. 【正确答案】D

   【所属学科】《管理学》第四章，决策。

   【难易程度】中度

   【考点解析】A. 直线制，是最简单的集权式组织结构形式，又称军队式结构，领导关系按垂直系统建立。B. 直线职能制，是厂长（经理）对业务职能部门实行垂直领导的组织结构形式，职能部门的作用是参谋和助手。C. 事业部制的特征：集中决策、分散经营；独立核算、自负盈亏；经营权力下放，增强主动性、创造性，提高企业适应能力。D. 矩阵制，是由横纵两个管理系列交叉组成的组织结构形式，有双道命令系统。这种组织结构的优点：及时沟通、降低成本、组建方便、及时化解矛盾。

3. 【正确答案】B

   【所属学科】《企业战略管理》第一章，导论。

   【难易程度】中度

   【考点解析】A. 协同作用是指企业从资源配置和经营范围的决策中所能寻求到的共同努力的效果。也就是说，分力之和大于各分力简单相加的结果。在企业管理中，企业总体资源的收益要大于各部分资源收益的和。B. 竞争优势是指企业通过其资源配置的模式与经营范围的决策，在市场上所形成的与其竞争对手不同的竞争地位。竞争优势既可以来自企业在产品和市场上的地位，也可以来自企业对特殊资源的正确运用。C. 经营范围是指企业从事生产经营活动的领域，又称为企业的定域。它既可以反映出企业目前与其外部环境相互作用的程度，也可以反映出企业计划与外部环境发生作用的要求。D. 规模经济是指在一定时期内，企业所生产的产品或劳务的绝对量增加时，其单位成本趋于下降。

4. 【正确答案】C

【所属学科】《企业战略管理》第三章，企业总体战略。

【难易程度】中度

【考点解析】A. 横向并购是指两个或两个以上生产和销售相同或相似产品的公司之间的并购行为。如两家航空公司的并购、两家石油公司的结合等。B. 混合并购是指一个企业对那些与自己生产的产品不同性质和种类的企业进行的并购行为。其中，目标公司与并购企业既不是同一行业，又没有纵向关系。C. 纵向并购是指与企业的供应厂商或客户的合并，即优势企业将与本企业生产紧密相关的生产、营销企业并购过来，以形成纵向生产一体化。D. 杠杆并购是指收购者用自己很少的本钱为基础，然后从投资银行或其他金融机构筹集、借贷大量、足够的资金进行收购活动，收购后公司的收入刚好可以支付因收购而产生的高比例负债，这样能达到以很少的资金赚取高额利润的目的。

5. 【正确答案】C

【所属学科】《市场营销》第二章，企业战略计划过程和市场营销管理过程。

【难易程度】中度

【考点解析】A. 水平一体化，即企业收购、兼并竞争者的同种类型的企业，或者在国内外与其他同类企业合资生产经营等。B. 同心多元化，即企业利用原有的技术、特长、经验等发展新产品，增加产品种类，从同一圆心向外扩大业务经营范围。C. 水平多元化，即企业利用原有市场，采用不同的技术来发展新产品，增加产品种类。例如，原来生产化肥的企业又投资农药项目。D. 集团多元化，即大企业收购、兼并其他行业的企业，或者在其他行业投资，把业务扩展到其他行业中去，而新产品、新业务与企业的现有产品、技术、市场毫无关系。

6. 【正确答案】D

【所属学科】《市场营销》第二章，企业战略计划过程和市场营销管理过程。

【难易程度】中度

【考点解析】A. 地理细分，就是企业按照消费者所在的地理位置以及其他地理变量（包括城市农村、地形气候、交通运输等）来细分消费者市场。B. 人口细分，就是企业按照人口变量（包括年龄、性别、收入、职业、教育水平、家庭规模、家庭生命周期阶段、宗教、种族、国籍等）来细分消费者市场。C. 心理细分，就是企业按照消费者的生活方式、个性等心理变量来细分消费者市场。消费者的欲望、需要和购买行为，不仅受人口变量影响，而且受心理变量影响，所以还要进行心理细分。D. 行为细分，就是企业按照消费者购买或使用某种产品的时机、消费者所追求的利益、使用者情况、消费者对某种产品的使用率、消费者对品牌（或商店）的忠诚程度、消费者待购阶段和消费者对产品的态度等行为变量来细分消费者市场。

7. 【正确答案】B

【所属学科】《市场营销》第六章，产品策略。

【难易程度】中度

【考点解析】A. 品牌名称是指品牌中可以用语言称呼的部分。B. 品牌标志是指品牌中可以被认出、但不能用言语称呼的部分。C. 商标是指已获得专用权并受法律保护的一个品牌或一个品牌的一部分。D. 域名是互联网的单位名称，它能给人传达很多重要信息，如单位属性、业务特征等。

8. 【正确答案】B

【所属学科】《财务管理》第二章，财务管理的价值观念。

【难易程度】中度

【考点解析】通过审读题目，我们能从已知条件做出判断，知道了未来的价值，求现在的价值用现值公式，所以本题是计算年金现值和复利现值。由于该债券是每半年付息一次，因此我们可以将 5 年期调整为 10 个半年，这样计息期就变为 10 期，年利率也可以调整为半年利率，即 4% 和 5%。又因为题中告诉我们，A 企业是在 2002 年 7 月 1 日购买 2001 年 1 月 1 日发行的债券，前三期利息已经支付，那么实际计算周期数为 10 － 3 ＝ 7。由此我们得出：此时，债券的价值＝利息＋本金＝ $100\,000 \times 4\% \times PVIFA_{5\%,7}$ ＋ $100\,000 \times PVIF_{5\%,7}$ ＝ $4\,000 \times 5.786$ ＋ $100\,000 \times 0.711$ ＝ $94\,244$ (元)。此时，债券价值 94 244 元大于市价 94 000 元。

9. 【正确答案】D

【所属学科】《财务管理》第三章，企业财务分析。

【难易程度】中度

【考点解析】净利润＝ 70(万元)

所得税＝ $70/(1 － 30\%) \times 30\%$ ＝ 30(万元)

利息周转倍数＝ (税后利润＋所得税＋利息费用)/ 利息费用

＝ $\{70 ＋ [70/(1 － 30\%) \times 30\%] ＋ 20\}/20$ ＝ 6

10. 【正确答案】C

【所属学科】《财务管理》第九章，国际财务管理。

【难易程度】中度

【考点解析】A. 如果一定数额的外国货币比以前兑换的本国货币多，则说明外汇汇率升高，本国货币币值下降。B. 如果一定数额的外国货币比以前兑换的本国货币少，说明外汇汇率下降，本国货币币值上升。C. 当一定数额的本国货币只能兑换较少的外国货币时，说明外汇汇率下降，本国货币币值贬值。D. 当一定数额的本国货币可以兑换较多的外国货币时，说明外汇汇率上升，本国货币币值升值。

二、多项选择题

11. 【正确答案】ABCD

【所属学科】《管理学》第七章，领导。

【难易程度】中度

【考点解析】正式沟通的渠道。

12. 【正确答案】ABCDE

    【所属学科】《企业战略管理》第五章，企业战略的制定与实施。

    【难易程度】中度

    【考点解析】影响战略选择的行为因素。

13. 【正确答案】BCD

    【所属学科】《市场营销》第八章，分销渠道策略； 第九章，促销策略。

    【难易程度】偏难

    【考点解析】影响企业分销渠道设计的因素以及企业在选择广告媒体时，需要考虑的因素。

14. 【正确答案】ABCDE

    【所属学科】《财务管理》第七章，通货膨胀财务管理。

    【难易程度】中度

    【考点解析】通货膨胀对财务管理的影响因素。

三、名词解释

1. 【答案提示】激励是指人类活动的一种心理状态，它具有加强和激发动机，推动并引导行为，使之朝向预定目标的作用。

2. 【答案提示】战略控制是监督战略实施进程，及时纠正偏差，确保战略有效实施，使战略实施结果基本上符合预期计划的必要手段。

3. 【答案提示】许多商品的市场可以按照消费者对某种产品的使用率来细分，如少量使用者、中量使用者、大量使用者。这种细分战略又叫作数量细分。

4. 【答案提示】非系统性风险又叫可分散风险或公司特别风险，是指某些因素对单个证券造成经济损失的可能性。如个别公司的工人罢工、公司在市场竞争中的失败等。这种风险可通过证券持有的多样化来抵消。

四、简答题

1. 【答案提示】个人在组织中学习的特点：

    (1) 个人的学习过程是在行为过程中的学习，即在实践中学。组织中的学习过程不同于学校的学习，它是一种经历、经验、技能和见识的学习。

    (2) 学习的模仿性质。个体的学习往往最初是一种模仿过程。模仿的对象，主要是周围环境中其他人的行为。模仿学习的范围可能是操作方法，或者是思考方式和注意的焦点，也可能是其他方面。

    (3) 它有稳定化、定型化的倾向。经过一定时期学习过程的积累，个体会形成某种类型的知识结构和观点、思维方式。

2. 【答案提示】矩阵组织结构是在原有按直线指挥系统与职能部门组成纵向垂直领导系统的基础上，又建立一个横向的以产品 (项目) 为中心的领导系统，两者合成一个矩阵形结构。矩阵组织结构的优点：

    (1) 适于进行大量以项目为中心的经营活动。

(2) 是培训战略管理人员的良好场所。

(3) 能最有效地发挥职能部门管理人员的作用。

(4) 能激发创造性，有利于开展多种业务项目。

(5) 中层管理人员可以更多地接触企业战略问题。

3. 【答案提示】企业在调整和优化产品组合时，依据情况的不同，可选择以下策略：

(1) 扩大产品组合。其包括拓展产品组合的宽度和加强产品组合的浓度。前者是在原产品组合中增加一条或几条产品大类，扩大经营产品范围；后者是在原有产品大类内增加新的产品项目。一般而言，扩大产品组合，可使企业充分地利用人、财、物资源，分散风险，增强竞争力。

(2) 缩减产品组合。当市场繁荣时，较长、较宽的产品组合会为许多企业带来较多的盈利机会，但当市场不景气或原料、能源供应紧张时，缩减产品组合反而可能使总利润上升。在这种情况下，需要对产品大类的发展进行相应的遏制，删除那些得不偿失的产品项目，使产品大类缩短，提高经济效益。

(3) 产品延伸。每一个企业的产品都有其特定的市场定位。产品延伸策略，是指全部或部分地改变公司原有产品的市场定位，具体做法有向下延伸、向上延伸和双向延伸三种。一是向下延伸，指企业原来生产高档产品，后来决定增加低档产品。二是向上延伸，指企业原来生产低档产品，后来决定增加高档产品。三是双向延伸，即原定位于中档产品市场的企业在掌握了市场优势以后，决定向产品大类的上下两个方向延伸，一方面增加高档产品，另一方面增加低档产品，扩大市场阵地。

4. 【答案提示】在传统的投资决策中，是将利润作为收益，用来评价企业的经济效益。而在长期的投资决策中，不能将利润作为评价项目经济效益高低的基础，而必须以现金净流量来评价投资项目的经济效益。投资决策之所以按收付实现制来计算现金流量，并将其作为评价项目经济效益的基础，主要原因有：

(1) 采用现金流量能科学地考虑时间的价值。运用现金流量进行决策时，必须搞清楚每笔收入与支出的具体时间，不同的时间资金具有不同的价值；而利润的计算并不考虑资金收付的时间。

(2) 采用现金流量才能使投资决策更符合客观实际。在长期的投资决策中，应用现金流量才能更科学、更客观地评价投资方案的优劣；而利润的计算由于没有统一的标准，费用计提的方法也不同，明显存在不科学、不客观的弊端。

五、论述题

1. 【答案提示】企业在发展过程中之所以充满了矛盾冲突，一是由于企业组织本身的地位和特点包含了各种矛盾的成分；二是由于企业内外均存在变化着的、打破现有平衡的力量。矛盾冲突是企业发展过程中的常态。

(1) 企业组织本身的矛盾因素。

企业组织作为一个系统，对内面对个人，对外面对环境。一方面要集合个人的力量，形成有目的的有机整体；另一方面要适应环境，以谋求自身的发展。

①环境要求与组织内部要求之间的矛盾。从变动着的市场环境的要求来衡量，革新、竞争、多样化、灵活是基本的要求。然而，从企业组织内部作为一个长期的协作团体的性质分析，又要求安全、稳定、连续、协调。

②组织目标与个人目标之间的矛盾。企业组织作为一个经济组织，有着共同的目标。共同目标是根据环境提供的可能、企业生存发展的需要和自身的能力确定的，不以个人的目标为转移。但是，参加组织协作的个人又都有其个人的目标和追求，如果个人的目标和追求得不到满足，个人的积极性会受影响，甚至退出企业组织。如何在组织目标和个人目标之间取得平衡，也是一个难题。

③科学、理性与人性之间的矛盾。一方面，企业组织作为一个经济组织，要获得经济利益，要生存发展，就要讲究科学，依靠理性，提高效率，要尽可能采用科学技术手段和方法，严格规范各项操作规程和管理制度，按科学规律办事；另一方面，人是一种社会的、心理的、情感的存在，不是一架理性的机器。这二者之间的矛盾也是组织本身有的。

(2) 环境的变化。

企业与环境之间的均衡，是通过适当的目标和战略实现的。而且环境不是一成不变的，而是时刻处于变动中。环境因素的变化，会打破企业原来形成的均衡状态，使企业面临一种新的局面。其中，竞争、技术和需求的变化，是最主要的因素。

(3) 企业的发展。

企业的发展是带来问题的一个重要原因，其主要表现在以下三个方面：

①企业发展带来企业与环境均衡的破坏，如原有市场领域由于企业的成功经营而趋于饱和，类似这样的问题就是由发展所带来的新的不平衡。

②企业发展带来企业内部均衡的破坏。由于企业的成功和发展，规模扩大或者分支机构增加，原来适宜、稳定的管理体系和操作变得不适应，需要做出调整和修正。如随着企业发展，分支机构增加，组织结构需要由直线职能制转变为事业部制；由于企业发展、吸收新增资金或股份，需要调整上层决策机构。这些都属于企业发展带来的企业内部均衡的破坏。

③企业发展过程中产生的问题，除了以上两个大的方面外，企业在长期的发展过程中，会滋生一些与成功和发展相伴随的弊病。如机构官僚化、办事拖拉、文牍主义、自满、大意，等等。这些弊病会降低企业的效率，使企业失去原有的生机和活力，失去在环境变化方面迅速做出反应的能力，这都会成为企业发展的严重障碍。

因此，以上这些都是企业在发展过程中难以避免的。

2. 【答案提示】迈克尔·波特提出的五种力量模型是最具代表性的，并被广泛应用的产业竞争分析框架。按照波特的理论，一个产业中的竞争，远不止在原有竞争对手中进行，而是存在着五种基本的竞争力量。

(1) 潜在进入者。所谓潜在进入者，是指产业外随时可能进入某行业成为竞争者的企业。由于潜在进入者的加入会带来新的生产能力和物质资源，并要求取得一定的市场份额，因此其对本产业的现有企业构成了威胁。这种威胁被称为进入威胁。

(2) 现有竞争者之间的竞争。现有企业间的竞争是指产业内各个企业之间的竞争关系和竞争程度。不同产业竞争的激烈程度是不同的。决定产业内企业之间的竞争激烈程度的因素主要有：竞争者的多寡及力量对比、市场增长率、固定成本和库存成本、产品差异性及转换成本、产业生产能力的增加幅度、产业内企业采用的策略和背景的差异以及竞争中利害关系的大小、退出壁垒。

(3) 替代品。替代品是指那些与本企业产品具有相同功能或类似功能的产品。决定替代品压力大小的因素主要有：替代品的盈利能力、替代品生产企业的经营策略、购买者的转换成本。

(4) 供方的讨价还价能力。供方是指企业从事生产经营活动所需要的各种资源、配件等的供应单位。它们往往通过提高价格或降低质量及服务的手段，向产业链的下游企业施加压力，以此来榨取尽可能多的产业利润。决定供方讨价还价能力的因素主要有：供方产业的集中度、交易量的大小、产品的差异化程度、转换供方成本的大小、前向一体化的可能性、信息的掌握程度。

(5) 购买者的讨价还价能力。作为购买者（顾客、用户）必然希望所购产业的产品物美价廉，服务周到，且希望从产业内现有企业之间的竞争中获利。因此，他们总是为压低价格、要求提高产品质量和服务水平而与该产业内的企业讨价还价，使得产业内的企业相互竞争、残杀，导致产业利润下降。影响购买者讨价还价能力的因素主要有：买方的集中度、买方从本产业购买的产品在其成本中所占比重、买方从本产业购买的产品的标准化程度、转换成本、买方的盈利能力、买方后向一体化的可能性、买方信息的掌握程度。

这五种竞争力量共同决定了该产业的竞争强度和获利能力。

六、案例分析题

案例一【答案提示】

1. 一般来说，产品延伸有以下四种好处：

(1) 满足更多的消费者需求。在这种情况下，往往是产品大类越长，机会越多，利润也就越大。

(2) 迎合顾客求异求变的心理。产品延伸就是通过提供同一个品牌下的一系列不同商品来尽量满足这种求异心理。企业希望这种延伸成为一条既满足消费者愿望，又保持他们对本企业品牌的忠诚度的两全之计。

(3) 减少开发新产品的风险。产品延伸所需的时间和成本比创造新产品所需的时间和成本更加容易控制。

(4) 适应不同价格层次的需求。无论产品大类上原有产品的质量如何，企业往往都会宣传其延伸产品质量如何好，并据此为延伸产品制定高于原有产品的价格。当然，也有一些延伸产品的价格低于原有产品。

2. 产品延伸也会带来一些副作用：

(1) 品牌忠诚度降低。忠诚是对某种产品重复购买的行为。当企业增加产品品种时，就会产生打破顾客原来的购买方式和使用习惯的风险，这种风险往往会降低品牌忠诚度，并使消费者重新考虑自己做出的购买决定。另外，尽管产品延伸使得某一品牌能满足消费者的各种需要，但它也起到了促使消费者追求新变化的作用，从而导致更换品牌。

(2) 产品项目的角色难以区分。产品延伸可能会导致过度细分，如果在产品大类上各项目的角色难以区分，零售商就只能凭借自己收集的信息来决定进什么货。这样，满足顾客求异求变的心理就失去了意义。

(3) 产品延伸会引起成本增加。产品延伸会引起一系列的成本增加。频繁的产品大类变动使生产的复杂程度提高；研究和开发人员不能集中精力于真正的新产品的开发；产品品种越多，营销投入就越大。

综上所述，产品延伸有利有弊，所以把握产品延伸的度至关重要。管理人员应当审核利润率情况，并集中生产利润较高的品种，削减生产那些利润低或者亏损的品种。当需求紧缩时，缩短产品大类；当需求旺盛时，延伸产品大类。

案例二【答案提示】

1. 华特公司在两种筹资方案下每股盈余无差别点利润：

[(息税前盈余－利息)×(1－所得税率)]/方案一发行在外的普通股的数量＝

[(息税前盈余－利息)×(1－所得税率)]/方案二发行在外的普通股的数量

根据题目中的信息可得出：

在方案一下企业承担的利息费用：0.8万元

发行在外的普通股数量：10 000股＋20 000股＝30 000股

在方案二下企业承担的利息费用：0.8＋2.4＝3.2(万元)

发行在外的普通股数量：20 000股

将此已知条件代入以上公式，可以得出：

[(息税前盈余－0.8)×(1－25%)]/3＝[(息税前盈余－3.2)×(1－25%)]/2

通过以上计算，可得出无差别点息税盈余为8万元。

2. 当华特公司的预计息税前利润为250 000元时，通过每股盈余做出决策：

普通股筹资方案每股盈余＝(25－0.8)×(1－25%)/3＝6.05(元)

债券筹资方案每股盈余＝(25－3.2)×(1－25%)/2＝8.18(元)

由于债券筹资方案的每股盈余大于普通股筹资方案的每股盈余，因此华特公司通过发行债券来筹资比较有利。

2003 年同等学力人员申请硕士学位

学科综合水平全国统一考试

工商管理试卷

一、单项选择题（每题 1 分，共 10 分。请从 A、B、C、D 中选择一个正确答案）

1. 管理科学流派是（　　）。

　　A. 各派管理学科的统称

　　B. 管理过程中采用科学方法和数量方法解决问题的主张

　　C. 仅与运筹学方法有关的管理流派

　　D. 泰罗以来的管理流派

2. 下述影响方式中属于内在影响的是（　　）。

　　A. 传统观念的影响　　　　　　　　　B. 利益满足的影响

　　C. 恐惧心理的影响　　　　　　　　　D. 理性崇拜的影响

3. 专业比率不满 70%，关联比率为 70% 以上的企业所采取的多种经营战略为（　　）。

　　A. 专业型　　　　　　　　　　　　　B. 关联型

　　C. 纵向整合型　　　　　　　　　　　D. 本业中心型

4. 在大多数情况下，不是影响战略计划系统设计的主要因素是（　　）。

　　A. 企业规模　　　　　　　　　　　　B. 管理风格

　　C. 生产过程的复杂程度　　　　　　　D. 企业的组织结构

5. 宝洁公司在洗衣粉上使用"汰渍""cheers"等多个品牌，同样，在洗发水上使用"潘婷""海飞丝""飘柔"等品牌。宝洁采用的是（　　）。

　　A. 品牌延伸策略　　　　　　　　　　B. 分类品牌策略

　　C. 多品牌策略　　　　　　　　　　　D. 个别品牌策略

6. 牛奶属于（　　）。

　　A. 特殊品　　　　　　　　　　　　　B. 选购品

　　C. 便利品　　　　　　　　　　　　　D. 非渴求物品

7. 企业形象识别系统 (CIS) 由 MI、VI 和 BI 三个方面组成，VI 是指（　　）。

　　A. 经营理念识别　　　　　　　　　　B. 整体视觉识别

　　C. 顾客需求识别　　　　　　　　　　D. 经营行为或经营活动识别

8. 从事于同类产品的不同产销阶段生产经营的企业所进行的并购，称为（　　）。

　　A. 横向并购　　　　　　　　　　　　B. 纵向并购

　　C. 混合并购　　　　　　　　　　　　D. 善意并购

9. 风险投资决策方法中的确定当量法在评价风险投资项目时，所采用的贴现率 K 为（　　）。

　　A. $K = R_F + \beta_j \times (F_m - R_F)$ 　　　　B. K 按投资项目的风险等级来调整

　　C. $K = R_F + B_V$ 　　　　　　　　　　D. K 为无风险贴现率

10. 市盈率的计算公式为（　　）。

　　A. 普通股每股市价 / 普通股每股盈余

　　B. 普通股每股市价 / 普通股每股股利

　　C. 普通股每股盈余 / 普通股每股股利

　　D. 普通股每股盈余 / 普通股每股市价

二、多项选择题（每题 2 分，共 8 分。请从 A、B、C、D、E 中选择所有你认为正确的答案）

11. 领导方式的类型有（　　）。

　　A. 集权型　　　　　　B. 民主型　　　　　　C. 控制型

　　D. 关系型　　　　　　E. 兼备型

12. 新产品开发过程包括下面哪些阶段？（　　）

　　A. 寻求创意　　　　　B. 形成产品概念　　　C. 产品开发

　　D. 制定市场营销战略　E. 市场试销

13. 财务管理的宏观环境包括（　　）。

　　A. 经济环境　　　　　B. 法律环境　　　　　C. 社会文化环境

　　D. 生产环境　　　　　E. 企业类型

14. 组织的战略类型有（　　）。

　　A. 防御型战略组织　　B. 开拓型战略组织　　C. 维持型战略组织

　　D. 分析型战略组织　　E. 反应型战略组织

三、名词解释（每题 3 分，共 12 分）

1. 领导

2. 企业使命

3. 品牌扩展

4. 财务管理假设

四、简答题（每题 7 分，共 28 分）

1. 简述他律与自律的关系。

2. 企业如何避免被整合？

3. 举例说明扩大市场总需求的各种方法。

4. 简述证券投资组合风险的分类。

五、论述题（每题 11 分，共 22 分）

1. 论述分工给组织带来的利益和弊端。

2. 论述技术授权的各种类型。

六、案例分析题（每题 10 分，共 20 分）

案例一：

TCL 王牌彩电逐鹿中原

请多名当代著名影视明星做广告模特的 TCL 王牌大屏幕彩电一跃成为国产大屏幕彩电销售之冠，中国惠州的 TCL 成为同行中杀出的一匹黑马。

中原，这一古往今来的兵家必争之地，也是近年来闻名全国的商战舞台。1995 年，TCL 成功地进入了中原市场。据郑州五大商场大屏幕彩电销售统计，第一季度，进口彩电零售 1000 余台，国产品牌不到 40 台；第二季度，TCL 销售了 1000 余台，其他国产品牌 200 余台，而进口品牌不到 150 台。TCL 到底是如何攻占中原市场的呢？

1. 媒体公关。1995 年 3 月，正值彩电销售的淡季，许多厂家都在休养生息，TCL 却在为进军郑州市场做准备。一个由河南电视台、河南日报、河南电视广播、郑州晚报等 10 家新闻单位代表组成的考察采访团，被请到了 TCL 集团所在地惠州。他们采访、考察了 TCL 集团彩电生产情况，看到了 TCL 科学严格的管理制度。后来，他们又与惠州市政府、广东新闻界开座谈会。左右着河南舆论的河南新闻界，已从内心感到 TCL 王牌不久将成为中原市场的王牌。

2. 抢占零售制高点。将 TCL 切入郑州彩电销售的 8 大商场，名曰"名品进名店"。在和 8 大商场合作谈判时，该厂坚持要布置 TCL 王牌的红色展柜和设立独立于家电联保之外的售后服务中心。这和其他彩电厂家有着明显的不同，该厂可以统一展柜的硬件、保持统一的服务水准和采用自己的促销手段。

3. 造声势。有序地在郑州几大媒体做广告宣传。如在《郑州晚报》刊出的"TCL 王牌彩电为何魅力无穷"的广告称："现售开箱合格率 99.8%，现售换机返修率为 0.8%。"

4. 给消费者吃定心丸。TCL 提出了"60 天内保换，3 年保修，终身维修，免收服务费"的售后服务承诺。每次广告中都要公布售后服务电话号码和传呼机号。该厂和《质量时报》、郑州消费者协会、金水区技术监督局合作，做了一次详细的用户调查，并把调查结果公之于众。90% 的用户认为，TCL 服务时间快；92% 的人认为 TCL 的服务技术高。

从 4 月 13 日到 6 月 24 日，仅是郑州几大商场销售的 TCL 大屏幕彩电已近 3000 台。7 月，郑州分公司汇款额在集团公司 26 家分公司中名列第七，8 月就上升到第 2 位。TCL 王牌大屏幕彩电在郑州地区市场占有率一直保持在 40% 左右，个别大屏幕机型占有率达 65%，名列第一。

问题：

1. TCL 王牌彩电最初进入郑州市场时采用了哪些促销手段？比较这几种促销手段的优劣。

2. TCL 请著名影视明星或名人做广告模特或广告代言人，试分析名人广告的利弊。

案例二：

高科公司在初创时拟筹资 5 000 万元，现有甲、乙两个备选方案，有关资料经测算如下表:

筹资方式	甲		乙	
	筹资额／万元	资金成本	筹资额／万元	资金成本
长期借款 公司债券 普通股	800 1 200 3 000	7% 8.5% 14%	1 100 400 3 500	7% 8.5% 14%
合计	5 000		5 000	

要求：确定高科公司应选择哪个筹资方案?

2003年同等学力人员申请硕士学位
学科综合水平全国统一考试
工商管理答案及解析

一、单项选择题

1.【正确答案】B

【所属学科】《管理学》第一章，管理的发展历史。

【难易程度】中度

【考点解析】管理科学流派指在管理过程中采用科学方法和数量方法解决问题的主张，侧重分析和说明管理中科学、理性的成分和可数量化的侧面。管理科学的研究可以追溯到泰罗所从事的科学管理运动。

2.【正确答案】D

【所属学科】《管理学》第七章，领导。

【难易程度】中度

【考点解析】根据权力性质不同，以权力为基础的影响可分为两类，即外在影响和内在影响。外在影响以领导的外在性权力为基础，主要采取推动、强制等方式发生作用。外在影响的具体作用方式有以下几种：(1)传统观念的影响；(2)利益满足的影响；(3)恐惧心理的影响。内在影响建立在领导者的内在性权力基础之上，主要着眼于以领导者的良好素质和行为吸引、感化被领导者，通过激发内在动力，对员工心理和行为发生影响。内在影响的具体作用方式包括：(1)理性崇拜的影响；(2)感情的影响。

3.【正确答案】B

【所属学科】《企业战略管理》第三章，企业总体战略。

【难易程度】偏难

【考点解析】A.专业型，专业比率在95%以上。B.关联型，专业比率小于70%，关联比率大于70%。C.纵向整合型，纵向整合比率在70%以上。D.本业中心型，专业比率在70%～95%。

4.【正确答案】D

【所属学科】《企业战略管理》第五章，企业战略的制定与实施。

【难易程度】中度

【考点解析】影响战略计划系统设计的主要因素是企业规模、管理风格、生产过程的复杂程度、企业环境的复杂程度、企业面临问题的性质。此外，影响战略计划系统设计的因素还有战略计划的目的、改变组织结构的能力、有效制订计划的信息等。

5.【正确答案】C

【所属学科】《市场营销》第六章，产品策略。

【难易程度】中度

【考点解析】A. 品牌扩展（延伸）策略是指企业利用其成功品牌名称的声誉来推出改良产品或新产品，包括推出新的包装规格、香味和式样等。例如，美国桂格麦片公司成功地推出桂格超脆麦片之后，又利用这个品牌及其图样特征，推出雪糕、运动衫等新产品。B. 分类品牌，即将企业的各类产品分别命名，一类产品使用一种品牌。西尔斯·罗巴克公司就曾采取这种策略，它所经营的器具类产品、妇女服装类产品、主要家庭设备类产品分别使用不同的品牌名称。C. 多品牌策略是指企业同时经营两种或两种以上互相竞争的品牌。这种策略由宝洁公司首创。D. 个别品牌策略，即企业中的各种不同的产品分别使用不同的品牌名称，其主要好处是企业的整个声誉不致受某种商品声誉的影响。例如，如果某企业的某种产品失败了，不致给这家企业脸上抹黑（因为这种产品用的是自己的品牌名称）。

6. 【正确答案】C

【所属学科】《市场营销》第六章，产品策略。

【难易程度】中度

【考点解析】A. 特殊品，指消费者能识别哪些牌子的商品物美价廉，哪些牌子的商品质次价高，而且许多消费者习惯上愿意多花时间和精力去购买的消费品。B. 选购品，指消费者为了物色适当的物品，在购买前往往要去许多家零售商店了解和比较商品的花色、式样、质量、价格等的消费品。C. 便利品，指消费者通常购买频繁，希望一需要即可买到，并且只花费最少精力和最少时间去比较品牌、价格的消费品。D. 非渴求物品，指顾客不知道的物品，或者虽然知道却没有兴趣购买的物品。例如，刚上市的新产品、人寿保险、百科全书等。

7. 【正确答案】B

【所属学科】《市场营销》第六章，产品策略。

【难易程度】容易

【考点解析】企业形象识别系统是指将企业经营理念与精神文化，运用整体传达系统（特别是视觉传达设计），传达给企业周围的关系或团体（包括企业内部与社会大众），并使其对企业产生一致的认同与价值观。它的构成因素由以下三个方面组成：MI(Mind Identity) 经营理念识别、BI(Behavior Identity) 经营活动识别、VI(Visual Identity) 整体视觉识别。

8. 【正确答案】B

【所属学科】《财务管理》第八章，企业并购财务管理。

【难易程度】容易

【考点解析】A. 横向并购是指从事同一行业的企业所进行的结合。例如，两家航空公司的并购，或两家石油公司的结合等。B. 纵向并购是指从事于同类产品的不同产销阶段生产经营的企业所进行的并购。如对原材料生产厂家的并购，对产品使用用户的并购等。C. 混合并购是指与企业原材料供应、产品生产、产品销售均没有直接关系的企业之间的并购。如北京东安集团兼并北京手表元件二厂，并利用其厂房改造成双安商场便属于混合并购。D. 善意并购通常是指并购公司与被并购公司双方通过友好协商确定并购诸项事宜的并购。

9. 【正确答案】D

【所属学科】《财务管理》第五章，企业投资决策。

【难易程度】容易

【考点解析】确定当量法就是把不确定的各年现金流量，按照一定的系数（通常称为约当系数）折算为大约相当于确定的现金流量的数量，然后，利用无风险贴现率来评价风险投资项目的决策分析方法。

10. 【正确答案】A

【所属学科】《财务管理》第三章，企业财务分析。

【难易程度】容易

【考点解析】市盈率又称价格盈余比率，是普通股每股市价与普通股每股盈余进行对比所确定的比率。其计算公式为： 市盈率＝普通股每股市价／普通股每股盈余。

二、多项选择题

11. 【正确答案】ABDE

【所属学科】《管理学》第七章，领导。

【难易程度】容易

【考点解析】关于领导方式的类型有多种划分，根据权力定位和工作定位的不同，可以分为集权型、民主型、任务型、关系型和兼备型五种。

12. 【正确答案】ABCDE

【所属学科】《市场营销》第六章，产品策略。

【难易程度】容易

【考点解析】新产品开发过程由八个阶段构成，即寻求创意、甄别创意、形成产品概念、制定市场营销战略、营业分析、产品开发、市场试销、批量上市。

13. 【正确答案】ABC

【所属学科】《财务管理》第一章，财务管理导论。

【难易程度】容易

【考点解析】财务管理的宏观环境包括的内容十分复杂，如经济环境、法律环境、社会文化环境、自然资源环境等。

14. 【正确答案】ABDE

【所属学科】《企业战略管理》第六章，企业战略与组织结构。

【难易程度】容易

【考点解析】战略的一个重要特性就是适应性。它强调企业组织要运用已有的资源和可能占有的资源去适应企业组织外部环境和内部条件所发生的相互变化。在选择的过程中，企业可以考虑以下四种类型： 防御型战略组织、开拓型战略组织、分析型战略组织、反应型战略组织。

三、名词解释

1. 【答案提示】领导是较为直接、具体的管理工作，是管理者运用权力和影响力引导和影响下属按照企业的目标和要求努力工作的过程。领导工作主要借助于权力和影响力，是一项推动和运用管理体系的工作。

2. 【答案提示】企业使命是企业管理者确定的企业生产经营的总方向、总目的、总特征和总的指导思想。它反映企业管理者的价值观和企业力图为自己树立的形象，揭示本企业与同行业其他企业在目标上的差异，界定企业的主要产品和服务范围，以及体现企业试图满足的顾客基本需求。

3. 【答案提示】品牌扩展策略是指企业利用其成功品牌名称的声誉来推出改良产品或新产品，包括推出新的包装规格、香味和式样等。企业采取这种策略，可以节省宣传、介绍新产品的费用，使新产品能够迅速地、顺利地打入市场。

4. 【答案提示】财务管理假设是人们利用自己的知识，根据财务活动的内在规律和理财环境的要求所提出的，具有一定事实依据的假定或设想，是进一步研究财务管理理论和实践问题的基本前提。

四、简答题

1. 【答案提示】他律与自律是指在涉及个人行为的管理时，究竟应该更多地借助于教育、惩罚、强制、约束等外部规范方式，还是应该更多地依靠个人的觉悟、自觉性、自我约束来达到目的的问题。借助于约束、强制手段来规范个体行为叫作他律；依靠个人自我控制、自我管理来约束个体行为称作自律。强调他律还是自律，从根本上说来，取决于管理者心目中关于人性的假设。认为人性"恶"的，以他律为主；认为人性"善"的，多依靠自律。尽管在处理他律与自律的矛盾方面有各种不同主张，但有两点是必须注意的：

    (1) 个体自觉性、自我约束程度有限，许多组织活动仅靠个体自觉性无法按部就班、协调一致地进行，所以，必须充分依靠他律，发挥制度规范的作用。

    (2) 在保证组织活动正常进行的范围内，应尽可能发挥自律的作用，缩小他律的范围。过度的他律会导致信任感降低，助长破坏性，因此必须将他律控制在必要限度内。

2. 【答案提示】企业在考虑对其他企业进行整合时，也可能会被别的企业所整合。企业也很难确保自己的经营业务不会成为其他企业进行横向整合、纵向整合和多种经营的目标。一般情况下，企业可以采取以下措施来降低被整合的可能性：

    (1) 企业应尽可能地保持经营业务的效能和获利能力，使准备整合的企业在经营上感到困难。

    (2) 企业应整合与对方相关的经营业务，提高自己与准备整合的企业抗衡的能力。

    (3) 企业要执行创新进取的战略，获得良好的利润和增长，并不断地培养核心竞争力。

    (4) 企业要使流动资金保持在较低但安全的水平上，不至于引起急需流动资金的企业的注意。

3. 【答案提示】当一种产品的市场需求总量扩大时，受益最大的是处于领先地位的企业。一般来说，市场主导者可从三个方面扩大市场需求量：一是发现新用户；二是开辟新用途；三是增加使用量。

 (1) 发现新用户。每种产品都有吸引新用户、增加用户数量的潜力。一个制造商可从三个方面找到新的用户，如香水企业可设法说服不用香水的妇女使用香水（市场渗透战略）；说服男士使用香水（市场开发战略）；向其他国家推销香水（地理扩展战略）。

 (2) 开辟新用途。为产品开辟新的用途，可扩大需求量并使产品销路久畅不衰。例如，碳酸氢钠的销售在 100 多年间没有起色，它虽有多种用途，但没有一种是大量的，后来一家企业发现有些消费者将该产品用作电冰箱除臭剂，于是大力宣传这一新用途，使该产品销量大增。许多事例表明，新用途的发现往往归功于顾客。

 (3) 增加使用量。促进用户增加使用量是扩大需求的一种重要手段。例如，宝洁公司劝告消费者在使用海飞丝香波洗发时，每次将使用量增加一倍，洗发效果更佳。

4. 【答案提示】证券投资组合的风险可以分为两种性质完全不同的风险，即非系统性风险和系统性风险。

 (1) 非系统性风险又叫可分散风险或公司特别风险，是指某些因素对单个证券造成经济损失的可能性。如个别公司的工人罢工、公司在市场竞争中的失败等。这种风险可通过证券持有的多样化来抵消，即多买几家公司的股票，其中某些公司的股票报酬上升，另一些公司的股票报酬下降，从而将风险抵消。因而，这种风险被称为可分散风险。

 (2) 系统性风险又称不可分散风险或市场风险，指的是由于某些因素，给市场上所有的证券都带来了经济损失的可能性。如宏观经济状况的变化、国家税法的变化、国家财政政策和货币政策变化、世界能源状况的改变都会使股票收益发生变动。这些风险会影响所有的证券，不能通过证券组合分散掉。换句话说，即使投资者持有的是经过适当分散的证券组合，也将遭受这种风险。因此，对投资者来说，这种风险是无法消除的，故称其为不可分散风险。

五、论述题

1. 【答案提示】分工是协作的前提，但分工又离不开协作，否则，分工就会失去意义，造成组织效率低下。分工给组织带来的利益和弊端主要表现在：

 分工给组织带来的利益：

 (1) 分工可以使各种工作简单化，这在现场作业中表现得尤为明显。分工使各项工作变得简单化，得益于此，许多非熟练工人只需经过简单的训练即可上岗。

 (2) 由于从事专业化的工作，使得每一个工人都能掌握专业化的操作技能。分工限制了工人的实践范围，使其精力变得更加集中，因而有助于其提高操作熟练程度并获得更高层次的专业知识。

(3) 分工使工作高度专业化，也有助于企业从组织外部聘请受过良好训练的专家，使其得以进行更加高度专业化的工作。

分工给组织带来的弊端：

(1) 分工会使工作单调化。尤其是简单的重复工作，不可避免地会使员工产生孤独感。

(2) 分工会阻碍组织内部人员的流动，降低其对组织变化的适应能力。在工作高度专业化的组织中，这种情形表现得尤为明显。

(3) 专业化会助长组织内部的冲突。专业化操作要求人们不仅要具有相应的能力，而且还要形成相应的思维模式。

(4) 分工还容易引起部门之间乃至不同岗位工人之间的对立。

因此，组织结构所要解决的第一个问题就是全面权衡分工的利弊，决定组织分工程度，并在此基础上确定每个人的职务。

2. 【答案提示】技术授权是指技术许可企业通过签订合同的方式，向技术受许可企业提供所必需的专利、商标或专有技术的使用权以及产品的制造权和销售权。根据使用技术的地域范围和使用权的大小，技术授权可分为以下几种类型：

(1) 独占许可。许可方允许受许可方在合同的有效期限内，在规定的地区，对所许可的技术享有独占的使用权。许可方不得在该地区使用该项转让技术制造与销售产品，更不得将该项技术转让给第三方。

(2) 排他许可。许可方允许受许可方在规定的地区和一定的条件下使用该项转让技术制造与销售产品的权利。但许可方仍保留在该地区使用该项转让技术制造与销售产品的权利。

(3) 普通许可。受许可方在合同的有效期限内，在规定的地区享有使用该项转让技术制造与销售产品的权利。但许可方仍保留在该地区合作该项转让技术以及将该项技术转移给第三方的权利。

(4) 分许可。受许可方有权在规定的地区，将其所获得的技术合作权转售给第三者。

(5) 交叉许可。交易双方以各自拥有的技术进行互惠交换，双方的权利可以是独占的，也可以是非独占的。

六、案例分析题

案例一【答案提示】

1. 从广告策略、销售促进策略、宣传策略的优点和缺点结合案例进行分析。如以社会营销为核心的经营理念体系，为塑造良好的企业及品牌形象打下了坚实的基础。在此基础上，又坚持以不断创新的理念指导企业，根据市场变化来调整和创新自己的产品组合及营销组合策略，从而比竞争者更有效地使顾客满意。同时，维护消费者的利益与增进社会福利。这一定会使企业获得长期持续的发展。

2. 名人广告的利弊：消费者对产品的认知反应比较快，产品能迅速占领市场。消费群体对名人的接受程度不同，直接影响产品的销售。

案例二【答案提示】

计算高科公司的各种资金所占的比重：

高科公司的甲方案长期借款 800/5 000 ＝ 16%

高科公司的乙方案长期借款 1 100/5 000 ＝ 22%

高科公司的甲方案公司债券 1 200/5 000 ＝ 24%

高科公司的乙方案公司债券 400/5 000 ＝ 8%

高科公司的甲方案普通股 3 000/5 000 ＝ 60%

高科公司的乙方案普通股 3 500/5 000 ＝ 70%

高科公司甲方案的加权平均资金成本＝ 16%×7% ＋ 24%×8.5% ＋ 60%×14%

＝ 1.12% ＋ 2.04% ＋ 8.4%

＝ 11.56%

高科公司乙方案的加权平均资金成本＝ 22%×7% ＋ 8%×8.5% ＋ 70%×14%

＝ 1.54% ＋ 0.68% ＋ 9.8%

＝ 12.02%

由于高科公司甲方案的加权平均资金成本小于乙方案的加权平均资金成本，因此，高科公司应该选择甲方案筹资。

第二部分

（2004—2010 年真题）

适用于第二版考试大纲

考试说明

1. 本试卷满分 100 分。
2. 请考生务必将本人准考证号最后两位数字填写在本页右上角方框内。
3. 第一题、第二题的答案一律用 2B 铅笔填涂在指定的答题卡上，写在试卷上或答题纸上的答案一律无效。
4. 在答题卡上正确的填涂方法为在答案所代表的字母上画线，如 [A] [B] [C] [D]。
5. 其他题一律用蓝色或黑色墨水笔在答题纸指定位置上按规定要求作答，未写在指定位置上的答案一律无效。
6. 监考员收卷时，考生须配合监考员验收，并请监考员在准考证上签字（作为考生交卷的凭据）。否则，若发生答卷遗失，责任由考生自负。

2004 年同等学力人员申请硕士学位

学科综合水平全国统一考试

工商管理试卷

一、单项选择题（每题 1 分，共 10 分。请从 A、B、C、D 中选择一个正确答案）

1. 早期人际关系学说的奠基人是（　　）。

   A. 泰罗　　　　　　　　　　　　B. 法约尔

   C. 梅奥　　　　　　　　　　　　D. 马克斯·韦伯

2. 私营企业不包括（　　）。

   A. 个人企业　　　　　　　　　　B. 合伙公司

   C. 有限责任公司　　　　　　　　D. 股份有限公司

3. 企业文化构成的要素不包括（　　）。

   A. 共同价值观　　　　　　　　　B. 行为规范

   C. 激励与约束机制　　　　　　　D. 形象与形象性活动

4. 职能制结构的优点不包括（　　）。

   A. 职能专业化，可以提高企业效率　　B. 培训战略管理人员的很好的场所

   C. 可对日常业务决策进行区分和授权　D. 保持对战略决策的集中控制

5. 混合并购的主要优点不包括（　　）。

   A. 帮助企业克服进入新行业的障碍，降低进入成本

   B. 提高企业专业化规划，有利于专业化协作

   C. 可以充分利用企业间的协同作用，发挥资源效应

   D. 是典型的多元化经营，可以降低单一行业经营的风险

6. 电信公司对每部固定电话收取月租费，同时根据通话时间收取通话费，这种定价方法被称为（　　）。

   A. 补充产品定价　　　　　　　　B. 选择品定价

   C. 分部定价　　　　　　　　　　D. 产品线定价

7. 企业拥有产品大类的多少被称为（　　）。

   A. 产品组合的长度　　　　　　　B. 产品组合的宽度

   C. 产品组合的深度　　　　　　　D. 产品组合的关联性

8. 决策者对未来的情况不能完全确定，但未来情况出现的可能性——概率的具体分布是已知或可以估计的，这种情况下的决策称为（　　）。

   A. 确定性决策　　　　　　　　　B. 风险性决策

   C. 不确定性决策　　　　　　　　D. 无风险决策

9. 按投资与企业生产经营的关系，投资可分为（　　）。

A. 直接投资和间接投资 　　　　　　B. 长期投资和短期投资

C. 对内投资和对外投资 　　　　　　D. 初创投资和后续投资

10. 企业因进行跨国交易而取得外币债权或承担外币债务时，由于交易发生日的汇率与结算日的汇率不一致，可能使收入或者支出变动的外汇风险称为（　　）。

A. 经济风险 　　　　　　　　　　　B. 折算风险

C. 交易风险 　　　　　　　　　　　D. 财务风险

二、多项选择题（每题 2 分，共 8 分。请从 A、B、C、D、E 中选择所有你认为正确的答案）

11. 人的需要的基本特征有（　　）。

A. 天性 　　　　　　B. 多样性 　　　　　　C. 结构性

D. 社会制约性 　　　　E. 发展性

12. 在企业出口的发展过程中，一般要经历的阶段有（　　）。

A. 国内营销阶段 　　　　　　　　　B. 间接出口阶段

C. 直接出口阶段 　　　　　　　　　D. 积极出口阶段

E. 国际战略阶段

13. 除了传统的 4P's 以外，服务营销组合还包括以下哪些要素？（　　）

A. 有形展示（Physical Evidence） 　　B. 人员（People）

C. 权力（Power） 　　　　　　　　D. 公共关系（Public Relationship）

E. 过程（Process）

14. 营业外收入包括（　　）。

A. 固定资产盘盈净收入 　　　　　　B. 出售固定资产收益

C. 无法支付的应付款 　　　　　　　D. 投资股票分得的股利收入

E. 投资债券取得的利息收入

三、名词解释（每题 3 分，共 12 分）

1. 负强化

2. 范围经济

3. 竞争对等法

4. 风险报酬

四、简答题（每题 7 分，共 28 分）

1. 简述组织动态平衡。

2. 合作战略的目的是什么？

3. 企业采用多品牌策略的原因主要有哪些？

4. 简述四种最主要的股利分配政策。

五、论述题（每题 11 分，共 22 分）

1. 试论企业发展与惯性。

2. 试述推销观念、市场营销观念和客户观念各自的含义及彼此之间的区别。

六、案例分析题（每题 10 分，共 20 分）

案例一：

明基光存储"差别化战略"求胜

当一个公司的产品在广泛的市场中具有实际的，或能被消费者所感觉到的独特性时，我们就称这家公司具有差别化优势。在竞争中始终保持这种差异性的存在，对企业或品牌保持市场地位并获得良好的回报率来说，是一种极为有效的战略。作为国内光存储行业领导品牌，明基 BenQ 从产品到服务，从制造到营销，始终根据消费者需求，不断创新，坚持差别化战略，同时控制产品成本，进而形成了不容易被竞争对手模仿的独特的竞争优势。可以说，差别化战略正是明基光存储产品始终领导光存储市场，并在行业竞争渐趋白热化的情况下保持不败的关键。

①技术领先。

明基是国内最早投入 DVD 光驱技术研发的厂商，也是率先实现 DVD 光驱大规模生产的厂商之一。强大的技术优势是明基 DVD 得以立足的根本。以明基 16XDVD 光驱 1648A 为例，它采用了包括自排挡技术、职能定位系统、四层纠错系统在内的多项自主性技术。这些业界领先技术赋予 1648A 出色而稳定的品质以及最佳的读盘效果；加上多年来与日本先锋等国际性大厂保持了紧密的战略合作，使明基 DVD 光驱在产品技术更新换代的速度上始终紧跟世界潮流。这种技术优势也形成了进入该行业的障碍。

②服务创新。

从售前到售后，消费者提的问题多与 DVD 光驱的使用有关，而不是产品品质，为帮助消费者快速解决问题，明基通过互联网架设了开放式 DVD 服务论坛，并建立了由技术工程师（网上 ID：鳄鱼宝宝）组成的服务团队，回答消费者提出的每一个问题。此外，DVD 相关驱动程序及 FIRMWARE 都能从明基网站免费下载和升级。网络技术信息传递快、交互式的优势，可以说被明基发挥得淋漓尽致，这也使得 DVD 光驱比其他的替代品胜了一筹。尤其表现在 DVD 光驱等产品的售前和售后服务上。与此同时，在网络之外，明基 DVD 光驱实行"三包"服务。星罗棋布的维修中心，加上明基与经销商的紧密合作，使消费者遇到问题后能够立即得到解决，顾客对明基的产品和服务产生了较高程度的忠诚。

③营销革命。

在产品日益同质化的今天，仅仅技术领先和服务领先还不足以确保市场领先的地位。因为竞争对手的模仿，很可能使差别化优势逐渐丧失。因此，明基逐渐开始采用全新的体验式营销模式。一方面，明基借"鳄鱼家族"整体形象的推广为 DVD 光驱拓展市场助力；另一方面，明基针对 DIY 需求的变化，不失时机地推出了"银色月光"DVD 光驱，充分满足了消费者对个性化产品和快乐体验的需要。"银色月光"DVD 光驱最为突出的是外观采用了象征前卫、时尚的银色面板，可以与各种机箱自由搭配。新品一经上市，虽然价格不菲，但仍受到市场的青睐。

对于差别化战略，明基光存储产品经理的理解是以消费者为导向，不断创新并强化自身产品与品牌的竞争优势。其中，对于市场的把握能力至关重要。因为在他看来，会生产、会研发的人不一定会卖产品，只有会卖产品的人才能赢。而 DVD 光驱市场的角逐不只是价格的竞争，更是技术的竞争、服务的竞争和市场营销的全面竞争。据有关调查显示，到 2016 年上半年为止，明基 DVD 光驱以 25% 的份额保持了市场第一的宝座。

问题：

1. 分析该公司产品差别化的动因。

2. 该公司产品差别化面临哪些威胁？

案例二：

五达公司下年度生产单位售价为 12 元的甲产品，该公司有两个生产方案可供选择：A 方案的单位变动成本为 6.75 元，固定成本为 675000 元；B 方案的单位变动成本为 8.25 元，固定成本为 401250 元。该公司资金总额为 2250000 元，资产负债率为 40%，负债利息率为 10%。预计年销售量为 200000 件，该企业目前正在免税期。

要求：

1. 计算 A、B 两个方案的经营杠杆系数、财务杠杆系数。

2. 计算 A、B 两个方案的联合杠杆，对比两个方案的总风险。

2004 年同等学力人员申请硕士学位

学科综合水平全国统一考试

工商管理答案及解析

一、单项选择题

1. 【正确答案】C

【所属学科】《管理学》第一章，管理的发展历史。

【难易程度】容易

【考点解析】泰罗率先在管理研究中采用近代科学方法，开辟了在管理研究中采用科学方法之先河。法约尔明确管理是企业一种基本活动，其过程或职能为计划、组织、指挥、协调、控制，为研究管理过程打下了坚实基础。马克斯·韦伯的官僚制理论，提出最适合于企业组织发展需要的组织类型和基本管理精神，成为各类大型组织的"理想模型"。梅奥与罗特利斯伯格通过霍桑实验，提出著名的人际关系学说，开辟了行为科学研究的道路。

2. 【正确答案】D

【所属学科】《管理学》第三章，企业和企业制度。

【难易程度】容易

【考点解析】私营企业指个人企业和在个人企业基础上形成的合伙公司、两合公司和有限责任公司这些企业形态。

3. 【正确答案】C

【所属学科】《企业战略管理》第十一章，企业战略与企业文化。

【难易程度】容易

【考点解析】企业文化构成的要素： 共同价值观、行为规范、形象与形象性活动。

4. 【正确答案】B

【所属学科】《企业战略管理》第十章，企业战略与组织结构。

【难易程度】中度

【考点解析】职能制结构的优点：(1) 职能专业化，可提高企业效率；(2) 有利于培养职能专家；(3) 可对日常业务决策进行区分和授权；(4) 保持对战略决策的集中控制。

5. 【正确答案】B

【所属学科】《企业战略管理》第七章，公司战略与优势。

【难易程度】中度

【考点解析】混合并购是指在彼此没有相关市场或生产过程的公司之间进行的并购行为。混合并购的优点包括：(1) 有助于降低经营风险；(2) 可以减少企业进入新的经营领域的困难；(3) 增加了进入新行业的成功率；(4) 有助于企业实行战略转移；(5) 有助于企业实现其技术战略；(6) 企业在并购重组中获得新生、资源在市场流动中优化配置。

6. 【正确答案】C

　　【所属学科】《市场营销》第七章，定价策略。

　　【难易程度】中度

　　【考点解析】(1) 补充产品定价。有些产品需要附属或补充产品。例如，剃须刀片和胶卷。生产主要产品（剃须刀和照相机）的制造商经常为产品制定较低的价格，同时对附属产品制定较高的加成。(2) 选择品定价。许多企业在提供主要产品的同时，还会附带一些可供选择的产品或特征。例如，汽车用户可以订购电子开窗控制器、扫雾器和减光器等。(3) 分部定价。服务性企业经常收取一笔固定费用，再加上可变的使用费。例如，电话用户每月都要支付一笔最少的使用费，如果使用次数超过规定，还要再交费。(4) 产品线定价。企业通常开发出来的是产品线，而不是单一产品。当企业生产的系列产品存在需求和成本的内在关联性时，为了充分发挥这种内在关联性的积极效应，企业会采用产品线定价策略。

7. 【正确答案】B

　　【所属学科】《市场营销》第六章，产品策略。

　　【难易程度】容易

　　【考点解析】产品组合有一定的宽度、长度、深度和关联性。产品组合的宽度，指一个企业有多少产品大类。产品组合的长度，指一个企业的产品组合中所包含的产品项目的总数。产品组合的深度，指产品大类中每种产品有多少花色、品种、规格。产品组合的关联性，指一个企业的各个产品大类在最终使用、生产条件、分销渠道等方面的密切相关程度。

8. 【正确答案】B

　　【所属学科】《财务管理》第二章，财务管理的价值观念。

　　【难易程度】容易

　　【考点解析】企业的风险是客观存在的，按照风险的程度，可以把企业财务决策分为三种类型：(1) 决策者对未来的情况是完全确定的而做出的决策，称为确定性决策；(2) 决策者对未来的情况不能完全确定，但它们出现的可能性（概率）的具体分布是已知的或可以估计的，称为风险性决策；(3) 决策者对未来的情况不仅不能完全确定，而且对其可能出现的概率也不清楚，称为不确定性决策。

9. 【正确答案】A

　　【所属学科】《财务管理》第五章，企业投资决策。

　　【难易程度】容易

　　【考点解析】为了加强投资管理，提高投资效益，必须分清投资的性质，对投资进行科学的分类。企业投资可做以下几种分类：(1) 根据投资与企业生产经营的关系，投资可分为直接投资和间接投资；(2) 根据投资回收时间的长短，投资可分为短期投资和长期投资；(3) 根据投资的方向，投资可分为对内投资和对外投资；(4) 根据投资在生产过程中的作用，投资可分为初创投资和后续投资。

10.【正确答案】C

【所属学科】《财务管理》第八章，国际财务管理。

【难易程度】中度

【考点解析】交易风险是指企业因进行跨国交易而取得外币债权或承担外币债务时，由于交易发生日的汇率与结算日的汇率不一致，可能使收入或支出发生变动的风险。折算风险又称会计风险、会计翻译风险或转换风险，是指企业在将不同的外币余额在按一定的汇率折算为本国货币的过程中，由于交易发生日的汇率与折算日的汇率不一致，使会计账簿上的有关项目发生变动的风险。经济风险是指由于汇率变动对企业的产销数量、价格、成本等产生的影响，从而使企业的收入或支出发生变动的风险。财务风险是指公司的财务结构不合理、融资不当使其可能丧失偿债能力而导致投资者预期收益下降的风险。

二、多项选择题

11.【正确答案】BCDE

【所属学科】《管理学》第八章，激励。

【难易程度】中度

【考点解析】一般而言，人的需要具有以下四个基本特征：(1) 多样性；(2) 结构性；(3) 社会制约性；(4) 发展性。

12.【正确答案】ADE

【所属学科】《企业战略管理》第六章，跨国经营战略。

【难易程度】中度

【考点解析】在企业出口的发展过程中，一般要经历的阶段有：国内营销阶段、前出口阶段、实验性出口阶段、积极出口阶段、国际战略阶段。

13.【正确答案】ABE

【所属学科】《市场营销》第六章，产品策略。

【难易程度】中度

【考点解析】除了传统的 4P's 以外，服务营销组合还包括有形展示 (Physical Evidence)、人员 (People) 和过程 (Process)。

14.【正确答案】ABC

【所属学科】《财务管理》第六章，企业分配决策。

【难易程度】中度

【考点解析】营业外收入是指与企业生产经营无直接关系的收入，包括固定资产盘盈净收入、出售固定资产收益、对方违约的赔款收入、无法支付的应付款。

三、名词解释

1.【答案提示】负强化，又称为消极强化，即利用强化物抑制不良行为重复出现的可能性而运用的管理手段。负强化包括批评、惩罚、降职、降薪等。通过负强化可以使员工感受到物质利益的损失和精神的痛苦，从而自动放弃不良行为。

2. 【答案提示】范围经济，指由厂商的经营范围而非规模带来的经济。当同时生产两种产品的费用低于分别生产每种产品所需成本的总和时，所存在的状况就被称为范围经济。只要把两种或更多的产品合并在一起生产的成本比分开来生产的成本低，就会存在范围经济。

3. 【答案提示】竞争对等法，指企业比照竞争者的广告开支来决定本企业的广告开支，以保持竞争上的优势。在市场营销管理实践中，不少企业都喜欢根据竞争者的广告预算来确定自己的广告预算，造成与竞争者旗鼓相当、势均力敌的对等局势。

4. 【答案提示】风险报酬，指投资者因冒风险进行投资而获得的超过时间价值的那部分报酬。风险报酬有两种表示方法： 风险报酬额和风险报酬率。

四、简答题

1. 【答案提示】以发展的、变化的眼光看问题，组织内外所有相关因素都处在变化中。组织平衡不是一次性的，不是一蹴而就的。当组织内外环境条件发生变化时，原有平衡即被打破。此时，就需要根据变化了的情况建立新的平衡。

  (1) 组织本身存在打破平衡的力量。在客观上，组织中存在的差异、矛盾、冲突本身，就是平衡的一种破坏性力量，同时，组织的发展也会打破原有的平衡。应该说，组织的生存和发展，就是不断打破原有平衡、建立新的平衡的过程。由此来看，除组织内外平衡外，组织动态平衡也是组织生存和发展的必要条件。

  (2) 实现组织动态平衡，最关键的是处理稳定和变革的矛盾。在组织生存和发展的过程中，随着内外平衡实现程度提高，有一种趋于程序化、类型化、模式化、稳定化的倾向。如何在稳定与革新之间、日常的正常经营管理与阶段性变革之间取得平衡，是在动态平衡、发展过程管理中最困难的一个方面。

  (3) 动态平衡的实现需要有系统和权变观念。要用全面的、发展的、变化的眼光来看待和处理在企业组织发展中的问题。

2. 【答案提示】企业的战略合作是指企业双方或多方为了自身的生存、发展和未来而进行的整体性、长远性、基本性的谋划，并在合作期间实现共赢的一种合作方式。战略合作的目的归纳起来主要有：

  (1) 战略合作可提高企业的知名度，为企业树立实力强大的外部形象，更加有效地吸引消费者和顾客，增加产品销售量，扩大市场占有率。

  (2) 战略合作可以获得协同效应，即 $1 + 1 > 2$，实现组织间的信息、资源共享，充分利用现有的生产要素和资源，优化资源配置，节省成本费用，扩大经营规模，更好地获取规模经济效益。

  (3) 战略合作可以减少合作企业之间不必要的浪费性竞争，维持稳定的竞争格局和态势，并且把着眼于短期的对抗性竞争转化为长期的合作式竞争，使企业在快速变化的市场环境中获取长远的竞争优势。

  (4) 战略合作可以降低和缓解合作企业的经营风险。现代市场竞争日趋复杂，市场瞬息万变，企业面临的经营风险不断增大。合作企业通过信息沟通、优势互补和风险分摊，可以提高成功率，降低风险损失。

(5) 战略合作可以加快企业的技术创新步伐。随着知识经济的发展，科技已成为决定竞争能力的关键变量之一。因此，通过联合各企业的技术、资金优势，可以加快技术创新的步伐。

(6) 战略合作可以有效地突破市场进入障碍。企业不仅可以利用合作伙伴的管理经验和营销渠道，快速进入当地市场，而且可以通过合资、特许经营等方式消除地方和他国政府的法规限制。

(7) 在实行"合作博弈"的竞争战略时，培养竞争对手不但可以提高自己的核心能力，而且可以遏制竞争对手的扩张意图，是一种"占位策略"。

3. 【答案提示】多品牌策略是指企业同时经营两种或两种以上互相竞争的品牌。这种策略由宝洁公司首创。一般来说，企业采取多品牌策略的主要原因有：

(1) 多种不同的品牌只要被零售商店接受，就可占用更大的货架面积，而竞争者所占用的货架面积当然会相应减小。

(2) 多种不同的品牌可吸引更多的顾客，提高市场占有率。只有发展多种不同的品牌，才能赢得这些品牌转换者。

(3) 发展多种不同的品牌有助于在企业内部各个产品部门之间、产品经理之间开展竞争，提高效率。

(4) 发展多种不同的品牌可使企业深入各个不同的市场部分，占领更大的市场。

4. 【答案提示】四种最主要的股利分配政策包括：

(1) 剩余股利政策，指在保证公司最佳资本结构的前提下，税后利润首先用来满足公司投资的需求，有剩余时才用于股利分配，使得加权平均资金成本最低的股利政策。当公司有较好的投资机会时，可以少分配甚至不分配股利，将税后利润用于公司再投资。这是一种投资优先的股利政策。

(2) 固定股利或稳定增长的股利政策，指每年发放固定的股利或者每年增加固定数量股利的股利政策。只有在公司未来盈利增加足以使它能够将股利维持在一个更高的水平时，公司才会提高每股股利的发放额。股利政策是向股东传递有关公司经营信息的手段之一，稳定的股利政策有利于股东有规律地安排股利收入和支出，特别是那些希望每期都能有固定收入的股东更喜欢这种股利政策。因此，这种股利政策一般适用于经营比较稳定的公司。

(3) 固定股利支付率股利政策，指每年从净利润中按固定的股利支付率发放股利的股利政策。确定一个股利占盈余的比例，并长期执行。只有维持固定的股利支付率，才算真正公平地对待每一位股东。虽然这种股利政策不会给公司造成很大的财务负担，但其股利变动较大，容易使股票价格产生较大波动，不利于树立良好的公司形象。

(4) 低正常股利加额外股利政策，指每期都支付稳定的但相对较低的股利额，当公司盈利较多时，再根据实际情况发放额外股利的股利政策。这种股利政策不仅具有较大的灵活性，而且能保证股东定期得到一笔固定的股利收入。这种股利政策一般适用于季节性经营公司或受经济周期影响较大的公司。

五、论述题

1. 【答案提示】企业发展过程是一种打破常规、与各种保守力量斗争、克服惯性的过程。不论是为了适应环境，还是为了解决发展带来的问题，企业都需要在新情况下谋求新的平衡。因此，企业发展过程必须解决发展与惯性之间的矛盾。

(1) 体系惯性，指在企业运行过程中整体意义上形成的固定、僵化的体系和程序。体系惯性有两个层次：一是业务活动层次，企业在以往的探索、尝试过程中，形成了一套相对固定、成熟的操作规程，各部分、各环节之间有了密切协调的配合关系，已形成了一套成熟的业务操作规范；二是管理体系层次，如组织结构体系、计划与控制体系、制度体系，建立起来经过一段时间稳定下来以后，都有不易改变、自身维持原习惯做法的倾向，因而都有在面临新情况时不易调整的一面。

(2) 个人惯性，指个人在长期组织生活中形成的固定的观念、准则、思维方法和工作习惯等。个人惯性也有两个基本方面：一是思维方面的惯性，思维方式越是固定、成熟，越是不能发现与其价值观念不一致的新问题，对变化的反应越是迟滞、麻木。思维方式僵化的人不易发现和接受新事物，对变革持消极抵抗态度；二是情感方面的惯性，主要是人际关系方面的。人们长期在一个团体中工作，会在相互之间的感情、作风、习惯等方面形成一定的一致性和适应性。这种状态包含许多非理性的成分在内。当新事物与这部分人情感方面的惯性不吻合时，就会遇到强有力的抵抗。

上述两个方面的惯性，在某种意义上是一种有益的状态。这是在企业发展过程中，为了提高效率，减少不必要的摩擦和冲突，有意无意地形成的消除或缓解矛盾的状态。以上分析表明，稳定不变不是企业发展的理想状态。企业发展既需要稳定，也需要变革；既不能没有矛盾，也不能任矛盾发展。因此，管理者不能用一套固定的、不变的体系和方法对待企业发展，而要在各种极端之间找到某种平衡，要随情况的不同采用不同的手段和方法，在动态中协调企业内部各方面之间的关系，把握某种"中庸之道"。

2. 【答案提示】推销观念、市场营销观念和客户观念各自的含义及彼此之间的区别：

(1) 推销观念认为，消费者通常表现出一种购买惰性或抗衡心理，如果听其自然的话，消费者一般不会足量购买某一企业的产品，因此企业必须积极推销和大力促销，以刺激消费者大量购买本企业产品。推销观念注重卖方需要，以卖方需要为出发点，考虑如何把产品变成现金。市场营销的手段是推销和促销，通过增加销售量，实现利润增长，达到企业的目标。

(2) 市场营销观念认为，实现企业各项目标的关键，在于正确确定目标市场的需要和欲望，并且比竞争者更有效地传送目标市场所期望的物品或服务，进而比竞争者更有效地满足目标市场的需要和欲望。市场营销观念注重买方需要，考虑如何通过制造、传送产品以及与最终消费产品有关的所有事物，来满足顾客的需要。市场营销的手段是通过整合营销，来使客户满意，实现企业的利润增长。

(3) 客户观念，指企业注重收集每一个客户以往的交易信息、人口统计信息、心理活动信息、媒体习惯信息以及分销偏好信息等，由此确认不同的客户终生价值，分别为每一个客户提供不同的产品或服务，传播不同的信息，通过提高客户忠诚度，增加每一个客户的购买量，从而确保企业的利润增长。市场营销的手段是通过一对一营销整合价值链，并通过提升客户占有率、客户忠诚度和客户终生价值，实现利润增长，最终达到企业的目标。

六、案例分析题

案例一【答案提示】

1. 明基光存储实施差别化战略的动因：①满足客户的特殊需求，形成竞争优势；②形成进入障碍；③降低顾客敏感程度；④增强行业内企业讨价还价的能力；⑤防止替代产品威胁。

企业运用差别化战略主要是依靠产品和服务的特色，而不是产品和服务的成本。企业成功地实施差别化战略，通常需要特殊类型的管理技能和组织结构。

2. 明基光存储实施差别化面临的威胁：

①企业形成产品差别化的成本过高；

②竞争对手可以推出类似的产品，降低产品差别化的特色；

③竞争对手推出更有差别化的产品；

④购买者不再需要本企业长期赖以生存的那些产品差别化的因素。

案例二【答案提示】

1. 五达公司两个方案的经营杠杆、财务杠杆解析过程：

五达公司利息 $= 2\,250\,000 \times 40\% \times 10\% = 90\,000$（元）

五达公司 A 方案：

边际贡献 $= (12 - 6.75) \times 200\,000 = 1\,050\,000$（元）

息税前利润 $=$ 边际贡献 $-$ 固定成本 $= 1\,050\,000 - 675\,000 = 375\,000$（元）

经营杠杆系数 $=$ 边际贡献 $/$ 息税前利润 $= 1\,050\,000/375\,000 = 2.80$

财务杠杆系数 $=$ 息税前利润 $/$（息税前利润 $-$ 利息）$= 375\,000/(375\,000 - 90\,000) = 1.32$

五达公司 B 方案：

边际贡献 $= (12 - 8.25) \times 200\,000 = 750\,000$（元）

息税前利润 $=$ 边际贡献 $-$ 固定成本 $= 750\,000 - 401\,250 = 348\,750$（元）

经营杠杆系数 $=$ 边际贡献 $/$ 息税前利润 $= 750\,000/348\,750 = 2.15$

财务杠杆系数 $=$ 息税前利润 $/$（息税前利润 $-$ 利息）$= 348\,750/(348\,750 - 90\,000) = 1.35$

2. 五达公司两个方案的联合杠杆：

A 方案联合杠杆系数 $= 2.80 \times 1.32 = 3.70$

B 方案联合杠杆系数 $= 2.15 \times 1.35 = 2.90$

根据这两个方案的联合杠杆系数的对比，可以说明 B 方案的总风险小。

2005 年同等学力人员申请硕士学位

学科综合水平全国统一考试
工商管理试卷

一、单项选择题（每题 1 分，共 10 分。请从 A、B、C、D 中选择一个正确答案）

1. 提出期望理论的管理学家是（　　）。

    A. 亚当斯   B. 弗鲁姆

    C. 赫茨伯格   D. 罗特利斯伯格

2. 计划和控制的基础是（　　）。

    A. 业务   B. 制度

    C. 信息   D. 组织

3. 在产品发展的成熟阶段与饱和阶段里，销售量不到行业领先销售量 5% 的企业，不适宜采取的战略是（　　）。

    A. 重点集中战略   B. 联合或兼并战略

    C. 出售战略   D. 市场集中战略

4. 企业文化再造的内部动因不包括（　　）。

    A. 企业改造   B. 进军国际市场

    C. 资产重组   D. 股票上市

5. 企业给当场付清货款的客户以一定金额的减价，这被称为（　　）。

    A. 现金折扣   B. 现金回扣

    C. 让价折扣   D. 数量折扣

6. 企业在不同的细分市场推出不同的产品，并在渠道、促销和定价方面都加以相应改变，以适用不同细分市场的需要，这被称为（　　）。

    A. 集中市场营销   B. 无差异市场营销

    C. 差异市场营销   D. 一对一市场营销

7. 从价值角度看，下面哪项活动属于辅助性增值活动？（　　）

    A. 生产作业   B. 售后服务

    C. 市场营销   D. 采购管理

8. 财务管理环境按其与企业的关系，分为（　　）。

    A. 宏观财务管理环境和微观财务管理环境

    B. 企业内部财务管理环境和企业外部财务管理环境

    C. 静态财务管理环境和动态财务管理环境

    D. 长期财务管理环境和短期财务管理环境

9. 每期期末等额付款项的年金，称为（　　）。

  A. 普通年金   B. 即付年金

  C. 延期年金   D. 永续年金

10. 甲公司与乙公司合并，甲公司存续，乙公司消失，这种并购方式被称为（　　）。

  A. 资产收购   B. 股票收购

  C. 吸收合并   D. 创设合并

二、多项选择题（每题 2 分，共 8 分。请从 A、B、C、D、E 中选择所有你认为正确的答案）

11. 动机在激发行为的过程中具体功能表现为（　　）。

  A. 始发功能   B. 导向和选择功能   C. 控制功能

  D. 维持与强化功能   E. 学习功能

12. 企业任务说明书的要素有（　　）。

  A. 经营理念   B. 市场环境   C. 自我观念

  D. 管理风格   E. 公众形象

13. 下面哪些方法是确定销售队伍规模的常用方法？（　　）

  A. 分解法   B. 目标任务法   C. 工作量法

  D. 销售百分比法   E. 竞争对等法

14. 避免外汇风险的主要方法有（　　）。

  A. 利用远期外汇交易   B. 利用外汇期权交易   C. 适当调整外汇受险额

  D. 平衡资产与负债数额   E. 采用多元化经营

三、名词解释（每题 3 分，共 12 分）

1. 体系惯性

2. 协同作用

3. 交叉销售

4. 系统性风险

四、简答题（每题 7 分，共 28 分）

1. 简述人际沟通过程的特殊性。

2. 领先战略存在的弱点是什么？

3. 服务市场营销和产品市场营销有哪些不同？

4. 简述企业短期偿债能力指标。

五、论述题（每题 11 分，共 22 分）

1. 简述革新滞后的原因。

2. 论述可以构成行业进入障碍的主要因素。

六、案例分析题（每题10分，共20分）

案例一：

九阳公司

山东济南的九阳电器公司是一家生产经营厨房小家电产品的公司。自从1994年推出第一台家庭用豆浆机以来，九阳公司从无到有，将豆浆机做成一个年需求近百万台的产业。虽然现在在市场上有了多家生产豆浆机的企业，但无论从产品性能还是从市场营销上，它们还不能对九阳构成真正的威胁。国外往往把一个相对较小的市场中的绝对领先者称为"隐形的冠军"，九阳公司就是我国豆浆机领域的隐形冠军。

除了拥有十多项技术专利之外，九阳在市场营销上更为成功。九阳公司是一家中型公司，其遍布全国的营销网络借助了中间商的力量。通过全国160多个地区级市场总经销的建设，九阳形成了一整套寻找和管理经销商的思路。

寻找经销商

在寻找经销商的时候，九阳看重的不是经销商的实力，而是双方预期合作的程度，要谈得来。九阳的销售总经理认为："大的经销商往往对你的一个小产品并不是很重视，而且你的条件他也不一定接受，他们还会想办法控制生产商。"九阳认为，经销商只有对企业及其产品产生认同，才能有与企业基本一致的对产品及市场的重视态度，并树立开拓市场、扩大销售的信心，将九阳公司的产品作为经营主项。同时，对企业经营理念的认同有助于经销商与我们沟通，互相理解，保持步调一致。因此，九阳选择的往往是中等实力的经销商。"合作的就是好的，双方可以通过产品共同发展起来。"中等实力的经销商往往可塑性很强，还不成熟。这时九阳与他们合作，有一套成熟的体系供其借鉴。最终这些经销商往往被九阳的经营理念及价值观同化。九阳的大多数经销商都是按这种模式成长起来的。

销售区域经理

九阳每进入一个新的区域市场，并不做大规模的广告轰炸，一是没有那么多钱，二是还有更好的办法。开发各地市场时，销售经理首先对各地报纸进行仔细研究，然后有针对性地进行选择，在某些报纸上开辟一些宣传豆浆功效的栏目，宣传豆浆的营养保健功能，使人们自然而然地接受豆浆机。1995年开发徐州市场时，5个月销售8 000台，广告费只花了3 200元。浙江温州人原来没有豆浆消费习惯，九阳进入温州3年，销售量由最初的200台增长到2 800台，迅速培养起温州人喝豆浆的习惯。这也得益于九阳的市场培育和广告宣传。

九阳对经销商采取竞争淘汰制。1997年是九阳拥有经销商最多的时候，一共有200家。但1997年并不是销售量最多，也不是增长最快的年份，1998年、1999年销售量增长了，经销商的数量却减少了。随着一些地区销售额的突破性增长，经销商队伍出现分化，做得不好的经销商会被淘汰。

在销售制度上，九阳执行款到发货。但对销售人员来说，收到款意味着销售工作的开始，他们还要负责宣传支持、负责市场的启动、培训经销商、提供售后服务，等等。

九阳至今还是一家中型企业，它开始搭建全国范围内的销售网络时，规模更小，九阳的成功表明了企业规模不是建立销售网络的门槛。

问题：

1. 企业分销策略有哪些？九阳公司采用的是哪些分销策略？

2. 结合九阳公司的实践，你认为选择经销商应考虑哪些因素？

案例二：

当代公司准备购入一条矿泉水生产线用以扩充生产能力，该生产线投资100万元，使用寿命5年，期满无残值。经预测，5年中每年销售收入60万元，每年的付现成本为20万元。购入生产线的资金来源通过发行长期债券筹集，债券按面值发行，票面利率为12%，筹资费率1%，企业所得税税率为34%。

利息率	5%	6%	7%	8%	9%
年金现值系数（5年）	4.329	4.212	4.100	3.993	3.890

要求：计算当代公司投资该生产线的净现值并分析该方案是否可行。

2005年同等学力人员申请硕士学位

学科综合水平全国统一考试
工商管理答案及解析

一、单项选择题

1. 【正确答案】B

   【所属学科】《管理学》第八章，激励。

   【难易程度】容易

   【考点解析】A. 权衡激励模式的理论基础源于美国管理学家亚当斯 (J. Adams) 提出的公平理论。B. 目标激励模式的理论基础源于美国心理学家弗鲁姆 (V. H. Vroom) 提出的期望理论。C. 美国心理学家赫茨伯格提出了双因素理论，也称激励—保健因素理论。D. 梅奥与罗特利斯伯格通过霍桑实验，提出著名的人际关系学说，开辟了行为科学研究的道路。

2. 【正确答案】C

   【所属学科】《管理学》第五章，计划与控制。

   【难易程度】容易

   【考点解析】计划和控制的基础是信息。

3. 【正确答案】D

   【所属学科】《企业战略管理》第四章，竞争战略。

   【难易程度】容易

   【考点解析】在产品发展的成熟阶段与饱和阶段里，销售量不到行业领先销售量 5% 的企业，不适宜采取市场集中战略，在这种条件下可采取重点集中战略、联合或兼并战略、出售战略、撤退战略。

4. 【正确答案】B

   【所属学科】《企业战略管理》第十一章，企业战略与企业文化。

   【难易程度】容易

   【考点解析】企业文化再造的内部动因：企业重组、股票上市、经营理念的变化、发生危机事件等。企业文化再造的外部动因：推出新产品、选择新的市场定位战略、实施多元化战略、进军国际市场等。

5. 【正确答案】A

   【所属学科】《市场营销》第七章，定价策略。

   【难易程度】容易

   【考点解析】A. 现金折扣，是企业给那些当场付清货款的客户的一种减价方式。B. 现金回扣，是指卖方从买方支付的商品款项中按一定比例返还给买方的现金。C. 让价折扣，是另一种类型的价目表价格的减价。D. 数量折扣，是企业给那些大量购买某种产品的顾客减价，以鼓励顾客购买更多的货物的减价方式。

6. 【正确答案】C

【所属学科】《市场营销》第二章，企业战略计划过程与市场营销管理过程。

【难易程度】容易

【考点解析】无差异市场营销是指企业在市场细分之后，不考虑各子市场的特性，而只注重子市场的共性，决定只推出单一产品，运用单一的市场营销组合，力求在一定程度上满足尽可能多的顾客的需求。差异市场营销是指企业决定同时为几个子市场服务，设计不同的产品，并在渠道、促销和定价方面都做出相应的改变，以适应各子市场的需要。集中市场营销是指企业集中所有力量，以一个或少数几个性质相似的子市场作为目标市场，试图在较少的子市场上占较大的市场占有率。

7. 【正确答案】D

【所属学科】《市场营销》第一章，市场营销导论。

【难易程度】容易

【考点解析】价值链可分为两大部分：一是企业的基本增值活动，即一般意义上的生产经营环节，包括材料供应、生产加工、成品储运、市场营销、售后服务等；二是企业的辅助性增值活动，包括设施、组织建设、人事管理、技术开发和采购管理等。

8. 【正确答案】B

【所属学科】《财务管理》第一章，财务管理的基本理论。

【难易程度】容易

【考点解析】从财务管理环境的概念中可以知道，财务管理环境是一个多层次、多方位的复杂系统，它纵横交错、相互制约，对企业的财务管理有着重要影响。为了能对财务管理环境进行更深入细致的研究，下面对财务管理环境进行简单分类：(1) 财务管理环境按照其包括的范围，分为宏观财务管理环境和微观财务管理环境；(2) 财务管理环境按照其与企业的关系，分为企业内部财务管理环境和企业外部财务管理环境；(3) 财务管理环境按照其变化情况，分为静态财务管理环境和动态财务管理环境。

9. 【正确答案】A

【所属学科】《财务管理》第二章，财务管理的价值观念。

【难易程度】容易

【考点解析】年金按付款方式，可分为普通年金或后付年金、即付年金或先付年金、延期年金和永续年金。后付年金是指每期期末都有等额收付款项的年金。在现实经济生活中，这种年金最为常见，故称为普通年金。先付年金是指在一定时期内，各期期初都有等额的系列收付款项。延期年金是指在最初若干期没有收付款项的情况下，后面若干期有等额的系列收付款项。永续年金是指无限期支付的年金。

10.【正确答案】C

【所属学科】《财务管理》第七章，企业并购的财务管理。

【难易程度】容易

【考点解析】吸收合并，A 公司与 B 公司合并，A 公司存续，B 公司消失。创设合并，A 公司与 B 公司合并，A、B 公司均消失，另成立新的 C 公司。资产收购，A 公司购买 B 公司的部分或全部资产，B 公司存续。股票收购，A 公司购买 B 公司的全部或部分股份，B 公司存续。

二、多项选择题

11.【正确答案】ABD

【所属学科】《管理学》第八章，激励。

【难易程度】容易

【考点解析】动机是在需要的基础上产生的，引起和维持着人的行为，并将其导向一定目标的心理机制。动机在激发行为的过程中具体功能表现为：(1) 始发功能；(2) 导向和选择功能；(3) 维持与强化功能。

12.【正确答案】ABCE

【所属学科】《企业战略管理》第九章，战略的实施与控制。

【难易程度】容易

【考点解析】企业任务说明书的要素包括企业目标、经营理念、市场环境 (包含宏观与微观)、自我观念、公众形象。

13.【正确答案】ACD

【所属学科】《市场营销》第九章，促销策略。

【难易程度】容易

【考点解析】企业设计销售队伍规模常用的方法有销售百分比法、分解法、工作量法。

14.【正确答案】ABCDE

【所属学科】《财务管理》第八章，国际财务管理。

【难易程度】容易

【考点解析】国际上避免外汇风险的方法较多，常见的几种方法有：(1) 利用远期外汇交易；(2) 利用外汇期权交易；(3) 适当调整外汇受险额；(4) 平衡资产与负债数额；(5) 采用多元化经营。

三、名词解释

1.【答案提示】体系惯性是在企业运行中整体意义上形成的固定、僵化的体系和程序。

2.【答案提示】协同作用是指企业在资源配置和经营范围的决策中所能寻求到的共同努力的效果，就是说分力之和大于各分力简单相加的结果。在企业管理中，企业总体资源的收益要大于各部分资源收益的和。

3. 【答案提示】交叉销售是借助顾客关系管理和发现现有顾客的多种需求，并通过满足其需求而销售多种相关服务或产品的一种新兴营销方式。事实上，交叉销售不仅是一种营销方式，更重要的是一种营销哲学，即充分利用一切可能的资源开展营销，服务市场，赢得顾客，甚至在很大范围内与合作伙伴共享市场。

4. 【答案提示】系统性风险又称不可分散风险或市场风险，指的是由于某些因素，给市场上所有的证券都带来了经济损失的可能性。如宏观经济状况的变化、国家税法的变化、国家财政政策和货币政策变化、世界能源状况的改变都会使股票收益发生变动。这些风险会影响所有的证券，不能通过证券组合分散掉。换句话说，即使投资者持有的是经过适当分散的证券组合，也将遭受这种风险。因此，对投资者来说，这种风险是无法消除的，故称其为不可分散风险。

四、简答题

1. 【答案提示】人际沟通过程有其特殊性：

　　(1) 人际沟通主要是通过语言（或语言的文字形式）来进行的。

　　(2) 人际沟通不仅是信息的交流，而且是情感、思想、态度、观点的交流。

　　(3) 在人际沟通的过程中，心理因素有着重要意义。

　　(4) 在人际沟通中，会出现特殊的沟通障碍。这种障碍不仅是信息渠道（传递）的失真或错误，而且是人所特有的心理障碍。

2. 【答案提示】领先战略存在的弱点：价格降得过低，限制了企业盈利率的提高；过于强调降低成本而忽视技术突破，使得成本降低、竞争激烈，或者使过去用于降低成本的投资与经验积累丧失；容易被模仿（最致命的缺陷）。

3. 【答案提示】服务市场营销与产品市场营销有着本质的不同，它们的不同具体表现为以下几个方面：

　　(1) 产品特点不同。如果说有形产品是一个物体或一样东西的话，服务则表现为一种行为、绩效或努力。

　　(2) 顾客对生产过程的参与。由于顾客直接参与生产过程，如何引导顾客使得服务推广有效地进行，成为服务市场营销管理的一个重要内容。

　　(3) 人是服务的一部分。服务的过程是顾客与服务提供者广泛接触的过程，服务的好坏，不仅取决于服务提供者的素质，也与顾客的行为密切相关。

　　(4) 质量控制问题。由于人是服务的一部分，服务的质量很难像有形产品那样用统一的质量标准来衡量，因而其缺点和不足也就不易发现和改进。

　　(5) 服务无法贮存。由于服务的无形性以及生产与消费的同时进行，使服务具有不可贮存的特性。

　　(6) 时间因素的重要性。在服务市场上，既然服务生产和消费过程是由顾客与服务提供者面对面进行的，服务的推广就必须及时、快捷，以缩短顾客等候服务的时间。

　　(7) 分销渠道的不同。服务企业不像生产企业那样通过物流渠道把产品从工厂运送到顾客手里，而是借助电子渠道 (如广播、互联网) 或是把生产、零售和消费的地点连在一起来推广产品。

4. 【答案提示】企业的短期偿债能力是指企业偿还其短期债务的能力。短期偿债能力是财务分析中必须十分重视的一个方面，短期偿债能力不足，企业无法满足债权人的要求，可能会引起破产或造成生产经营的混乱。

企业的短期偿债能力可通过以下指标来进行分析：

(1) 流动比率。流动比率是流动资产与流动负债进行对比所确定的比率。流动资产与流动负债对比，说明的是能在短期内转化成现金的资产对需要在短期内偿还的负债的一种保障程度，能比较好地反映企业的短期偿债能力。根据惯例，流动比率等于 2 的时候最佳。流动比率太低，表明企业缺乏短期偿债能力；流动比率太高，虽然能说明企业的短期偿债能力强，但也说明企业的现金、存货等流动资产有闲置或存在流动负债利用不足的情况。

(2) 速动比率。速动比率是由速动资产和流动负债对比所确定的比率。速动比率由于在计算时不包含存货因素，所以能比流动比率更好地反映企业的短期偿债能力。一般而言，速动比率等于 1 时最好。当然，也还要结合行业和企业的具体情况进行分析。

(3) 现金比率。现金比率是可立即动用的资金与流动负债进行对比所确定的比率。现金比率是对短期偿债能力要求最高的指标，主要适用于那些应收账款和存货的变现能力都存在问题的企业。这一指标越高，说明企业的短期偿债能力越强。

(4) 现金净流量比率。现金净流量比率是现金净流量与流动负债进行对比所确定的比率。其反映了企业用每年的现金净流量偿还到期债务的能力。现金净流量是年度内现金流入量扣减现金流出量的余额，可通过企业的现金流量表获得。这一指标越高，说明企业偿还当期债务的能力越强，企业的财务状况越好；反之，则说明企业偿还当期债务的能力较差。

五、论述题

1. 【答案提示】随着原市场领域的成熟化，企业发展潜力变小，企业应当及时调整经营战略，走革新的道路。在现实生活中，只有少数企业可以做到这一点。就大多数企业的一般情况而言，其革新往往具有滞后性，往往做不到随经营成熟化而及时革新。特别是单一品种、大量生产和销售的企业更是如此。这种滞后性主要是由于在原战略基础上形成的发展模式的束缚造成的。其中，主要原因有：

(1) 对成熟化视而不见。当成熟化的征兆出现时，企业往往不能对其有客观冷静的认识。特别是由于成熟的过程往往是一个渐进的过程，在某些时间节点上，一时的繁荣是这一过程中的一般现象。企业往往容易在复杂的市场信息面前只注意那些对自身有利的征兆，而忽略那些预示发展趋势的信息。因为这种判断事关企业自身，从一般思维习惯上，企业不可能清醒地认识自己的问题。正所谓："不识庐山真面目，只缘身在此山中。"

(2) 对模式转换的必要性认识不足。企业认为以往的发展模式可以适应变化了的情况，只需在策略上做一些调整，不必调整整个发展模式。这主要是由于对问题的深刻性认识不够，麻痹大意，结果错失变革良机，使问题进一步深化、严重。

(3) 规模和收益上的障碍。转移主营方向或开发新产品，更新换代，往往伴随着追加投资。新战略实施需要一定的规模，而且要经历一个重新"打天下"的过程，这是主要管理者难下决心的一个障碍。而另一个障碍是收益上的障碍，即企业在原经营领域已获得稳定地位，处于收获阶段；实施新战略需要大量创业资金，短期内难获收益，以原领域的收益水平衡量新领域，容易使决策者踌躇不前。

(4) 本业意识的障碍。有些企业长期从事某一行业中某种产品的经营，本业意识很强，不相信因而也不敢在新领域尝试和探索，偶尔探索一下，也达不到一定规模和程度，难见起色，反而更强化了其本业意识。这也是革新的一大障碍。

企业在市场环境变化面前屡屡坐失良机、被动亏损、陷入困境，除制度、政策环境等不利因素外，在相当程度上，是上述四个方面的原因造成的。

2. 【答案提示】潜在进入者是指在产业外随时可能进入某行业成为竞争者的企业。由于潜在进入者的加入会带来新的生产能力和物质资源，并要求取得一定的市场份额，因此会对本产业的现有企业构成威胁，这种威胁被称为进入威胁。进入威胁的大小主要取决于进入壁垒的高低以及现有企业的反应程度。进入壁垒是指要进入一个产业需克服的障碍和付出的代价。影响进入壁垒高低的因素主要有：

(1) 规模经济，指通过扩大生产规模而引起经济效益增加的现象。规模经济反映的是生产要素的集中程度同经济效益之间的关系。规模经济的优越性在于：随着产量的增加，长期平均总成本下降。但这并不意味着生产规模越大越好，因为规模经济追求的是能获取最佳经济效益的生产规模。

(2) 产品差异，指相互竞争且具有较强的可替代性但又不完全相同的产品。其不同之处可能表现在产品的功能、外观、位置、质量或其他方面。

(3) 资本需求，指在进入新行业时，企业如果需要大量的投资，则会考虑是否进入或如何进入。

(4) 转换成本，指当消费者从一个产品或服务的提供者转向另一个产品或服务的提供者时所产生的一次性成本。这种成本不仅是经济上的，也是时间、精力和情感上的，它是构成企业竞争壁垒的重要因素。如果顾客从一个企业转向另一个企业，可能会损失大量的时间、精力、金钱和关系，那么即使他们对企业的服务不是完全满意，也会三思而后行。

(5) 分销渠道，指当产品从生产者向最后消费者或产业用户移动时，直接或间接转移所有权所经过的途径 (企业或个人)。

(6) 与规模经济无关的成本优势。

六、案例分析题

案例一【答案提示】

1. 企业分销的策略通常可分为三种：密集分销、选择分销、独家分销。九阳公司采用的是选择分销。

2. 企业在选择经销商时应考虑的因素：顾客特性、产品特性、中间商特性、竞争特性、企业特性、环境特性。

案例二【答案提示】

企业折旧＝ 100/5 ＝ 20(万元)

企业发行债券的资金成本＝ 12%×(1 － 34%)/(1 － 1%) ＝ 8%

初始现金流量＝ 100(万元)

每年经营现金流量＝ 60 － 20 － (60 － 20 － 20)×34% ＝ 33.2(万元)

净现值＝ 33.2×$PVIFA_{8\%,5}$ ＝ 33.2×3.993 － 100 ＝ 32.5676(万元)

根据净现值的决策规则，净现值大于零，该方案可行。

学科综合水平全国统一考试
工商管理试卷

一、单项选择题（每题 1 分，共 10 分。请从 A、B、C、D 中选择一个正确答案）

1. 奠定了管理过程思想基础的是（　　）。

　　A. 泰罗的科学管理理论　　　　　　　B. 法约尔的一般管理理论

　　C. 马克斯·韦伯的理想的行政组织理论　D. 西蒙的管理决策理论

2. 以下四种组织结构中存在双重领导关系的是（　　）。

　　A. 直线制　　　　　　　　　　　　　B. 直线职能制

　　C. 事业部制　　　　　　　　　　　　D. 矩阵制

3. 企业使命的界定是在对自身业务清晰界定的基础上进行的。从战略角度来讲，企业不应从以下哪个方面来界定自己的业务？（　　）

　　A. 顾客的需求　　　　　　　　　　　B. 公众形象

　　C. 顾客群　　　　　　　　　　　　　D. 满足顾客需求的方式

4. 董事会的职能不包括（　　）。

　　A. 选择、聘用与解聘公司的总经理或首席执行官

　　B. 选择、聘用与解聘公司的董事

　　C. 参与制定并评估公司的战略与计划

　　D. 宣布公司红利的分配方案

5. 某钢铁企业通过收购一家大型铁矿石企业获得对后者的控制，同时使企业得到更快速的发展，该种增长战略被称为（　　）。

　　A. 前向一体化　　　　　　　　　　　B. 后向一体化

　　C. 水平一体化　　　　　　　　　　　D. 水平多元化

6. 产品的式样或外观特色属于（　　）。

　　A. 核心产品　　　　　　　　　　　　B. 附加产品

　　C. 形式产品　　　　　　　　　　　　D. 经验产品

7. 竞争导向定价法包括（　　）。

　　A. 感受价值定价法　　　　　　　　　B. 反向定价法

　　C. 投标定价法　　　　　　　　　　　D. 目标定价法

8. 某投资方案初始投资为 20 万元，前 4 年的现金净流入量分别为 3 万元、7 万元、8 万元、10 万元，则该投资方案的回收期为（　　）。

　　A. 3 年　　　　　　　　　　　　　　B. 3.1 年

　　C. 3.2 年　　　　　　　　　　　　　D. 4 年

9. 无风险报酬率为 6%，市场上所有股票的平均报酬率为 10%，某种股票的 β 系数为 2，则该股票的报酬率应为（ ）。

    A. 10%
                 B. 14%

    C. 16%
                 D. 22%

10. 已知某企业的销售净利率为 5%，总资产周转率为 1.2，资产负债率为 60%。该企业的所有者权益报酬率为（ ）。

    A. 6%
                 B. 10%

    C. 12.5%
                 D. 15%

二、多项选择题（每题 2 分，共 8 分。请从 A、B、C、D、E 中选择所有你认为正确的答案）

11. 领导方式的类型不包括（ ）。

    A. 集权型
        B. 民主型
        C. 控制型

    D. 协商型
        E. 兼备型

12. 一个行业成为分散行业的原因有（ ）。

    A. 进入障碍低
        B. 有规模经济
        C. 产品差别化高

    D. 市场需求单一
        E. 行业处于初级阶段

13. 下列哪些属于人口细分？（ ）

    A. 性别
        B. 收入
        C. 职业

    D. 年龄
        E. 生活方式

14. 下列各项财务指标中，反映企业偿债能力的指标有（ ）。

    A. 应收账款周转率
        B. 流动比率
        C. 资产负债率

    D. 总资产周转率
        E. 利息周转倍数

三、名词解释（每题 3 分，共 12 分）

1. 正式沟通

2. 公司的核心能力

3. 推销观念

4. 直接标价法

四、简答题（每题 7 分，共 28 分）

1. 简述管理思想演进的主要线索。

2. 简述职能部门战略与企业总体战略的区别。

3. 简述企业采用多品牌策略的原因。

4. 简述四种最主要的股利分配政策。

五、论述题（每题 11 分，共 22 分）

1. 试论整体并购的特点、主要优缺点及适用条件。

2. 试述产业市场特点及影响产业购买者决策的主要因素。

六、案例分析题（每题10分，共20分）

案例一：

联想——文化制胜

联想集团成立于1984年，由中科院计算所投资20万元人民币、联合11名科技人员创办，到今天已经发展成为一家在信息产业内多元化发展的大型企业集团。2002年财政营业额达到202亿港币，拥有员工12000余人，于1994年在香港上市。

2002年内，联想电脑的市场份额达27.3%（数据来源：IDC），从1996年以来连续7年位居国内市场销量第一，至2003年3月底，联想集团已连续12个季度获得亚太市场（除日本外）第一（数据来源：IDC）。2002年第二季度，联想台式电脑销量首次进入全球前五。

联想文化建设经历了三个阶段。每个阶段都有不同的特性。

创业期，面对的是关系到生存的竞争压力，联想人充满了创业的决心、克服一切困难的精神。那时常说的是"要把5%的可能变成100%的现实"。这是在当时的环境下所表现出来的创业文化。1988年，全国科技进步奖初评结果，联想汉卡只得到二等奖。他们不满足这个结果，认为自己的产品在国民经济的应用中具有重大意义，认为评委们或许还不了解联想汉卡。于是成立了一个专门工作小组，组长由25岁的郭为担任。他们带着产品、全部技术资料，挨家挨户为评委讲解演示，精诚所至，金石为开，在复议中联想汉卡获得了国家科技进步一等奖。

进入起步期，当长远持久的发展目标摆在面前的时候，联想企业文化走向了规则导向。规则要"精准和效率"，希望人人都能够"严格、认真、主动、高效"，把很多事情都放到一个个流程、制度里去规范它。他们讲"做事三原则"：①如果有规定，坚决按规定办；②如果规定有不合理处，先按规定办并及时提出修改建议；③如果没有规定，在请示的同时，制定或建议制定相应规定。讲"围着规则转"，员工的行为需要规范，业务怎么开展需要规范，企业怎么管理也需要规范，联想文化进入了"严格"文化时期。比如用"人模子"来统一新员工的价值观，比如把总经理室的沟通演变成固定的"早餐会"。

当联想发展得越来越大，部门也越来越多的时候，领导人发现单纯强调"严格"文化不利于公司内部的协作，于是这一时期提倡团队意识、"亲情"文化，就是希望联想公司内部多一些利于协作的"湿润空气"。"亲情"文化提倡互相支持，提倡互为客户理念，推行矩阵式管理模式，要求各部门和层次之间互相配合、资源共享，倡导"平等、信任、欣赏、亲情"，实行"称谓无总"。从尊称"老师"，到敬称"老总"，再到俗称"元庆"，联想对其掌门人的称谓历经了三大变化。

柳传志说："西方管理强调规范化，东方管理讲人情、亲情。联想要以规范化、科学化的管理为基础，而用人情、亲情来进行调整。'主原料'还是要规范。"

问题：

1. 联想集团的三个阶段的企业文化为什么不同？为什么要调整？

2. 从总体上看，企业文化在联想的管理过程中发挥了什么样的作用？

案例二：

某公司2006年年初的负债与股东权益总额为9000万元，其中，公司债券1000万元（按面值发行，票面年利率为8%，每年年末付息，三年到期）；普通股股本4000万元（面值1元，4000万股）；资本公积2000万元；留存收益2000万元。2006年该公司为扩大生产规模，需要再筹集1000万元资金，现有以下两个筹资方案可供选择。

方案一：增加发行普通股200万股，预计每股发行价格为5元；

方案二：增加发行同类公司债券，按面值发行，票面年利率为8%，每年年末付息，三年到期。预计2006年该公司可实现息税前利润2000万元，适用的企业所得税税率为33%。

要求：计算每股盈余无差异点处的息税前利润，并据此确定该公司应当采用哪种筹资方案？

2006 年同等学力人员申请硕士学位

学科综合水平全国统一考试
工商管理答案及解析

一、单项选择题

1. 【正确答案】B

【所属学科】《管理学》第一章，管理的发展历史。

【难易程度】容易

【考点解析】泰罗率先在管理研究中采用近代科学方法，开辟了在管理研究中采用科学方法的先河，其成为名副其实的"科学管理之父"。法约尔在其代表作《工业管理与一般管理》中提出的一般管理理论对西方管理理论的发展具有重大影响，该理论成为管理过程学派的理论基础。马克斯·韦伯的官僚制理论，提出最适合于企业组织发展需要的组织类型和基本管理精神，成为各类大型组织的"理想模型"。马克斯·韦伯被誉为"组织理论之父"。以西蒙为代表的决策理论学派强调决策的重要性，并把"决策人"作为一种独立的管理模式。

2. 【正确答案】D

【所属学科】《管理学》第六章，组织。

【难易程度】中度

【考点解析】(1) 直线制，是最简单的集权式组织结构形式，又称军队式结构。其领导关系按垂直系统建立。其优点：结构简单、系统统一；关系明确、协调容易；效率高。其缺点：管理不专业，不利于规模化发展。该组织结构适合规模小或业务简单、稳定的企业。(2) 直线职能制，是以直线制结构为基础，在厂长 (经理) 领导下设置相应的职能部门，实行厂长 (经理) 统一指挥与职能部门参谋、指导相结合的组织结构形式。厂长 (经理) 对业务职能部门实行垂直领导，职能部门的作用是参谋和助手。直线职能制既能保证统一指挥，又能发挥职能管理部门的参谋、指导作用，弥补了领导人员专业管理知识和能力不足的缺陷。但随着企业规模的进一步扩大，职能部门也随之增多，于是，各部门之间的横向联系和协作将变得更加复杂和困难。由于权力集中，各部门都须向厂长 (经理) 请示汇报，使厂长往往无暇顾及企业面临的重大问题。该组织结构适合规模不大、业务稳定的企业。(3) 事业部制，又称分权制结构，是一种在直线职能制基础上演变而成的现代企业组织结构形式。其特点：集中决策、分散经营；独立核算、自负盈亏；经营权力下放，增强主动性、创造性，提高企业适应能力。其缺点：容易造成机构重叠，人浮于事；忽视整体利益。该组织结构适合经营规模大、业务多元化、市场环境差异大的企业。(4) 矩阵制，是由横纵两个管理系列交叉组成的组织结构形式，有双道命令系统。其优点：及时沟通、降低成本、组建方便、及时化解矛盾。其缺点：结构关系复杂，容易分散精力。该组织结构适合临时性、短期性项目。

3. 【正确答案】B

【所属学科】《企业战略管理》第一章，战略管理过程。

【难易程度】容易

【考点解析】从战略角度来讲，界定企业业务的因素有顾客的需求、顾客群、满足顾客需求的方式。

4. 【正确答案】B

【所属学科】《企业战略管理》第十章，企业战略与组织结构。

【难易程度】中度

【考点解析】董事会的职能包括：(1) 负责召集股东会，执行股东会决议并向股东会报告工作；(2) 决定公司的生产经营计划和投资方案；(3) 决定公司内部管理机构的设置；(4) 批准公司的基本管理制度；(5) 听取总经理的工作报告并做出决议；(6) 制定公司年度财务预、决算方案和利润分配方案、弥补亏损方案；(7) 对公司增加或减少注册资本、分立、合并、终止和清算等重大事项提出方案；(8) 聘任或解聘公司总经理、副总经理、财务部门负责人，并决定其奖惩。

5. 【正确答案】B

【所属学科】《市场营销》第二章，企业战略计划过程与市场营销管理过程。

【难易程度】中度

【考点解析】(1) 前向一体化，即企业通过收购或兼并若干原材料供应商，拥有和控制其供应系统，实行供产一体化。(2) 后向一体化，即企业通过收购或兼并若干商业企业，拥有和控制其分销系统，实行产销一体化。(3) 水平一体化，即企业收购、兼并竞争者的同种类型的企业，或者在国内外与其他同类企业合资生产经营等。(4) 水平多元化，即企业利用原有市场，采用不同的技术来发展新产品，增加产品种类。例如，原来生产化肥的企业又投资农药项目。

6. 【正确答案】C

【所属学科】《市场营销》第六章，产品策略。

【难易程度】容易

【考点解析】(1) 核心产品，指消费者购买某种产品时所追求的利益，是顾客真正要买的东西，因而在产品整体概念中也是最基本、最主要的部分。(2) 附加产品，是顾客购买有形产品时所获得的全部附加服务和利益，包括提供信贷、免费送货、保证、安装、售后服务等。(3) 有形产品，是核心产品借以实现的形式，即向市场提供的实体和服务的形象。如果有形产品是实体物品，则它在市场上通常表现为产品质量水平、外观特色、式样、品牌名称和包装等。(4) 经验产品，其特征是商品非标准化，质量只有在使用后才能了解，大量的广告和商品信息并不足以使顾客相信其质量。

7. 【正确答案】C

【所属学科】《市场营销》第七章，定价策略。

【难易程度】中度

【考点解析】竞争导向定价法的主要形式包括随行就市定价法和投标定价法。A. 感受价值定价法，就是企业根据购买者对产品的感受价值来制定价格的一种方法。感受价值定价与现代市场定位观念相一致。企业在为其目标市场开发新产品时，在质量、价格、服务等各方面都需要体现特定的市场定位观念。B. 反向定价法，是指企业依据消费者能够接受的最终销售价格，计算自己从事经营的成本和利润后，逆向推算出产品的批发价和零售价。这种定价方法不以实际成本为主要依据，而是以市场需求为定价出发点，力求价格被消费者接受。C. 投标定价法，该法通常采用公开招标的办法，即采购机构（买方）在报刊上登广告或发出函件，说明拟采购商品的品种、规格、数量等具体要求，邀请供应商（卖方）在规定的期限内投标。D. 目标定价法，是指根据估计的总销售收入（销售额）和估计的产量（销售量）来制定价格的一种方法。目标定价法有一个重要的缺陷，即企业以估计的销售量计算出应制定的价格，殊不知价格却又恰恰是影响销售量的重要因素。

8. 【正确答案】C

【所属学科】《财务管理》第五章，企业投资决策。

【难易程度】中度

【考点解析】解析过程如下：

年份	每年净现金流量（元）	年末尚未回收的投资额（元）
1	30 000	170 000
2	70 000	100 000
3	80 000	20 000
4	100 000	—
该方案的投资回收期＝3＋20 000/100 000＝3.2(年)		

9. 【正确答案】B

【所属学科】《财务管理》第二章，财务管理的价值观念。

【难易程度】容易

【考点解析】该股票的报酬率＝无风险报酬率＋β系数（股票的平均报酬率－无风险报酬率）＝6%＋2×(10% − 6%)＝14%

10. 【正确答案】D

【所属学科】《财务管理》第三章，财务分析。

【难易程度】容易

【考点解析】该企业的所有者权益报酬率＝销售净利率 × 总资产周转率 ×[1/(1 − 资产负债率)]＝5%×1.2×[1/(1 − 60%)]＝6%×2.5＝15%

二、多项选择题

11. 【正确答案】CD

【所属学科】《管理学》第九章，领导。

【难易程度】容易

【考点解析】关于领导方式的类型有多种划分，根据权力定位和工作定位的不同，可以分为集权型、民主型、任务型、关系型和兼备型五种。

12.【正确答案】ACE

【所属学科】《企业战略管理》第五章，不同行业的竞争战略。

【难易程度】中度

【考点解析】分散行业是由大量中小型企业组成的，竞争力量分散的行业。一个行业成为分散行业的主要原因有：(1) 进入障碍低；(2) 缺乏规模经济；(3) 产品的差别化高；(4) 行业内企业讨价还价的能力不足；(5) 运输成本高；(6) 市场需求多样化；(7) 行业处于初级阶段；(8) 产品、服务趋向国际化。

13.【正确答案】ABCD

【所属学科】《市场营销》第二章，企业战略计划过程与市场营销管理过程。

【难易程度】容易

【考点解析】人口细分，就是企业按照人口变量 (包括年龄、性别、收入、职业、教育水平、家庭规模、家庭生命周期阶段、宗教、种族、国籍等) 来细分消费者市场。人口变量一直是细分消费者市场的重要变量，这是因为人口变量比其他变量更容易测量。

14.【正确答案】BCE

【所属学科】《财务管理》第三章，财务分析。

【难易程度】容易

【考点解析】企业偿债能力是指企业偿还其债务 (含本金和利息) 的能力。反映企业的短期偿债能力的指标有流动比率、速动比率、现金比率、现金流量比率； 反映企业的长期偿债能力的指标有资产负债率、所有者权益比率； 反映企业负担利息和固定费用的能力的指标有利息周转倍数和固定费用周转倍数。

三、名词解释

1.【答案提示】正式沟通渠道是通过组织正式结构或层级系统运行，由组织内部明确的规章制度所规定的渠道进行的信息传递与交流。例如，组织与组织之间的信函来往，组织内部的文件传达、召开会议，上下级之间的定期情报交换以及组织正式颁布的法令、规章、公告等。正式渠道沟通包括上行沟通、下行沟通、横向沟通与斜向沟通。

2.【答案提示】核心能力，就是企业在具有重要竞争意义的经营活动中能够比其竞争对手做得更好的能力。企业的核心能力可以是完成某项活动所需的优秀技能，也可以是在一定范围内的和一定深度上的企业的技术诀窍，还可以是那些能够形成很大竞争价值的一系列具体生产技能的组合。

3.【答案提示】推销观念产生于资本主义国家由"卖方市场"向"买方市场"的过渡阶段。它认为，消费者通常表现出一种购买惰性或抗衡心理，如果听其自然的话，消费者一般不会足量购买某一企业的产品。因此，企业必须积极推销和大力促销，以刺激消费者大量购买本企业产品。

4. 【答案提示】直接标价法又称应付标价法，是以一定单位（一、百、万等）的外国货币为标准，折算为一定数额的本国货币的方法。目前，除英、美等少数国家外，大多数国家都采用直接标价法。我国人民币的汇率也采用这种方法。

四、简答题

1. 【答案提示】管理思想演进的几条线索：

(1) 科学化、理性化线索。由泰罗的科学管理理论发端，直到"二战"后运筹学的应用，再到当代的信息技术应用，是科学管理发展的主要线索。

(2) 人道主义线索。从梅奥把人当作"社会人"，巴纳德把人当作"独立的个体"开始，研究人的需要和行为，尊重人、重视人的发展成为管理研究中的一个主题。

(3) 管理过程线索。从法约尔到孔茨，对管理过程、管理职能的探索和研究始终不懈，构成管理发展过程中一条显著的轨迹。

(4) 实证分析线索。强调实践的重要性，强调操作过程的倾向，有史以来就存在。当代兴盛的案例分析、案例研究，就是这一传统的具体表现。

2. 【答案提示】职能部门战略与企业总体战略的区别：

(1) 期限短。职能部门战略用于确定和协调企业的短期活动，期限较短，一般在 1 年左右。

(2) 具体性强。企业主要职能部门的战略要比企业总体战略更为具体。总体战略为企业指出一般性的战略方向，而职能战略则为负责完成年度目标的管理人员提供具体的指导，使他们知道如何实现年度目标。同时，具体的职能战略还可以增强职能部门管理人员实施战略的能力。

(3) 职权与参与不同。企业高层管理人员负责制定企业的长期目标和总体战略，而职能部门的管理人员在总部的授权下，负责制定年度目标和部门战略。职能部门的管理人员参与制定职能战略，可以更自觉地实现本部门的年度目标，更有效地执行职能战略所需要进行的工作，增强实施战略的责任心。职能部门战略应在研究开发、生产作业、市场营销、财务会计和人力资源管理这些职能部门中制定。各职能部门的主要任务不同，关键变量也不同；即使在同一职能部门里，关键变量的重要性也因其经营条件不同而有所变化，难以归纳出一般性的职能战略。

3. 【答案提示】多品牌策略是指企业同时经营两种或两种以上互相竞争的品牌。这种策略由宝洁公司首创。一般来说，企业采取多品牌策略的主要原因有：

(1) 多种不同的品牌只要被零售商店接受，就可占用更大的货架面积，而竞争者所占用的货架面积当然会相应减小。

(2) 多种不同的品牌可吸引更多顾客，提高市场占有率。因为，一贯忠诚于某一品牌而不考虑其他品牌的消费者是很少的，大多数消费者都是品牌转换者。所以，只有发展多种不同的品牌，才能赢得这些品牌转换者。

(3) 发展多种不同品牌有助于在企业内部各个产品部门之间、产品经理之间开展竞争，提高效率。

(4) 发展多种不同的品牌可使企业深入各个不同的市场部分，占领更大的市场。

4. 【答案提示】股利政策是指管理当局对与股利有关的事项所采取的方针、政策。一般而言，股利政策包括以下四种：

(1) 剩余股利政策。在采用剩余股利政策时，企业的盈余首先用于满足按资金结构和投资额所确定的对权益资金的要求，在满足了这一要求之后，如果还有剩余，则将剩余部分用于发放股利。该政策所遵循的原则为：在保证公司最优资金结构的前提下，根据资金结构和企业投资总额确定所需权益资金总额，将企业的盈余首先用于企业权益资金的需要。该政策的优点：股利政策能够与企业的投资机会和资本结构决策很好地配合。该政策的缺点：股利波动容易造成股票价格的大幅变化，给普通股东造成较大的风险。

(2) 固定股利政策。固定股利政策指股东的股利不随盈余的多少而进行调整的股利政策，即不管盈余有多少，都维持一定的股利。这种政策使投资者承担的风险较小，有利于股票价格的稳定。由于股利支付不能很好地与盈利情况配合，企业盈利降低时也要固定不变地支付股利，可能会造成资金短缺、财务状况恶化的后果。

(3) 变动股利政策。在采用变动股利政策时，每股股利将随盈余的多少来进行调整。变动的股利政策，一般是通过固定股利支付比率的办法来进行。这一政策的优点：盈余与股利的支付能够很好地配合。这一政策的缺点：不利于股票价格的稳定。

(4) 低正常股利加额外股利政策。低正常股利加额外股利政策指每期都支付稳定的但相对较低的股利额，当公司盈利较多时，再根据实际情况发放额外股利的股利政策。这种股利政策既能保证股利支付的稳定，又能使股利与盈余较好地配合。这种股利政策一般适用于季节性经营公司或受经济周期影响较大的公司。

五、论述题

1. 【答案提示】整体并购是指企业以资产为基础，确定并购价格，收购企业，拥有目标公司的全部产权的并购行为。

(1) 整体并购的特点：

①企业以资产来确定并购价格，而不是以股权来确定；

②并购行为结束后，企业拥有目标公司的全部产权；

③在并购后，企业一般会将目标公司改组为自己的分公司、分厂或全资子公司，或改组为控股子公司。

(2) 整体并购的优缺点：

①整体并购的主要优点是，目标公司成为企业的分公司、分厂或全资子公司。为此，企业可以在不受任何股东干预的情况下，对目标公司进行改造。

②整体并购的主要缺点是，在并购过程中以及在并购后要投入大量的运营资金，不宜发挥低成本并购的资金效率。

(3) 整体并购的适用条件：

①目标公司的规模较低，并购价格也较低；

②企业并购目标公司的目的是获得目标公司的土地，或大规模地改造目标公司；

③企业计划在适当的时机利用目标公司来吸引外来资金，将目标公司从分公司或全资子公司改组为控股子公司；

④目标公司要求企业偿还负债的付款方法比较宽松。

2. 【答案提示】

(1) 产业市场的特点：产业市场与消费者市场具有相似性，二者都有为满足某种需要而担当购买者角色、制定购买决策等特点。然而，产业市场在市场结构与需求、购买单位性质、决策类型与决策过程等方面，又与消费者市场有着明显差异。

①产业市场和消费者市场比较，在产业市场上，购买者的数量较少，购买者的规模较大。

②产业市场的购买者往往集中在少数地区。

③产业市场的需求是引申需求。这就是说，产业购买者对产业用品的需求，归根结底是从消费者对消费品的需求引申出来的。

④产业市场的需求是缺乏弹性的需求。在产业市场上，产业购买者对产业用品和劳务的需求受价格变动的影响不大。

⑤产业市场的需求是波动的需求。产业购买者对产业用品和劳务的需求比消费者的需求更容易发生变化。

⑥专业人员购买。由于产业用品，特别是主要设备的技术性强，企业通常都雇有经过训练的、内行的专业人员负责采购工作。

⑦直接购买。产业购买者往往向生产者直接采购所需产业用品 (特别是那些单价高、有高度技术性的机器设备)，而不通过中间商采购。

⑧互惠。产业购买者往往这样选择供应商：你买我的产品，我就买你的产品。

⑨产业购买者往往通过租赁方式取得产业用品。

(2) 影响产业购买者决策的主要因素：

①环境因素，即一个企业外部周围环境的因素。一个国家的经济前景、市场需求、技术发展变化、市场竞争、政策法规等情况都属于环境因素。例如，如果经济前景不佳、市场需求不高，产业购买者就不会增加投资，甚至会减少投资，减少原材料采购量和库存量。

②组织因素，即企业本身的因素，如企业的目标、政策、步骤、组织结构、系统等。显然，这些组织因素也会影响产业购买者的购买决策和购买行为。

③人际因素。企业的采购中心通常包括使用者、影响者、采购者、决定者和信息控制者，这五种成员都参与购买决策过程。这些参与者在企业中的地位、职权、说服力以及他们之间的关系有所不同。这种人事关系也会影响产业购买者的购买决策和购买行为。

④个人因素，即各个参与者的年龄、受教育程度、个性等。这些个人的因素会影响各个参与者对要采购的产业用品和供应商的感觉、看法，从而影响其购买决策和购买行为。

六、案例分析题

案例一【答案提示】

1. 联想集团分别经历了三个完全不同的阶段，即创业阶段、规范阶段和事业部阶段。在这三个不同的阶段，企业采用的战略是完全不同的。在创业阶段，企业的首要目标是生存，战略可能并不是很清晰地存在。但是随着规模的扩大，企业进入了规范阶段和事业部阶段，企业开始分别采用不同的战略，而企业文化为企业战略的制定、实施、控制提供了正确的指导思想和健康的精神氛围。因此，在不同的阶段，联想采用了不同的文化。

2. 企业文化在联想的管理过程中发挥了非常重要的作用。美国著名的战略管理专家得出一项已被经验证明的结论：一个组织的长期规划成功与否，与用于制定规划的具体技术关系不大，而更多地取决于使规划的制定得以完成的整个文化传统。从联想的案例可以看出，企业文化在管理过程中发挥的作用如下：

一是为战略的制定提供成功的动力。比如在创业初期，如果没有"充满了创业的决心，克服一切困难的精神"，联想是不会取得现在的成功的。

二是成为战略实施的关键。进入起步期，当长远持久的发展目标摆在面前的时候，联想企业文化走向了规则导向，规则要"精准和效率"，希望人人都能够"严格、认真、主动、高效"，把很多事情都放在一个个流程、制度里去规范它，这样一个制度化的要求，使企业的长远持久的发展目标得以实施。

三是成为战略控制的"软性黏合剂"。战略控制虽然可以通过规章制度、计划等"刚性连接"实现，但不如共同的价值观、信念等这些"软性黏合剂"更为有效。当联想发展得越来越大、部门也越来越多的时候，领导发现单纯强调"严格"文化不利于公司内部的协作，于是这一时期提倡团队意识、"亲情"文化，希望联想公司内部多一些利于协作的"湿润空气"。"亲情"文化提倡互相支持，提倡互为客户理念，推行矩阵式管理模式，要求各部门和层次之间互相配合、资源共享，倡导"平等、信任、欣赏、亲情"。

案例二【答案提示】

本题依据公式：

[(息税前利润−利息)(1−所得税率)]/方案一的普通股数量＝

[(息税前利润−利息)(1−所得税率)]/方案二的普通股数量

结合本题中的已知条件，可以得出：

$$[(EBIT-80)(1-33\%)]/4\,200=[(EBIT-160)(1-33\%)]/4\,000$$

可得：$EBIT=1\,760$（万元）

当息税前利润为1 760万元时，两种筹资方案下的每股收益相等。由于企业预计2006年公司的息税前利润2 000万元＞1 760万元，故采用方案二筹资较为有利。

2007 年同等学力人员申请硕士学位

学科综合水平全国统一考试

工商管理试卷

一、单项选择题（每题 1 分，共 10 分。请从 A、B、C、D 中选择一个正确答案）

1. 分工给组织带来的弊端是（　　）。

   A. 工作单调乏味 　　　　　　　　B. 组织层次过多

   C. 对专业人员依赖性过强 　　　　D. 不利于员工发展

2. 提出期望理论的著名管理学家是（　　）。

   A. 亚当斯 (J. Adams) 　　　　　　B. 斯金纳 (B. F. Skina)

   C. 弗鲁姆 (V. H. Vroom) 　　　　D. 马斯洛 (A. H. Maslow)

3. 下面哪个是二级市场并购的特点？（　　）

   A. 并购成本比较低 　　　　　　　B. 完成并购时间比较长

   C. 可以整体收购 　　　　　　　　D. 并购前要获得目标公司的同意

4. 影响战略选择的重要行为因素不包括（　　）。

   A. 过去战略的影响 　　　　　　　B. 企业家管理风格

   C. 对待风险的态度 　　　　　　　D. 企业对外界的依赖程度

5. 服务营销组合不包括（　　）。

   A. 价格 　　　　　　　　　　　　B. 人员

   C. 过程 　　　　　　　　　　　　D. 形象

6. 根据消费者对品牌的忠诚程度细分市场，这被称为（　　）。

   A. 心理细分 　　　　　　　　　　B. 人口细分

   C. 行为细分 　　　　　　　　　　D. 利益细分

7. 低机会和低威胁的业务被称为（　　）。

   A. 理想业务 　　　　　　　　　　B. 成熟业务

   C. 困难业务 　　　　　　　　　　D. 冒险业务

8. 风险报酬是指（　　）。

   A. 投资者因冒风险进行投资而应当获得的投资报酬

   B. 投资者在风险性投资项目中所获得的投资报酬

   C. 投资者因冒风险进行投资而获得的超过时间价值的那部分报酬

   D. 投资者在风险投资中所获得的投资报酬

9. 企业支付的产品广告费属于（　　）。

   A. 变动成本 　　　　　　　　　　B. 混合成本

   C. 约束性固定成本 　　　　　　　D. 酌量性固定成本

10. 变动的股利政策的主要优点是 (　　)。

    A. 有利于股票价格的稳定 　　　　　B. 股利的支付与公司的盈利情况挂钩

    C. 有利于保持最佳资本结构 　　　　　D. 有利于降低资金成本

二、多项选择题（每题2分，共8分。请从A、B、C、D、E中选择所有你认为正确的答案）

11. 法约尔提出的五大管理职能包括 (　　)。

    A. 计划职能 　　　　　B. 组织职能 　　　　　C. 领导职能

    D. 协调职能 　　　　　E. 控制职能

12. 下列哪些活动属于价值链的主体活动？(　　)

    A. 技术开发 　　　　　B. 内部后勤 　　　　　C. 制造

    D. 采购管理 　　　　　E. 市场营销

13. 企业可以从以下哪些方面扩大市场需求总量？(　　)

    A. 发现新用户 　　　　　B. 以攻为守 　　　　　C. 增加使用量

    D. 开辟新用途 　　　　　E. 开发新产品

14. 下列关于期限为 n、利率为 i 的先付年金 A 的终值和现值的计算公式中正确的有 (　　)。

    A. $V_n = A \cdot (FVIFA_{i,n+1} - 1)$ 　B. $V_n = A \cdot FVIFA_{i,n}(1 + i)$ 　　　C. $V_0 = A \cdot (PVIFA_{i,n-1} + 1)$

    D. $V_0 = A \cdot PVIFA_{i,n}(1 + i)$ 　E. $V_0 = A \cdot FVIFA_{i,n}/(1 + i)$

三、名词解释（每题3分，共12分）

1. 直线职能制

2. 企业远景

3. 无差异市场营销

4. 并购

四、简答题（每题7分，共28分）

1. 简述决策的过程。

2. 简述成本领先战略的动因。

3. 简述广告预算的方法。

4. 简述在资金结构中负债的意义。

五、论述题（每题11分，共22分）

1. 试论管理人员的素质要求。

2. 试论成熟行业的特点。

六、案例分析题（每题10分，共20分）

    案例一：

"价格杀手"格兰仕

    格兰仕被誉为微波炉市场的"价格杀手"，甚至是"价格屠夫"，提到价格战，就不能不提到它。微波炉市场从1996年开始屡屡掀起"降价风暴"。从非烧烤型微波炉的市场平均零售价格看，从1996年年初1500元/台，到2000年5月的950元/台。目前，微波炉平均售价为每台 700 元左右，最便宜的只有 300 多元。微波炉的升级产品光波炉的售价也仅 700 元到 1 000 元。依靠一轮又一轮的价格战，格兰仕成为中国微波炉市场的领导者，使大量小规模厂家被迫退出市场。当前，能与格兰仕一争高下的仅剩下处于市场第二位的韩国 LG。目前格兰仕垄断了国内 60%、全球 35% 的市场份额，成为中国乃至全世界的"微波炉大王"。

格兰仕的低价战略在业界褒贬不一。有人认为格兰仕的低价是建立在规模经济和专业化、国际化等战略基础上的，利国利民。但也有不少人认为价格战存在相当大的弊端：第一，破坏了整个行业的利润结构，不利于行业的发展；第二，对公司品牌的建立和维护很不利；第三，为格兰仕进入高端市场设置了障碍；第四，对格兰仕其他产品类别的销售产生不利影响。格兰仕空调采用相同的战略，但效果相去甚远。

问题：

1. 企业给产品定价通常要考虑哪几个因素？

2. 除了案例中提到的弊端外，低价策略还可能存在哪些风险？

案例二：

某企业有两个投资方案，甲方案：投资期限 5 年，购置设备需要 30 000 元，按 5 年直线法折旧，无残值。每年产生增加的销售收入 15 000 元，每年付现成本为 5 000 元。乙方案：购置设备投资 36 000 元，5 年期末残值回收 6 000 元，按直线法折旧。起初垫付流动资金 3 000 元，期末等额收回。每年产生增加销售收入 17 000 元，增加第一年付现成本 6 000 元，以后由于设备维护，逐年增加 300 元维修费。所得税税率 30%，资金成本 10%。

n	复利现值系数 (PVIF)	年金现值系数 (PVIFA)
	10%	10%
1	0.909	0.909
2	0.826	1.736
3	0.751	2.487
4	0.683	3.170
5	0.621	3.791

要求：

1. 试计算甲、乙两个方案每年的现金流量。

2. 计算甲、乙两个方案的净现值，并用净现值法确定方案选择。

2007 年同等学力人员申请硕士学位
学科综合水平全国统一考试
工商管理答案及解析

一、单项选择题

1. 【正确答案】A

【所属学科】《管理学》第六章，组织。

【难易程度】中度

【考点解析】分工给组织带来的弊端主要表现在：(1) 分工会使工作单调化。尤其是简单的重复工作，不可避免地会使员工产生孤独感。(2) 分工会阻碍组织内部人员的流动，降低其对组织变化的适应能力。(3) 专业化会助长组织内部的冲突。专业化操作要求人们不仅要具有相应的能力，而且要形成相应的思维模式。(4) 分工容易引起部门之间乃至不同岗位工人之间的对立。

2. 【正确答案】C

【所属学科】《管理学》第八章，激励。

【难易程度】容易

【考点解析】马斯洛的需要层次理论认为，人类有五种基本需要，即生理、安全、社交、尊重和自我实现。强化激励模式所依据的激励原理是美国心理学家斯金纳所创立的强化理论。权衡激励模式的理论基础源于美国管理学家亚当斯提出的公平理论。目标激励模式的理论基础源于美国心理学家弗鲁姆提出的期望理论。

3. 【正确答案】B

【所属学科】《企业战略管理》第七章，公司战略与优势。

【难易程度】中度

【考点解析】二级市场并购，指企业通过二级市场收购上市公司的流通股，从而获得对该上市公司的控制权的并购行为。二级市场并购的特点：(1) 收购成本比较高；(2) 完成收购的时间长；(3) 不能获得豁免全面收购。

4. 【正确答案】B

【所属学科】《企业战略管理》第八章，公司战略的评价与选择。

【难易程度】中度

【考点解析】战略选择是企业确定未来战略的一种决策。影响战略选择的重要行为因素包括：过去战略的影响、企业对外界的依赖程度、对待风险的态度、时间因素、竞争者的反应。

5. 【正确答案】D

【所属学科】《市场营销》第六章，产品策略。

【难易程度】容易

【考点解析】服务营销组合修改和扩充为七个要素，即产品 (Product)、定价 (Price)、地点或渠道 (Place)、促销 (Promotion)、人员 (People)、有形展示 (Physical Evidence)、过程 (Process)。

6. 【正确答案】C

【所属学科】《市场营销》第二章，企业战略计划过程与市场营销管理过程。

【难易程度】中度

【考点解析】市场细分要依据一定的细分变量进行。消费者市场的细分变量主要有地理变量、人口变量、心理变量和行为变量四类。(1) 地理细分，就是企业按照消费者所在的地理位置以及其他地理变量 (包括城市农村、地形气候、交通运输等) 来细分消费者市场。(2) 人口细分，就是企业按照人口变量 (包括年龄、性别、收入、职业、教育水平、家庭规模、家庭生命周期阶段、宗教、种族、国籍等) 来细分消费者市场。(3) 心理细分，就是企业按照消费者的生活方式、个性等心理变量来细分消费者市场。(4) 行为细分，就是企业按照消费者购买或使用某种产品的时机、消费者所追求的利益、使用者情况、消费者对某种产品的使用率、消费者对品牌 (或商店) 的忠诚程度、消费者待购阶段和消费者对产品的态度等行为变量来细分消费者市场。

7. 【正确答案】B

【所属学科】《市场营销》第三章，市场营销环境分析。

【难易程度】容易

【考点解析】分析市场营销环境，任何企业都会面临若干环境威胁和市场机会。企业的最高管理层可以用"环境威胁矩阵图"和"市场机会矩阵图"来分析、评价。环境威胁矩阵图的纵列代表"出现威胁的可能性"，横排代表"潜在严重性"，表示盈利减少的程度。市场机会矩阵图的纵列代表"成功的可能性"，横排代表"潜在的吸引力"，表示潜在的盈利能力。

用上述方法来分析和评价企业所经营的业务，可能会出现四种不同的结果：(1) 理想业务，即高机会和低威胁的业务；(2) 冒险业务，即高机会和高威胁的业务；(3) 成熟业务，即低机会和低威胁的业务；(4) 困难业务，即低机会和高威胁的业务。

8. 【正确答案】C

【所属学科】《财务管理》第二章，财务管理的价值观念。

【难易程度】容易

【考点解析】风险报酬，指投资者因冒风险进行投资而获得的超过时间价值的那部分报酬。风险报酬有两种表示方法：风险报酬额和风险报酬率。

9. 【正确答案】D

【所属学科】《财务管理》第四章，企业筹资决策。

【难易程度】难

【考点解析】按照成本习性，可以将成本划分为固定成本、变动成本和混合成本。固定成本是指在一定时期和一定业务量范围内，固定成本总额不受业务量变动影响而固定不变的成本。一般来说，在相关范围内，固定折旧费用、房屋租金、行政管理人员工资、财产保险费、广告费、职工培训费、办公费、新产品研究与开发费用等，均属于固定成本。其基本特征：固定成本总额不因业务量的变动而变动，但单位固定成本（单位业务量负担的固定成本）会随着业务量的增减呈反向变动。固定成本的分类：固定成本按其支出额是否可以在一定期间内改变而分为约束性固定成本和酌量性固定成本。约束性固定成本是指管理当局的短期（经营）决策行为不能改变其具体数额的固定成本。例如，保险费、房屋租金、设备折旧、管理人员的基本工资等。酌量性固定成本是指管理当局的短期经营决策行为能改变其数额的固定成本。例如，广告费、职工培训费、新产品研究与开发费用等。

10.【正确答案】B

【所属学科】《财务管理》第六章，企业分配决策。

【难易程度】容易

【考点解析】采用变动的股利政策时，每股股利将随盈余的多少来进行调整。变动的股利政策，一般是通过固定股利支付比率的办法来进行。这一政策的优点是盈余与股利的支付能够很好地配合，缺点是不利于股票价格的稳定。

二、多项选择题

11.【正确答案】ABDE

【所属学科】《管理学》第一章，管理的发展历史。

【难易程度】容易

【考点解析】法约尔在其代表作《工业管理与一般管理》中提出的一般管理理论对西方管理理论的发展有重大影响，该理论成为管理过程学派的理论基础。其中指出，经营包含六种活动：技术活动（生产）、商业活动（交换活动）、财务活动（资金的筹集、控制和使用）、安全活动（财物和人身的安全）、会计活动（记账算账、成本核算和统计等）、管理活动（计划、组织、指挥、协调、控制）。

12.【正确答案】BCE

【所属学科】《企业战略管理》第三章，企业资源能力分析。

【难易程度】容易

【考点解析】价值链将企业生产经营活动分成基本活动和支持性活动两大类：基本活动涉及企业生产、营销与销售、进货物流、出货物流、售后服务；支持性活动，是指用以支持基本活动，而且内部之间又相互支持的活动，包括企业投入的采购管理、技术开发、人力资源管理和企业基础设施。

13.【正确答案】ACD

【所属学科】《市场营销》第五章，市场竞争战略。

【难易程度】容易

【考点解析】一般而言，市场主导者可从三个方面扩大市场需求量： 一是发现新用户； 二是开辟新用途； 三是增加使用量。

14.【正确答案】ABCD

【所属学科】《财务管理》第二章，财务管理的价值观念。

【难易程度】容易

【考点解析】先付年金是指在一定时期内，各期期初都有等额的系列收付款项。先付年金与后付年金的区别仅在于付款时间不同。由于后付年金是最常用的，因此，年金终值和现值的系数表是按后付年金编制的，通常年金终值的计算公式为 $XFVA_n = A \cdot FVIFA_{i,n}(1+i)$; $XFVA_n = A \cdot FVIFA_{i,n+1} - A$; 年金现值的计算公式为 $XPVA_n = A \cdot PVIFA_{i,n}(1+i)$; $XPVA_n = A \cdot PVIFA_{i,n-1} + A$。

三、名词解释

1.【答案提示】直线职能制是一种以直线结构为基础，在厂长（经理）领导下设置相应的职能部门，实行厂长（经理）统一指挥与职能部门参谋、指导相结合的组织结构形式。

2.【答案提示】企业远景实际上是为企业描述未来的发展方向，回答企业要成为哪种类型的公司，要占领什么样的市场位置，具有什么样的发展能力等问题。

3.【答案提示】无差异市场营销是指企业在市场细分之后，不考虑各子市场的特性，而只注重子市场的共性，决定只推出单一产品，运用单一的市场营销组合，力求在一定程度上满足尽可能多的顾客的需求。

4.【答案提示】企业并购是指在现代企业制度下，一家企业通过取得其他企业的部分或全部产权，从而实现对该企业的控制的一种投资行为。其中，取得控股权的公司称为并购公司或控股公司，被控制的公司称为目标公司或子公司。

四、简答题

1.【答案提示】决策过程包含以下四个阶段：

(1) 搜集信息阶段。搜集组织所处环境中有关经济、技术等方面的信息，为拟订和选择计划提供依据。

(2) 拟订计划阶段。以组织所需解决的问题为目标。

(3) 选定方案阶段。根据当时的情况和对未来发展的预测来选择。

(4) 对已选定的方案进行评价。

决策过程第一阶段的任务是探查环境，寻求决策的条件，可以称之为"情报活动"。第二阶段的任务是设计、制定和分析可能采取的行动方案，可以称之为"设计活动"。第三阶段的任务是从可供选择的各种方案中选出一个适用的行动方案，可以称之为"抉择活动"。第四阶段的任务是对已做出的抉择进行评价，可以称之为"审查活动"。

决策过程还可以细分为更加具体的识别问题、确定决策标准、为标准分配权重、拟订方案、分析方案、选择方案、实施方案和评价效果八个阶段。

2. 【答案提示】成本领先战略是指企业通过内部加强成本控制，在研究开发、生产、销售、服务和广告等领域把成本降到最低限度，成为行业中的成本领先者的战略。

　　企业采用成本领先战略的动因：(1) 形成进入障碍；(2) 增强企业议价的能力；(3) 降低替代品的威胁；(4) 保持领先的竞争地位。

3. 【答案提示】一般来讲，企业确定广告预算的主要方法有四种：

　　(1) 量力而行法，即企业确定广告预算的依据是他们所能拿出的资金数额。也就是说，在其他市场营销活动都优先分配经费之后，尚有剩余者再供广告之用。所以，严格说来，量力而行法在某种程度上存在片面性。

　　(2) 销售百分比法，即企业按照销售额 (销售实绩或预计销售额) 或单位产品售价的一定百分比来计算和决定广告开支。

　　(3) 竞争对等法，指企业比照竞争者的广告开支来决定本企业广告开支，以保持竞争上的优势。在市场营销管理实践中，不少企业都喜欢根据竞争者的广告预算来确定自己的广告预算，造成与竞争者旗鼓相当、势均力敌的对等局势。

　　(4) 目标任务法，其具体步骤：①明确地确定广告目标；②决定为达到这种目标而必须执行的工作任务；③估算执行这种工作任务所需的各种费用。这些费用的总和就是计划广告预算。目标任务法的缺点是，没有从成本的观点出发考虑某一广告目标是否值得追求这个问题。

4. 【答案提示】资金结构是指企业各种资金的构成及其比例关系。资金结构问题总的来说是负债资金的比率问题，即负债在企业全部资金中所占的比重。它对企业负债的影响表现如下：

　　(1) 一定程度的负债有利于降低企业资金成本。

　　(2) 负债筹资具有财务杠杆作用。

　　(3) 负债资金会加大企业的财务风险。

五、论述题

1. 【答案提示】管理人员的素质要求，是指从事企业管理工作的人员应当具备的基本品质、素养和能力。它是选拔管理人员担任相应职务的依据和标准，也是决定管理者工作效能的先决条件。一般而言，管理者应当具备的素质有以下五个方面：

　　(1) 从事管理工作的愿望。

　　企业管理是组织、引导和影响他人为实现组织目标而努力的专业性工作。胜任这一工作的前提条件是必须具有从事管理工作的愿望。只有那些具有强烈的影响他人的愿望，并能从管理工作中获得乐趣，可以真正得到满足的人，才有可能成为一个有效的管理者；反之，倘若没有从事管理工作对他人施加影响的愿望，个人就不会花费时间和精力去探索管理活动的规律性和方法，亦缺乏做好管理工作的动力，不可能致力于提高他人的工作效率，因而难以成为一个优秀的管理者。

(2) 良好的道德品质修养。

管理人员能否有效地影响和激发他人的工作动机，不仅取决于企业组织赋予管理者个人的职权大小，而且在很大程度上取决于管理者个人的影响力。构成影响力的主要因素是管理者的道德品质修养，包括思想品德、工作作风、生活作风、性格气质等方面。管理者只有具备能对他人起到榜样、楷模作用的道德品质修养，才能赢得被管理者的尊敬和信赖，建立起威信和威望，使之自觉接受管理者的影响，从而提高管理工作的效果；反之，管理人员如果不具有良好的道德品质修养，甚至其道德品质修养低于一般规范，则非但无法正常行使职权，反而会抵消管理工作中其他推动力的作用，影响被管理者工作的积极性。

(3) 组织协调能力。

这是从事管理工作必须具备的基本能力。在企业组织中，管理人员通常担负着带领和推动某一部门、环节的若干个人或群体共同从事生产经营活动的职责。因此，需要管理人员具有较强的组织能力，能够按照分工协作的要求合理调配人员，部署工作任务，调节工作进程，将计划目标转化为每个员工的实际行动，促进生产经营过程稳定有序地进行。

(4) 解决问题和制定决策的能力。

在现代市场经济条件下，企业作为不断与外部环境进行信息、物质与人才转换的开放系统，生产经营过程具有明显的动态性质，即需要随时根据市场环境的变化做出反应和调整。与这一状况相适应，管理工作经常面对大量的新情况、新问题。为此，管理人员必须具备较强的解决问题的能力，要能够敏锐地发现问题之所在，迅速提出解决问题的措施和途径，同时也要讲究方式方法和处理技巧，使问题得到及时、妥善的解决。在解决问题的过程中，决策能力具有至关重要的作用。

(5) 专业技术能力。

管理人员应当具备处理专门业务技术问题的能力，包括掌握必要的专业知识，能够从事专业问题的分析研究，能够熟练运用专用工具和方法等。这是由于企业的各项管理工作，不论是综合性管理还是职能管理，都有其特定的技术要求。因此，管理人员应当是所从事管理工作的专家。此外，就管理对象的业务活动而言，管理人员虽然不一定直接从事具体的技术操作，但必须精通有关业务技术特点，否则就无法对在业务活动中出现的问题做出准确判断，也不可能从技术上给下级员工正确指导，这使管理人员的影响力和工作效能受到很大限制。

2. 【答案提示】行业成熟阶段是产业发展的巅峰阶段，通常会持续较长的时间。在这一时期，通过激烈的市场竞争和优胜劣汰而生存下来的少数大厂商基本上垄断了整个产业市场，每个厂商都有一定比例的市场份额，所以在成熟阶段产业发展一般比较稳定。具体说来，成熟行业有以下几个基本特点：

(1) 产业的集中程度很高，并出现了一定程度的垄断，产业的利润因此达到很高的水平，风险因市场比较稳定而较低；

(2) 新企业进入的壁垒高，主要体现为规模壁垒，新企业很难打入成熟市场；

(3) 市场的需求虽然在增长，但是增长的速度已经减缓；

(4) 产品开始无差别化，需求的价格弹性减少；

(5) 由于垄断通常会出现合谋价格，厂商与产品之间的竞争手段已经逐渐从价格手段转向各种非价格手段，如提高质量、改善性能、加强售后服务等；

(6) 企业之间的兼并和收购增多，行业竞争趋向国际化。

在成熟阶段，产业发展很难较好地保持与国民经济同步增长。而在宏观经济衰退时，成熟产业还可能遭受较大的损失。但由于技术创新，某些产业或许实际上会有新的增长。

六、案例分析题

案例一【答案提示】

1. 企业产品价格的高低受市场需求、成本费用和竞争情况等因素的影响和制约。企业在制定价格时理应全面考虑到这些因素。但是，在实际定价工作中往往只侧重某一个方面的因素。大体上，企业定价有三种导向，即成本导向、需求导向和竞争导向。

2. 低价竞争也会降低自己的利润，有的甚至会亏损；产品价格降得太低，会导致技术研发停滞，产品缺乏创新，质量下降；低价策略容易被竞争对手模仿，从而削弱企业的竞争能力。

案例二【答案提示】

1. 计算两个方案的现金流量：

甲方案期初投资：30 000 元

甲方案折旧：$30\,000/5 = 6\,000$(元)

每年营业中现金流量 $= 15\,000 - 5\,000 - (15\,000 - 5\,000 - 6\,000) \times 30\% = 8\,800$(元)

乙方案期初投资：39 000 元

乙方案折旧：$(36\,000 - 6\,000)/5 = 6\,000$(元)

第一年营业中现金流量 $= 17\,000 - 6\,000 - (17\,000 - 6\,000 - 6\,000) \times 30\% = 9\,500$(元)

第二年营业中现金流量 $= 17\,000 - 6\,300 - (17\,000 - 6\,300 - 6\,000) \times 30\% = 9\,290$(元)

第三年营业中现金流量 $= 17\,000 - 6\,600 - (17\,000 - 6\,600 - 6\,000) \times 30\% = 9\,080$(元)

第四年营业中现金流量 $= 17\,000 - 6\,900 - (17\,000 - 6\,900 - 6\,000) \times 30\% = 8\,870$(元)

第五年营业中现金流量 $= 17\,000 - 7\,200 - (17\,000 - 7\,200 - 6\,000) \times 30\% = 8\,660$(元)

终结现金流量：$3\,000 + 6\,000 = 9\,000$(元)

2. 计算两个方案的净现值，并用净现值法确定方案选择：

$$甲方案的净现值 = 8\,800 \times PVIFA_{10\%,\ 5} - 30\,000$$

$$= 8\,800 \times 3.791 - 30\,000$$

$$= 33\,360.8 - 30\,000$$

$$= 3\,360.8(元)$$

$$
\begin{aligned}
乙方案的净现值 &= 9\,500 \times PIVF_{10\%,1} + 9\,290 \times PIVF_{10\%,2} + 9\,080 \times PIVF_{10\%,3} + 8\,870 \times \\
&\quad PIVF_{10\%,4} + 8\,660 \times PIVF_{10\%,5} + 9\,000 \times PIVF_{10\%,5} - 39\,000 \\
&= 9\,500 \times 0.909 + 9\,290 \times 0.826 + 9\,080 \times 0.751 + 8\,870 \times 0.683 + \\
&\quad 8\,660 \times 0.621 + 9\,000 \times 0.621 - 39\,000 \\
&= 8\,635.5 + 7\,673.54 + 6\,819.08 + 6\,058.21 + 5\,377.86 + 5\,589 - \\
&\quad 39\,000 \\
&= 40\,153.19 - 39\,000 \\
&= 1\,153.19(元)
\end{aligned}
$$

根据以上计算，可以得出甲方案的净现值大于乙方案的净现值。依据净现值的决策规则，该公司应选择甲方案。

2008年同等学力人员申请硕士学位
学科综合水平全国统一考试
工商管理试卷

一、单项选择题（每题1分，共10分。请从A、B、C、D中选择一个正确答案）

1. 通过揭示组织形成、生存和发展的内在必然性探讨管理原理和方法的流派是（　　）。

   A. 管理过程流派　　　　　　　　　B. 管理科学流派

   C. 组织管理流派　　　　　　　　　D. 经验管理流派

2. 早期人际关系学说的奠基人是（　　）。

   A. 泰罗　　　　　　　　　　　　　B. 梅奥

   C. 法约尔　　　　　　　　　　　　D. 马克斯·韦伯

3. 随着经验增加，能够形成单位成本下降趋势的原因不包括（　　）。

   A. 劳动效率

   B. 工艺改进

   C. 通过各种改善方式，生产出更标准化的产品

   D. 生产出更高质量的产品

4. 小型多种经营企业，且大部分经营业务集中在少数几个密切相关的产品细分市场上，应选择哪种矩阵分析其经营业务？（　　）

   A. 波士顿矩阵　　　　　　　　　　B. 产品—市场演变矩阵

   C. 通用矩阵　　　　　　　　　　　D. 同时运用产品—市场演变矩阵和通用矩阵

5. 根据家庭规模细分消费者市场，这被称为（　　）。

   A. 心理细分　　　　　　　　　　　B. 行为细分

   C. 人口细分　　　　　　　　　　　D. 地理细分

6. 海尔集团在冰箱产品获得成功后，将"海尔"品牌使用到空调、洗衣机、手机等产品上，这被称为（　　）。

   A. 多品牌策略　　　　　　　　　　B. 品牌扩展策略

   C. 个别品牌策略　　　　　　　　　D. 分类品牌策略

7. 售后服务属于（　　）。

   A. 核心产品　　　　　　　　　　　B. 附加产品

   C. 形式产品　　　　　　　　　　　D. 潜在产品

8. 优先股因为有固定的股利又无到期日，所以优先股利可以看作（　　）。

   A. 普通年金　　　　　　　　　　　B. 永续年金

   C. 延期年金　　　　　　　　　　　D. 即付年金

9. 一般来说，一个企业的速动比率、流动比率和现金比率由大到小排列的顺序为（　　）。

    A. 速动比率、流动比率、现金比率

    B. 速动比率、现金比率、流动比率

    C. 现金比率、速动比率、流动比率

    D. 流动比率、速动比率、现金比率

10. 某企业税后净利润为 70 万元，所得税税率为 30%，利息费用为 20 万元，则利息周转倍数为（　　）。

    A. 3.5   B. 4.5   C. 5   D. 6

二、多项选择题（每题 2 分，共 8 分。请从 A、B、C、D、E 中选择所有你认为正确的答案）

11. 程序化决策的传统决策手段包括（　　）。

    A. 判断、直觉   B. 习惯   C. 经验

    D. 标准操作规程   E. 组织结构

12. 下面哪些是企业远景的要素？（　　）

    A. 界定企业当前业务   B. 确定衡量效益的标准

    C. 界定实现发展规划的具体步骤   D. 界定满足顾客需求的方式

    E. 界定企业远景的特殊性

13. 菲力普·科特勒提出的"大市场营销"理论除了包括传统的 4P 以外，还包括（　　）。

    A. 权力（Power）   B. 过程（Process）   C. 有形展示（Physical Evidence）

    D. 公共关系（Public Relations）   E. 地点（Place）

14. 下列各项财务指标中，反映企业资产周转状况的指标有（　　）。

    A. 应收账款周转率   B. 流动比率   C. 资产负债率

    D. 总资产周转率   E. 利息周转倍数

三、名词解释（每题 3 分，共 12 分）

1. 管理

2. 重点集中战略

3. 产品生命周期

4. 固定成本

四、简答题（每题 7 分，共 28 分）

1. 说明制度化管理的优越性。

2. 简述合资经营的原因。

3. 市场营销管理过程包括哪几个主要步骤？

4. 简述投资决策中项目现金流量的构成。

五、论述题（每题 11 分，共 22 分）

1. 论述他律与自律的关系。

2. 论述网络广告的优势和劣势。

六、案例分析题（每题10分，共20分）

案例一：

王老吉的产品差异化

娃哈哈纯净水的"我说我的眼里只有你……"曾触动了许多现代人的心灵，但乐百氏纯净水的"二十七层净化"同样也给了很多消费者信心，而农夫山泉更是以"农夫山泉有点甜"的独特卖点硬从娃哈哈与乐百氏的铜墙铁壁中撕开一条缝，从而成就了瓶装水的三足鼎立态势。

目前，红色王老吉的异军突起不仅让整个饮料行业的神经再次兴奋，一两年间带出了一批凉茶品牌，而且让业外资本虎视眈眈。

凉茶原来是广东的一种地方性药饮产品，用来"清热解毒祛暑湿"。除两广以外，人们并没有凉茶的概念。在广东省，凉茶业竞争也相当激烈，凉茶品牌"黄振龙""阿贞"等也占据了一部分市场。由此看来，把红色王老吉作为一般凉茶卖，市场也不会有出人意料的表现。

作为药饮，销售困难重重；作为饮料，同样举步维艰。放眼整个饮料行业，碳酸饮料、果汁、矿泉水等类产品已确立了自身的地位。红色王老吉以"金银花、甘草、菊花"等草本植物熬制，有淡淡的中药味，作为口味至上的饮料，的确存在不少问题，加之3.5元/罐的零售价，如果不能使红色王老吉和竞争对手区分开来，很难在饮料市场上取得突破。这就使红色王老吉处于一种极为尴尬的境地：既不能固守两广，也无法在全国范围推广。为了摆脱这种尴尬境地，必须对产品重新定位。

当时饮料行业细分情况为：（1）碳酸饮料，如可口可乐；（2）果汁，如汇源；（3）矿泉水，如乐百氏；（4）凉茶，如黄振龙；（5）功能性饮料，如红牛；（6）天然水，如农夫山泉；（7）纯净水，如娃哈哈。

2003年，王老吉认真研究定位，研究人员在收集二手资料的同时，直接访谈经销商。最后，王老吉把自己定位在"预防上火的饮料"上，与其他饮料成功区隔，突出其独特的价值——喝红色王老吉能预防上火，让消费者无忧地尽情享受生活：不忌煎炸、香辣、烧烤；通宵达旦看足球……

长期以来，功能饮料大多不卖功能卖概念，即使强调功能，也无非是在"维生素＋矿物质"这类概念上做文章。这种状况大受专家和消费者质疑。在这种情况下，王老吉推出自己独特的概念——"中草药配方"，既不标榜另类，也不标榜时尚，而是清清楚楚地突出自己的产品功效。不管消费者对这个诉求是信任还是怀疑，都会产生买来一试的欲望。王老吉"喝了不上火"的功能诉求使产品上市伊始，就获得显著成功。此外，产品的大红色易拉罐包装，在卖场陈列时整齐划一，十分醒目；王老吉新颖的易拉罐包装也和当前部分功能饮料流行的包装形成了反差。

"开创新品类"是品牌定位的首选。一个品牌若能够定位于与强势对手不同的诉求，传递出新品类信息，往往会获得惊人的效果。红罐王老吉作为第一个预防上火的饮料推向市场，年销售额从2002年的1.8亿元到2003年的6亿元，2004年的15亿元，2005年超过了25亿元，2006年，王老吉饮料年销售额达到40亿元。

问题：以王老吉为例说明企业采用差异化战略的动因。

案例二：

某公司现有普通股 100 万股，每股面额 10 元，股本总额为 1000 万元，公司债券为 600 万元（总面值为 600 万元，票面利率为 12%，3 年期限）。2008 年该公司拟扩大经营规模，需增加筹资 750 万元，现有两种备选方案可供选择：甲方案是增加每股面值为 10 元的普通股 50 万股，每股发行价格为 15 元，筹资总额为 750 万元；乙方案是按面值发行公司债券 750 万元，新发行公司债券年利率为 12%，3 年期限，每次付息一次。股票和债券的发行费用均忽略不计。公司的所得税税率为 30%。该公司采用固定股利政策，每年每股股利为 3 元。2008 年该公司预期息税盈余为 400 万元。

要求：

1. 计算公司发行新的普通股的资本成本。

2. 计算公司发行债券的资本成本。

3. 计算两种筹资方式的每股盈余无差异点时的息税前盈余，判断该公司应当选择哪种筹资方案？

2008 年同等学力人员申请硕士学位

学科综合水平全国统一考试

工商管理答案及解析

一、单项选择题

1. 【正确答案】C

【所属学科】《管理学》第一章，管理的发展历史。

【难易程度】容易

【考点解析】(1) 管理过程流派，一直致力于研究和说明"管理人员做些什么和如何做好这些工作"，侧重说明管理工作实务。管理过程流派的开山鼻祖为古典管理时期的法约尔，而当代最著名的代表人物是孔茨。(2) 管理科学流派，指在管理过程中采用科学方法和数量方法解决问题的主张，侧重分析和说明管理中的科学、理性的成分和可数量化的侧面。(3) 组织管理流派，通过揭示组织形成、生存和发展的内在必然性探讨管理原理和管理方法的流派，主要致力于组织过程的研究。(4) 行为科学流派，从心理学、社会学角度侧重研究个体需求、行为，团体行为，组织行为和激励、领导方式的流派。(5) 经验管理流派，是以大企业管理人员的管理经验为主要研究对象，重视案例分析的流派。

2. 【正确答案】B

【所属学科】《管理学》第一章，管理的发展历史。

【难易程度】容易

【考点解析】泰罗最根本的贡献，是在管理实践和管理问题研究中利用观察、记录、调查、实验等手段的近代分析科学方法。泰罗成为名副其实的"科学管理之父"。梅奥与罗特利斯伯格通过霍桑实验，提出著名的人际关系学说，开辟了行为科学研究的道路。马克斯·韦伯提出的通常称作"官僚制""科层制"或"理想的行政组织"理论，对工业化以来各种不同类型的组织产生了广泛而深远的影响，成为现代大型组织广泛采用的一种组织管理方式。马克斯·韦伯被誉为"组织理论之父"。法约尔在其代表作《工业管理与一般管理》中提出的一般管理理论对西方管理理论的发展具有重大影响，该理论成为管理过程学派的理论基础。

3. 【正确答案】D

【所属学科】《企业战略管理》第三章，企业资源能力分析。

【难易程度】容易

【考点解析】企业在制定总体战略时，需要了解企业每项经营业务的经验曲线，特别是当企业以增长与份额矩阵作为制定战略的依据时，经验曲线更为重要。经验曲线是指当某一产品的累积生产量增加时，产品的单位成本趋于下降。因此，在经营单位层次上，经验曲线的优势是成本分析的关键。随着经验的增加，能够形成单位成本下降趋势的原因包括劳动的效率、工艺的改进、产品的改善。

4. 【正确答案】B

【所属学科】《企业战略管理》第三章，企业资源能力分析。

【难易程度】中度

【考点解析】小型多种经营企业，一般多采用产品—市场演变矩阵；大型多种经营企业，则多采用通用矩阵。

5. 【正确答案】C

【所属学科】《市场营销》第二章，企业战略计划过程与市场营销管理过程。

【难易程度】中度

【考点解析】市场细分要依据一定的细分变量进行。消费者市场的细分变量主要有地理变量、人口变量、心理变量和行为变量四类。(1) 地理细分，就是企业按照消费者所在的地理位置以及其他地理变量 (包括城市农村、地形气候、交通运输等) 来细分消费者市场。(2) 人口细分，就是企业按照人口变量 (包括年龄、性别、收入、职业、教育水平、家庭规模、家庭生命周期阶段、宗教、种族、国籍等) 来细分消费者市场。(3) 心理细分，就是企业按照消费者的生活方式、个性等心理变量来细分消费者市场。(4) 行为细分，就是企业按照消费者购买或使用某种产品的时机、消费者所追求的利益、使用者情况、消费者对某种产品的使用率、消费者对品牌 (或商店) 的忠诚程度、消费者待购阶段和消费者对产品的态度等行为变量来细分消费者市场。

6. 【正确答案】B

【所属学科】《市场营销》第六章，产品策略。

【难易程度】容易

【考点解析】个别品牌策略，即企业中的各种不同的产品分别使用不同的品牌名称。其主要好处是企业的整个声誉不致受某种商品声誉的影响。例如，如果某企业的某种产品失败了，不至于给这家企业脸上抹黑 (因为这种产品用的是自己的品牌名称)。品牌扩展策略是指企业利用其成功品牌名称的声誉来推出改良产品或新产品，包括推出新的包装规格、香味和式样等。例如，美国桂格麦片公司成功地推出桂格超脆麦片之后，又利用这个品牌及其图样特征，推出雪糕、运动衫等新产品。多品牌策略是指企业同时经营两种或两种以上互相竞争的品牌。这种策略由宝洁公司首创。分类品牌策略，即将企业的各类产品分别命名，一类产品使用一个品牌。西尔斯·罗巴克公司就曾采取这种策略，它所经营的器具类产品、妇女服装类产品、主要家庭设备类产品分别使用不同的品牌名称。

7. 【正确答案】B

【所属学科】《市场营销》第六章，产品策略。

【难易程度】容易

【考点解析】核心产品，是指消费者购买某种产品时所追求的利益，是顾客真正要买的东西，因而在产品整体概念中也是最基本、最主要的部分。形式产品，是核心产品借以实现的形式，即向市场提供的实体和服务的形象。如果形式产品是实体物品，则它在市场上通常表现为产品质量水平、外观特色、式样、品牌名称和包装等。附加产品，是顾客购买有形产品时所获得的全部附加服务和利益，包括提供信贷、免费送货、保证、安装、售后服务等。

8. 【正确答案】B

【所属学科】《财务管理》第二章，财务管理的价值观念。

【难易程度】容易

【考点解析】后付年金是指每期期末都有等额收付款项的年金。在现实经济生活中，这种年金最为常见，故称为普通年金。先付年金是指在一定时期内，各期期初都有等额的系列收付款项。延期年金是指在最初若干期没有收付款项的情况下，后面若干期有等额的系列收付款项。永续年金是指无限期支付的年金。西方有些债券为无期债券，这些债券的利息也可以视为永续年金。优先股因为有固定的股利而又无到期日，所以，优先股股利可以看作永续年金。

9. 【正确答案】D

【所属学科】《财务管理》第三章，财务分析。

【难易程度】容易

【考点解析】流动比率说明的是能在短期内转化成现金的资产对需要在短期内偿还的负债的一种保障程度，能比较好地反映企业的短期偿债能力。根据惯例，流动比率等于 2 时最佳。速动比率由于在计算时不包含存货因素，所以能比流动比率更好地反映企业的短期偿债能力。一般而言，速动比率等于 1 时最好。现金比率是对短期偿债能力要求最高的指标，主要适用于那些应收账款和存货的变现能力都存在问题的企业。这一指标越高，说明企业的短期偿债能力越强，现金比率一般认为 20% 以上为好。但这一比率过高，就意味着企业的流动负债未能得到合理运用，而现金类资产获利能力低，这类资产金额太高，会导致企业机会成本增加。

10. 【正确答案】D

【所属学科】《财务管理》第三章，财务分析。

【难易程度】容易

【考点解析】利息周转倍数是息税前盈余相当于所支付利息的倍数。其计算公式为：

$$利息周转倍数 = \frac{息税前盈余}{利息费用}$$

$$= \frac{税后利润 + 所得税 + 利息费用}{利息费用}$$

$$= \frac{70 + 70/(1-30\%) \times 30\% + 20}{20} = 6$$

二、多项选择题

11.【正确答案】BDE

【所属学科】《管理学》第四章，决策。

【难易程度】容易

【考点解析】习惯是制定程序化决策的全部技术中最为普遍和最为盛行的技术。组织成员们的集体记忆是实际知识、习惯性技能和操作规程等方面的集合。与习惯紧密相关的是标准操作规程。在标准操作规程之上的组织结构是一种对决策制定程序的不完全的记述说明。组织结构规定了一套关于组织的哪些成员对哪些类型的决策负责的内容。组织结构也规定了一套分目标系统，在组织的各部门起选择标准的作用。同时，组织结构也在组织内设立了明确规定的信息联系渠道和信息责任单位，以便对组织环境的某些部分进行审核。

12.【正确答案】ABCE

【所属学科】《企业战略管理》第一章，战略管理过程。

【难易程度】容易

【考点解析】企业远景实际上是为企业描述未来的发展方向，回答企业要成为哪种类型的公司，要占领什么样的市场位置，具有什么样的发展能力等问题。企业远景的要素：界定企业的当前业务、界定实现发展规划的具体步骤、确定衡量效益的标准、界定企业远景的特殊性。

13.【正确答案】AD

【所属学科】《市场营销》第二章，企业战略计划过程与市场营销管理过程。

【难易程度】容易

【考点解析】菲力普·科特勒从 1984 年以来提出了一个新的理论，他认为企业应该影响自己所处的市场营销环境，而不应单纯地顺从和适应环境。因此，在市场营销组合的"4P"之外，还应该再加上两个"P"，即"权力"(Power) 与"公共关系"(Public Relations)，称其为"6P"。这就是说，要运用政治力量和公共关系，打破国际或国内市场上的贸易壁垒，为企业的市场营销开辟道路。他把这种新的战略思想，称为"大市场营销"(Megamarketing)。

14.【正确答案】AD

【所属学科】《财务管理》第三章，财务分析。

【难易程度】容易

【考点解析】企业的资产周转情况，直接影响企业的偿债能力和盈利能力，因此，在对企业的偿债能力和盈利能力进行分析后，还必须分析企业的资产周转情况。分析资产周转情况的主要指标有：(1) 应收账款周转率；(2) 存货周转率；(3) 流动资产周转率；(4) 固定资产周转率；(5) 总资产周转率。

三、名词解释

1. 【答案提示】管理是组织中维持集体协作行为延续发展的有意识的协调行为。

2. 【答案提示】重点集中战略，是指企业把经营战略的重点放在一个特定的目标市场上，为特定的地区或特定的购买者集团提供特殊的产品和服务的战略。

3. 【答案提示】产品生命周期是指产品从进入市场到退出市场所经历的市场生命循环过程。产品只有经过研究开发、试销，然后进入市场，它的市场生命周期才算开始。典型的产品生命周期一般可分为四个阶段，即介绍期（或引入期）、成长期、成熟期和衰退期。

4. 【答案提示】固定成本是指在一定时期和一定业务量范围内，固定成本总额不受业务量变动影响而固定不变的成本。一般来说，在相关范围内，折旧费用、租金、保险费、管理人员工资、办公费等都可视为固定成本。

四、简答题

1. 【答案提示】制度化管理的实质在于以科学确定的制度规范为组织协作行为的基本约束机制，主要依靠外在于个人的、科学合理的理性权威实行管理。与传统的以非正式权威为主而进行的管理相比，制度化管理更具优越性：

　　(1) 个人与权力相分离。

　　(2) 是理性精神和合理化精神的体现。

　　(3) 适合现代大型企业组织的需要。

2. 【答案提示】合资经营是指两个或两个以上不同国家和地区的投资者共同投资组成的具有法人地位的企业。合资经营的原因：

　　(1) 各国政府的支持。

　　(2) 为避免关税壁垒以及东道国的支持和合作。

　　(3) 有利于在不同国家、地区以及行业之间分担风险。

　　(4) 通过合资，中小型企业可以形成规模经济，与对手相抗衡。

　　(5) 促进技术转移，推动国际资本流动。

　　(6) 是一种有效的融资渠道。

3. 【答案提示】战略计划过程明确了企业重点经营的业务，而市场营销管理过程则用系统的方法寻找市场机会，进而把市场机会变为有利可图的企业机会。所谓市场营销管理过程，也就是企业为实现企业使命和目标而发现、分析、选择和利用市场机会的管理过程。更具体地说，市场营销管理过程包括以下步骤：分析市场机会，选择目标市场，设计市场营销组合，管理市场营销活动。

　　(1) 分析市场机会。寻找、分析和评价市场机会，这是市场营销管理人员的主要任务，也是市场营销管理过程的首要步骤。市场营销管理人员评价各种市场机会时，要看这些市场机会与本企业的使命、目标、资源条件等是否一致，要选择那些比其潜在竞争者有更大的优势、能享有更大的差别利益的市场机会作为本企业的市场机会。

　　(2) 选择目标市场。市场营销管理人员在发现和选择了有吸引力的市场机会后，还要进一步细分市场和选择目标市场。这是市场营销管理过程的第二个主要步骤。目标市场营销由三个步骤组成：一是市场细分；二是选择目标市场；三是进行市场定位。

(3) 设计市场营销组合。市场营销组合是企业市场营销战略的一个重要组成部分。企业的市场营销战略包括两个不同的而又互相关联的部分：①目标市场，即一家公司选择投其所好的、颇为相似的顾客群市场；②市场营销组合，即公司为了满足这个目标顾客群的需要而加以组合的可控制的变量。所谓市场营销战略，就是企业根据可能机会，选择一个目标市场，并试图为目标市场提供一个有吸引力的市场营销组合。市场营销组合是现代市场营销理论中的一个重要概念。市场营销组合中所包含的可控制的变量很多，可以概括为四个基本变量，即产品、价格、地点和促销。市场营销组合除"4P"之外，还应该再加上两个"P"，即"权力"(Power) 与"公共关系"(Public Relations)，称其为"6P"。这就是说，要运用政治力量和公共关系，打破国际或国内市场上的贸易壁垒，为企业的市场营销开辟道路。

(4) 管理市场营销活动。企业市场营销管理过程的第四个主要步骤是管理市场营销活动，即执行和控制市场营销计划。这是整个市场营销管理过程的一个关键性的、极其重要的步骤。因为企业制订市场营销计划不是纸上谈兵，而是为了指导企业的市场营销活动，实现企业的战略使命和目标。

4. 【答案提示】企业投资决策中的现金流量是指与投资决策有关的现金流入、流出的数量。投资决策中的现金流量，一般由以下三个部分构成：

(1) 初始现金流量。初始现金流量是指开始投资时发生的现金流量，一般包括以下几个部分：

①固定资产上的投资，包括固定资产的购入或建造成本、运输成本和安装成本等。

②流动资产上的投资，包括在材料、产品、产成品和现金等流动资产上的投资。

③其他投资费用，指与长期投资有关的职工培训费、谈判费、注册费等。

④原有固定资产的变价收入，主要是指固定资产更新时，变卖原有固定资产所得的现金收入。

(2) 营业现金流量。营业现金流量是指投资项目投入使用后，在其寿命周期内由于生产经营所带来的现金流入和流出的数量。这种现金流量一般以年为单位进行计算。这里的现金流入一般是指营业现金收入。现金流出是指营业现金支出和交纳的税金。如果一个投资项目的每年销售收入等于营业现金收入，付现成本（不包括折旧的成本）等于营业现金支出，那么，年营业现金净流量可用下列公式计算：年营业现金净流量＝营业现金收入－付现成本－所得税；年营业现金净流量＝净利润＋折旧。

(3) 终结现金流量。终结现金流量是指投资项目完结时所发生的现金流量，主要包括：

①固定资产的残值收入或变价收入。

②原有垫支在各种流动资产上的资金收回。

③停止使用的土地的变价收入。

五、论述题

1. 【答案提示】他律与自律是涉及个人行为的管理时，究竟应该更多地借助于教育、惩罚、强制、约束等外部规范方式，还是应该更多地依靠个人的觉悟、自觉性、自我约束来达到目的的问题。借助于约束、强制手段来规范个体行为叫作他律。依靠个人自我控制、自我管理来约束个体行为称作自律。强调他律还是自律，从根本上说来，取决于管理者心目中关于人性的假设。认为人性"恶"的，以他律为主；认为人性"善"的，多依靠自律。尽管在处理他律与自律的矛盾方面有各种不同主张，但有两点是必须注意的：

(1) 个体自觉性、自我约束程度有限，许多组织活动仅靠个体自觉性无法按部就班、协调一致地进行，所以必须充分依靠他律，发挥制度规范的作用。

(2) 在保证组织活动正常进行的范围内，应尽可能发挥自律的作用，缩小他律的范围。过度的他律会导致信任感降低，助长破坏性，因此必须将他律控制在必要限度内。

2. 【答案提示】企业可通过两种主要方式做广告：一是建立公司自己的网络地址，即以 http://www 打头的字符串；二是像常规的广告一样，向某个网上的出版商购买一个广告空间。

网络广告的优势：

(1) 网络广告可以根据更精细的个人差别将顾客进行分类，向其分别传递不同的广告信息。

(2) 网络广告是互动的。网上的消费者有反馈的能力。互动式广告要求广告把要说的信息作为与受众"对话"的一部分层层传递，一旦个人开始对起初的信息感兴趣，广告商就转向下一步骤，传递专门针对此人的信息。

(3) 网络广告利用最先进的虚拟现实界面设计来达到让人身临其境的效果，这会带来全新的体验。

(4) 网络广告的用户构成也是广告商们愿意投资的因素。最成功的网站有办法留住客户，同时又不会过于商业化。

网络广告的局限：

(1) 从目前来看，网络广告的范围还比较狭窄。大多数投入来自电脑业自身，也就是说，一家技术公司在其他技术公司的网址上做广告。

(2) 制约网络广告发展的另一个因素是价格问题。网络广告的价格与电视、杂志和报纸相比并不便宜。

(3) 网络广告的位置、创意设计空间的能力有限。

(4) 网络广告的受众情况难以调研，网民对网络广告的反感有所增加。

六、案例分析题

案例一【答案提示】

王老吉采取差别化战略的动因：

(1) 形成进入障碍。

(2) 降低客户敏感程度。

(3) 针对供应商和购买者，增强讨价还价的能力。

(4) 防止替代品威胁。

案例二【答案提示】

1. 公司发行新的普通股的资本成本＝每股股利／股票价格＝3/15＝20%

2. 公司发行债券的资本成本＝利息率×(1－所得税率)＝12%×(1－30%)＝8.4%

3. 每股盈余无差异点时的息税前盈余计算：

甲方案：发行在外的总股本 100＋50＝150(万股)

承担的债券发行利息＝600×12%＝72(万元)

乙方案：发行在外的总股本 100 万股

承担的债券发行利息＝(600＋750)×12%＝162(万元)

$(EBIT－72)×(1－30\%)/150＝(EBIT－162)×(1－30\%)/100$

求得：$EBIT＝342$(万元)

由以上计算结果可以看出，当 2008 年该公司预期息税盈余为 400 万元时，预期利润大于每股盈余无差异点时的息税前利润，故采用乙方案债券筹资比较有利。

学科综合水平全国统一考试

工商管理试卷

一、单项选择题（每题1分，共10分。请从A、B、C、D中选择一个正确答案）

1. 组织成员通过一定的渠道与管理决策层进行的信息沟通称作（　　）。

    A. 决策沟通　　　　　　　　　　B. 人际沟通

    C. 向上沟通　　　　　　　　　　D. 上行沟通

2. 管理科学流派是（　　）。

    A. 各派管理学科的统称

    B. 管理过程中采用科学方法和数量方法解决问题的主张

    C. 与运筹学方法有关的管理流派

    D. 泰罗以来的管理流派

3. 企业战略要素不包括的是（　　）。

    A. 经营范围　　　　　　　　　　B. 资源配置

    C. 成本　　　　　　　　　　　　D. 协同作用

4. 以下不属于公司战略特点的是（　　）。

    A. 公司战略是有关企业发展全局的、整体的、长期的战略行为

    B. 参与制定与推行的人员主要是企业的高层管理人员

    C. 从对企业发展的影响程度看，公司战略与企业的组织形式有着密切的关系

    D. 公司战略着眼于企业中有关事业部或子公司的战略问题

5. 企业文化再造的内部动因不包括（　　）。

    A. 资产重组　　　　　　　　　　B. 危机事件

    C. 推出新产品　　　　　　　　　D. 股票上市

6. 根据整体产品概念，"免费送货"属于（　　）。

    A. 核心产品　　　　　　　　　　B. 附加产品

    C. 理想产品　　　　　　　　　　D. 形式产品

7. 企业通过在新地区或国外增设新的商业网点或利用新的分销渠道，加大广告促销力度等措施，在新市场上扩大现有产品销售，称为（　　）。

    A. 市场渗透　　　　　　　　　　B. 市场开发

    C. 产品开发　　　　　　　　　　D. 顾客开发

8. 某公司股票的β系数为1.8，无风险报酬率为4%，市场上所有股票的平均报酬率为8%，则该公司股票的投资报酬率应为（　　）。

    A. 7.2%　　　　　　B. 11.2%　　　　　　C. 12%　　　　　　D. 15.2%

9. 已知企业的营业利润为 1 000 万元，税后利润为 300 万元，所得税为 100 万元，利息费用为 80 万元，则该企业的利息周转倍数为（　　）。

    A. 3.75　　　　　　　B. 5　　　　　　　　　C. 6　　　　　　　　D. 12.5

10. 已知某公司销售净利率为 8%，总资产周转率为 1.5，资产负债率为 60%，则该公司的所有者权益报酬率为（　　）。

    A. 7.2%　　　　　　　B. 12%　　　　　　　C. 20%　　　　　　　D. 30%

二、多项选择题（每题 2 分，共 8 分。请从 A、B、C、D、E 中选择所有你认为正确的答案）

11. 孔茨提出的五大管理职能包括（　　）。

    A. 计划职能　　　　　　　B. 组织职能　　　　　　　C. 领导职能

    D. 协调职能　　　　　　　E. 控制职能

12. 战略控制的基本原则包括（　　）。

    A. 领导与战略相适应　　　B. 组织与战略相适应　　　C. 企业要有战略控制的预警系统

    D. 战略具有可行性　　　　E. 战略具有先进性

13. 服务营销组合包括（　　）。

    A. 定价　　　　　　　　　B. 人员　　　　　　　　　C. 有形展示

    D. 权力　　　　　　　　　E. 过程

14. 下列说法正确的有（　　）。

    A. 联合杠杆系数是财务杠杆系数与经营杠杆系数的乘积

    B. 联合杠杆系数越大，企业风险越大

    C. 在其他因素不变的情况下，固定成本增加，会加大联合杠杆系数

    D. 在其他因素不变的情况下，单位变动成本增加，会加大联合杠杆系数

    E. 在其他因素不变的情况下，销售单价增加，会加大联合杠杆系数

三、名词解释（每题 3 分，共 12 分）

1. 领导

2. 标杆学习

3. 市场营销战略

4. 财务管理理论结构

四、简答题（每题 7 分，共 28 分）

1. 简述正式组织的含义。

2. 简述重点集中战略的弱点。

3. 生产者可以借助哪些力量来赢得中间商的合作？

4. 简述国际财务管理的特点。

五、论述题（每题 11 分，共 22 分）

1. 论需要的基本特征。

2. 论投资控股并购的特点及适用条件。

六、案例分析题（每题10分，共20分）

案例一：

一次难忘的购买经历

我记忆很深的一次购买是在一个秋冬时节，我独自在 Jack&Jones（以下简称 JJ）男装店购买衣服。当时确实有些情绪化，想通过购物改变一下心情。当路过 JJ 商店的时候，我稍稍停留了一下，被强烈的色彩和动感的音乐所吸引。之前，也了解 JJ 是一个很受欢迎的北欧品牌，也曾有朋友送过我一件 JJ 牌的衣服。

正当我打算往里迈步的时候，店内的导购带着阳光般的笑容迎了上来，"我叫晓菲（化名），想看些什么？很高兴为您服务。"我立刻就有了好感，因为很少有商店的服务员会主动报上姓名。在我试服装的时候，她主动帮我提包，让我觉得很温暖（因为之前曾要求罗宾逊的导购帮忙拿一下，但是她以担心物品遗失为由拒绝了）。我选择了一件英伦双色条纹衬衫后，她又向我推荐了一条紫色的围巾和乳白色的牛皮带，后两者其实完全不在我的购物计划里。然而，她向我详细介绍了围巾的多种系法以及分别适用的场合，甚至皮带与衣服搭配中的一些小技巧。在此过程中，她总是主动地帮我整理衣服，就像一位默契的朋友；她也总是强化她推荐的衣服的优点，而不是让我自己去选择……她甚至拉来其他的导购来共同赞美我身上的着装，然后一次次帮我计算如何购买能够实现最大的折扣。

随着我购买的东西越来越多，她帮我提的东西也越来越多。看着她抱着那么多衣服，我居然忘记了自己是消费者，当时就想赶紧付账，别让她抱这么重的东西了。

问题：

1. 整个购买过程中，购买者受到了哪些因素的影响？

2. 零售企业从这一案例中可以获得哪些启示？

案例二：

海特公司是一个体育用品制造商。2007年海特公司对家庭健身器材市场进行调查。市场调查结果显示，健身设备 A 有广阔的市场前景。经预测分析，生产和销售设备 A 的有关资料如下：

生产设备 A，需要新增固定资产投资额为630万元，固定资产投资无建设期。预计设备 A 的产品生命周期为6年，6年后固定资产的预计净残值为30万元。6年中，生产销售设备 A，每年可为公司新增销售收入500万元，新增付现成本300万元。海特公司的资本成本为10%，企业所得税税率为40%。固定资产采用直线法计提折旧。计算有关的系数如下表：

6年期的复利现值系数和年金现值系数表

系数 \ 利率	10%	14%	15%	16%	17%
复利现值系数	0.564	0.456	0.432	0.410	0.390
年金现值系数	4.355	3.889	3.784	3.685	3.589

要求：计算生产设备 A 的投资方案的净现值，并确定该投资方案是否可行。（计算结果精确到小数点后两位）

2009 年同等学力人员申请硕士学位

学科综合水平全国统一考试
工商管理答案及解析

一、单项选择题

1. 【正确答案】D

【所属学科】《管理学》第九章，领导。

【难易程度】容易

【考点解析】正式渠道沟通是通过组织正式结构或层级系统运行，由组织内部明确的规章制度所规定的渠道进行的信息传递与交流。例如，组织与组织之间的信函来往，组织内部的文件传达、召开会议，上下级之间的定期情报交换以及组织正式颁布的法令、规章、公告等。正式渠道沟通包括上行沟通、下行沟通、横向沟通与斜向沟通。组织成员通过一定的渠道与管理决策层进行的信息交流，指的是上行沟通。

2. 【正确答案】B

【所属学科】《管理学》第一章，管理的发展历史。

【难易程度】容易

【考点解析】管理科学流派指在管理过程中采用科学方法和数量方法解决问题的主张，侧重分析和说明管理中的科学、理性的成分和可数量化的侧面。管理科学的研究可以追溯到泰罗所从事的科学管理运动。

3. 【正确答案】C

【所属学科】《企业战略管理》第一章，战略管理过程。

【难易程度】容易

【考点解析】企业战略是指企业面对激烈变化、严峻挑战的经营环境，为求得长期生存和不断发展而进行的总体性谋划。它是企业战略思想的集中体现，是企业经营范围的科学规定。一般来讲，企业战略由以下四个要素组成：(1) 经营范围；(2) 资源配置；(3) 竞争优势；(4) 协同作用。

4. 【正确答案】D

【所属学科】《企业战略管理》第一章，战略管理过程。

【难易程度】容易

【考点解析】企业战略又叫公司层战略，其特点如下：(1) 从形成的性质看，企业总体战略是有关企业全局发展的、整体性的、长期的战略行为；(2) 从参与战略形成的人员看，制定与推行企业总体战略的人员主要是企业的高层管理人员；(3) 从对企业发展的影响程度看，企业总体战略与企业的组织形态有着密切的关系。

5. 【正确答案】C

【所属学科】《企业战略管理》第十一章，企业战略与企业文化。

【难易程度】容易

【考点解析】企业文化再造的内部动因： 企业重组、股票上市、经营理念的变化、发生危机事件等。企业文化再造的外部动因： 推出新产品、选择新的市场定位战略、实施多元化战略、进军国际市场等。

6. 【正确答案】B

【所属学科】《市场营销》第六章，产品策略。

【难易程度】容易

【考点解析】产品整体概念包含核心产品、有形产品和附加产品三个层次。(1) 核心产品，是指消费者购买某种产品时所追求的利益，是顾客真正要买的东西，因而在产品整体概念中也是最基本、最主要的部分。(2) 有形产品，是核心产品借以实现的形式，即向市场提供的实体和服务的形象。如果有形产品是实体物品，则它在市场上通常表现为产品质量水平、外观特色、式样、品牌名称和包装等。(3) 附加产品，是顾客购买有形产品时所获得的全部附加服务和利益，包括提供信贷、免费送货、保证、安装、售后服务等。

7. 【正确答案】B

【所属学科】《市场营销》第二章，企业战略计划过程与市场营销管理过程。

【难易程度】容易

【考点解析】如果企业尚未完全开发出潜伏在其现有产品和市场中的机会，则可采取密集增长战略。这种战略包括以下三种类型： (1) 市场渗透，即企业通过改进广告、宣传和推销工作，在某些地区增设商业网点、借助多渠道将同一产品送达同一市场、短期削价等措施，在现有市场上扩大现有产品的销售； (2) 市场开发，即企业通过在新地区或国外增设新商业网点或利用新分销渠道，加强广告促销等措施，在新市场上扩大现有产品的销售； (3) 产品开发，即企业通过增加花色、品种、规格、型号等，向现有市场提供新产品或改进产品。

8. 【正确答案】B

【所属学科】《财务管理》第二章，财务管理的价值观念。

【难易程度】容易

【考点解析】该公司股票的投资报酬率＝无风险报酬率＋ β 系数 ×(平均报酬率－无风险报酬率) ＝ 4% ＋ 1.8%×(8% － 4%) ＝ 11.2%。

9. 【正确答案】C

【所属学科】《财务管理》第三章，财务分析。

【难易程度】容易

【考点解析】利息周转倍数 ＝ $\dfrac{税后利润＋所得税＋利息费用}{利息}$ ＝ $\dfrac{300＋100＋80}{80}$ ＝6。

10. 【正确答案】D

【所属学科】《财务管理》第三章，财务分析。

【难易程度】容易

【考点解析】所有者权益报酬率＝投资报酬率 × 权益乘数＝销售净利率 × 总资产周转率 × 权益乘数＝ 8% ×1.5×[1÷(1 － 60%)] ＝ 30%。

二、多项选择题

11. 【正确答案】ABCE

【所属学科】《管理学》第一章，管理的发展历史。

【难易程度】容易

【考点解析】管理过程流派一直致力于研究和说明"管理人员做些什么和如何做好这些工作"，侧重说明管理工作实务，当代最著名的代表人物是孔茨。当代管理过程流派将管理职能概括为：计划职能、组织职能、人员配备职能 (协调能力)、领导职能 (含激励)、控制职能。

12. 【正确答案】ABCD

【所属学科】《企业战略管理》第九章，战略的实施与控制。

【难易程度】容易

【考点解析】战略控制的基本原则：领导与战略相适应、组织与战略相适应、执行计划与战略相适应、资源分配与战略相适应、企业文化与战略相适应、战略具有可行性、企业要有战略控制的预警系统、严格执行完整的奖惩制度。

13. 【正确答案】ABCE

【所属学科】《市场营销》第六章，产品策略。

【难易程度】容易

【考点解析】服务业市场营销组合修改和扩充为七个要素，即产品 (Product)、定价 (Price)、地点或渠道 (Place)、促销 (Promotion)、人员 (People)、有形展示 (Physical Evidence)、过程 (Process)。

14. 【正确答案】ABC

【所属学科】《财务管理》第四章，企业筹资决策。

【难易程度】容易

【考点解析】联合杠杆，也可以称为总杠杆，是指经营杠杆和财务杠杆的综合。联合杠杆系数，是普通股每股收益变动率相当于销售额变动率的倍数。联合杠杆系数＝经营杠杆系数 × 财务杠杆系数，所以系数越大风险就越高。经营杠杆，也可以称为营业杠杆，是由于存在固定生产成本而造成的息税前利润变动率大于销售额变动率的现象。经营杠杆体现为对固定生产成本的利用，放大了企业所承担的风险。经营杠杆系数＝边际贡献 / 息税前盈余，而息税前盈余＝销售收入－变动成本－固定成本，所以固定成本的增加会加大联合杠杆系数。因此在本题中，ABC 三项是正确选项。

三、名词解释

1. 【答案提示】领导是较为直接、具体的管理工作，是管理者运用权力和影响力引导和影响下属按照企业的目标和要求努力工作的过程。领导工作主要借助于权力和影响力，是一项推动和运用管理体系的工作。

2. 【答案提示】标杆学习是指企业以行业的领先企业或主要竞争对手的某项具有优势的活动作为基准，寻找差距，制定赶超策略，提高自身竞争力的活动。

3. 【答案提示】市场营销战略，就是企业根据可能机会，选择一个目标市场，并试图为目标市场提供一个有吸引力的市场营销组合。

4. 【答案提示】财务管理理论结构是指财务管理理论各组成部分（或要素）以及这些部分之间的排列关系。具体来讲，就是以财务管理环境为起点，财务管理假设为前提，财务管理目标为导向的，由财务管理的基本理论、财务管理的应用理论构成的理论结构。

四、简答题

1. 【答案提示】正式组织是两个或两个以上的人有意识地加以协调的行为或力的系统。正式组织概念包含的基本点：

    (1) 构成正式组织内容的是人的行为。它不是体现个体人格的行为，而是以组织人格为特征的行为。

    (2) 个人所提供的行为或力的相互作用，是正式组织的本质特征。它是包含各种对立、利害关系在内的相互作用的行为体系。

    (3) 正式组织是个人行为在方法、时间、质和量各方面都经过有意识的调整而体系化的系统。

    (4) 正式组织的三要素：协作意愿、共同目标和信息沟通。

2. 【答案提示】重点集中战略是指企业把经营战略的重点放在一个特定的目标市场上，为特定的地区或特定的购买者集团提供特殊的产品和服务的战略。

    实施重点集中战略存在的风险：(1) 竞争对手在企业目标市场中找到了可以细分的市场，实施了此战略，从而使企业实施的重点集中战略失去了优势；(2) 由于技术进步等原因，使目标小市场与总体市场之间在产品或服务上的需求差别变小；(3) 实施重点集中战略的企业之间在成本差别上日益扩大，抵销了成本优势或差异化优势，导致重点集中战略失败。

3. 【答案提示】生产者可借助某些势力来赢得中间商的合作。这些势力包括：

    (1) 强制力。强制力是指生产者以撤回某种资源或中止关系威胁不合作（如顾客服务差、未实现销售目标、窜货等）的中间商而形成的势力。

    (2) 奖赏力。奖赏力是指生产者给执行了某种职能的中间商额外付酬而形成的势力。

    (3) 法定力。法定力是指生产者要求中间商履行双方达成的合同而执行某些职能的势力。

    (4) 专长力。专长力是指生产者因拥有某种专业知识而对中间商构成的控制力。

    (5) 感召力。感召力是指中间商对生产者深怀敬意并希望与之长期合作而形成的势力。

一般情况下，生产者都注重运用感召力、专长力、法定力和奖赏力，而尽量避免使用强制力。这样往往能收到理想的效果。

4. 【答案提示】国际财务管理是财务管理的一个新领域，它是按照国际惯例和国际经济法的有关条款，根据国际企业财务收支的特点，组织国际企业的财务活动，处理国际企业财务关系的一项经济管理工作。与国内财务管理相比，国际财务管理具有以下特点：

(1) 国际企业的理财环境具有复杂性。国际企业的理财活动涉及多国，而各国的政治、经济、法律和文化环境都有很大差异。国际企业在进行财务管理时，不仅要考虑本国的各方面环境因素，而且要密切注意国际形势和其他国家的具体情况。

(2) 国际企业的资金筹集具有更多的可选择性。无论是国际企业的资金来源还是筹资方式，都呈现多样化的特点，这使得国际企业在筹资时有更多的可选择性。国际企业既可以利用母公司地主国的资金，也可以利用子公司东道国的资金，还可以向国际金融机构和国际金融市场筹资。国际企业可以利用这种多方融资的有利条件，选择最有利的资金来源，降低企业的资金成本。

(3) 国际企业的资金投入具有较高的风险性。进行国际投资活动就是预测风险、避免风险的过程。国际企业除面临国内企业所具有的风险外，还要面临国际政治、经济环境中的各种风险。

五、论述题

1. 【答案提示】一般而言，人的需要具有以下几种基本特性：

(1) 多样性。由于人的社会实践活动范围极其广泛，在此基础上形成的需要也是多种多样的，除了衣食住行等基本物质生活需要外，人们还有知识、交往、尊重、成就等社会和精神方面的需要。例如，美国心理学家马斯洛将人的需要分为生理、安全、社交、尊重、自我实现五种，而麦克莱兰认为人有权力、社交、成就三方面的需要。

(2) 结构性。人的多种需要之间相互关联、相互制约，由此构成复杂的结构体系。在需求结构体系中，各种需要处于不同的层次、地位，从而对行为产生不同程度的影响。

(3) 社会制约性。需要是人的主观感受与客观环境共同作用的结果，因而必然受到所处环境条件的制约。归根结底，人的需要是由特定社会历史条件下的生产水平、社会关系性质及个人的社会角色地位决定的。

(4) 发展性。一定社会历史条件制约着人的需要。同样，社会历史条件的发展变化，也会引起需要的内容、范围以及满足方式的相应变化。

2. 【答案提示】投资控股并购是指企业向目标公司投资，将目标公司改组为自己的控股子公司的并购行为。

投资控股并购的特点：

(1) 以目标公司的净资产作为并购后公司的产权持股。

(2) 向目标公司追加投资，以此作为持股基础。

(3) 并购后，目标公司成为上市公司的绝对或相对控股子公司。

投资控股并购的优点：用较少的资金达到控股目标公司的目的，是一种低成本并购。

投资控股并购的缺点：由于目标公司并购后原有股东不变，企业在经营管理上存在许多制约因素。

投资控股并购适用的条件：(1) 企业为了减少竞争对手，需要快速占领市场；(2) 企业对目标公司所在行业不熟悉，需要借助目标公司的资源开拓市场。

六、案例分析题

案例一【答案提示】

1. 在整个购买过程中，购买者在很大程度上受到了文化、社会、个人和心理等因素的影响。

2. 通过案例中消费者的整个购买过程，零售企业可以得到以下启示：①强化销售人员的推广职能，向顾客提供各种服务，提供相关产品信息，运用推销技术，促使顾客了解产品，激发购买兴趣，建立与顾客之间的友谊；②培养热情、诱导推销，有较强说服力的销售员，可以通过循循善诱的方式培养起顾客对企业产品的热情。

案例二【答案提示】

海特公司该方案的初始投资：630 万元

海特公司该方案的折旧 $= (630 - 30)/6 = 100$(万元)

海特公司该方案营业中的现金流量＝销售收入－付现成本－所得税

$$= 500 - 300 - (500 - 300 - 100) \times 40\%$$
$$= 500 - 300 - 40$$
$$= 160(万元)$$

海特公司该方案的终结现金流量：30 万元

海特公司该方案的净现值 $= 160 \times PVIFA_{10\%, 6} + 30 \times PVIF_{10\%, 6} - 630$

$$= 160 \times 4.355 + 30 \times 0.564 - 630$$
$$= 696.8 + 16.92 - 630$$
$$= 83.72(万元)$$

由于海特公司该方案的净现值大于零，所以该方案可行。

2010年同等学力人员申请硕士学位

学科综合水平全国统一考试
工商管理试卷

一、单项选择题（每题1分，共10分。请从A、B、C、D中选择一个正确答案）

1. 非正式组织是指（　　）。

    A. 正规组织之外的其他组织　　　　　B. 人们自发形成的各种组织

    C. 非法组织　　　　　D. 人与人之间自发结合而成的类型化心理状态

2. 针对那些新颖、例外的问题所做出的决策是指（　　）。

    A. 程序化决策　　　　　B. 非程序化决策

    C. 理性决策　　　　　D. 满意决策

3. 正在成熟的行业具有的特点是（　　）。

    A. 高速增长导致竞争加剧　　　　　B. 企业间的兼并和收购减少

    C. 加速增加生产能力　　　　　D. 注重成本和服务上的竞争

4. 以下属于纵向并购优点的是（　　）。

    A. 并购竞争对手，获得现成的生产线，迅速扩大生产能力，实现规模经济

    B. 利用规模经济降低成本

    C. 降低企业交易成本

    D. 有利多元化经营，可以降低单一行业经营风险

5. 百科全书属于（　　）。

    A. 选购品　　　　　B. 便利品

    C. 非渴求物品　　　　　D. 特殊品

6. 目标利润定价法属于（　　）。

    A. 成本导向定价　　　　　B. 需求导向定价

    C. 竞争导向定价　　　　　D. 混合导向定价

7. 企业针对最终消费者，花费大量的资金从事广告和消费促销活动，以增加产品的需求，这被称为（　　）。

    A. 快速掠取策略　　　　　B. 推式策略

    C. 拉式策略　　　　　D. 快速渗透策略

8. 如果证券价格完全反映了一切公开的和非公开的信息，这种市场属于（　　）。

    A. 无效市场　　　　　B. 弱式有效市场

    C. 次强式有效市场　　　　　D. 强式有效市场

9. 在其他条件不变的情况下，如果企业资产负债率增加，则财务杠杆系数将会 ( )。

    A. 保持不变   B. 增大

    C. 减小   D. 变化但方向不确定

10. 如果某一长期投资项目的净现值为负数，则说明该项目 ( )。

    A. 为亏损项目，不可行

    B. 为盈利项目，可行

    C. 投资报酬率低于预定的贴现率，不可行

    D. 投资报酬率低于本企业的正常投资报酬率，不可行

二、多项选择题（每题 2 分，共 8 分。请从 A、B、C、D、E 中选择所有你认为正确的答案）

11. 正式组织的基本要素包括 ( )。

    A. 协作意愿   B. 组织结构   C. 共同目标

    D. 信息沟通   E. 制度规范

12. 企业使命的界定是在对自身业务清晰界定的基础上进行的，从战略角度来讲，企业可以从 ( ) 来界定自己的业务。

    A. 顾客的需求   B. 顾客群   C. 股东的利益

    D. 企业相关者的利益   E. 满足顾客需求的方式

13. 市场由 ( ) 几个要素构成。

    A. 人口   B. 公众   C. 微观环境

    D. 购买力   E. 购买欲望

14. 下列各项企业并购的动机中，属于财务动机的有 ( )。

    A. 实现多元化投资组合   B. 提高企业发展速度   C. 实现协同效果

    D. 改善财务状况   E. 取得税负利益

三、名词解释（每题 3 分，共 12 分）

1. 业务规范

2. 交易风险

3. 选择分销

4. 虚拟组织

四、简答题（每题 7 分，共 28 分）

1. 简述分工给组织带来的弊端。

2. 简述矩阵组织结构的优点。

3. 推销观念和市场营销观念有哪些不同？

4. 简述企业筹资管理的基本原则。

五、论述题（每题 11 分，共 22 分）

1. 在组织结构中应体现信息沟通的哪些要求？

2. 试述产业购买者的决策过程。

六、案例分析题（每题 10 分，共 20 分）

案例一：

吉利收购沃尔沃

2010 年 3 月 28 日，浙江吉利控股集团和美国福特汽车公司签署了吉利集团收购沃尔沃轿车集团 100% 股权以及相关资产（包括知识产权）的正式协议，双方最终用行动履行了在 2012 年 3 月底之前完成最终签约的承诺。这桩跨国并购交易，成为中国汽车业有史以来规模最大的一次海外并购。

这是一场门第相差悬殊的跨国婚姻。2009 年，吉利总营业收入刚刚超过 20 亿美元，而沃尔沃的总收入则高达 124 亿美元。把总收入超过自己 5 倍的豪华汽车巨头沃尔沃收入囊中，吉利此举堪称"蛇吞象"。而更大的差距，则体现在品牌价值上：根据《福布斯》公布的国际品牌榜显示，拥有百年历史的沃尔沃，品牌价值高达 20 亿美元，名列世界汽车十大品牌，而名不见经传的吉利只是一个拥有十多年历史的民营汽车制造商。

海外主流媒体认为，这次交易的完成也意味着，"中国已经正式成为全球汽车行业一股不可忽视的力量"。据了解，在过去两年中，吉利与福特及沃尔沃一直就此交易不断进行磋商及谈判。对于福特而言，这也是该公司自出售阿斯顿马丁和路虎之后，所进行的又一次非核心资产剥离。自福特于 1999 年完成对沃尔沃的收购以来，后者的经营就一直处于低迷状态。根据计划，这桩交易的剩余部分将在未来几个月内完成。分析师认为，此次交易能够帮助福特公司进一步改善其现金流状况，同时将使福特公司更好地专注于福特、林肯等核心品牌的经营。

目前，吉利集团以 18 亿美元收购沃尔沃轿车的收购资金已经到位。此外，备受沃尔沃工会关切的沃尔沃今后业务运营所需的资金也已经筹集完毕。据了解，在吉利集团与福特汽车公司签订的协议中，除了对沃尔沃轿车公司 100% 的股权收购外，还涉及沃尔沃轿车、吉利集团以及福特汽车三方之间的知识产权、零部件供应和研发方面的重要条款，这将充分保证沃尔沃轿车未来的独立运营、继续执行既有商业计划，保障可持续发展。

问题：

1. 结合案例，讨论整体并购方式的特点。

2. 结合案例，分析整体并购的主要优缺点。

案例二：

某企业 2009 年度赊销收入净额为 2000 万元，销售成本为 1600 万元；年初、年末应收账款余额分别为 100 万元和 400 万元；年初、年末存货余额分别为 200 万元和 600 万元。该企业年末现金为 560 万元，流动负债为 800 万元。假定该企业流动资产由速动资产和存货组成，速动资产由应收账款和现金组成，一年按 360 天计算。

要求：

1. 计算 2009 年应收账款周转天数。

2. 计算 2009 年存货周转天数。

3. 计算 2009 年年末速动比率。

4. 计算 2009 年年末流动比率。

2010年同等学力人员申请硕士学位
学科综合水平全国统一考试
工商管理答案及解析

一、单项选择题

1. 【正确答案】D

   【所属学科】《管理学》第二章，组织管理原理。

   【难易程度】容易

   【考点解析】非正式组织，是两个或两个以上的人无意识地体系化、类型化了的多种心理因素的系统。

2. 【正确答案】B

   【所属学科】《管理学》第四章，决策。

   【难易程度】容易

   【考点解析】处理例行问题的决策通常称为程序化决策，处理例外问题的决策通常称为非程序化决策。

3. 【正确答案】D

   【所属学科】《企业战略管理》第五章，不同行业的竞争战略。

   【难易程度】容易

   【考点解析】成熟的行业具有的特点：(1) 低速增长导致竞争加剧；(2) 注重成本和服务上的竞争；(3) 裁减过剩的生产能力；(4) 研究开发、生产、营销发生变化；(5) 行业竞争趋向国际化；(6) 企业之间的兼并和收购增多。

4. 【正确答案】C

   【所属学科】《企业战略管理》第七章，公司战略与优势。

   【难易程度】容易

   【考点解析】纵向并购是指生产过程或经营环节相互衔接、密切联系的企业之间，或者具有纵向协作关系的专业化企业之间的并购。纵向并购的企业之间不是直接的竞争关系，而是供应商和需求商之间的关系。纵向并购的优点：通过市场交易行为内部化，有助于降低市场风险，节省交易费用，同时易于设置进入壁垒。

5. 【正确答案】C

   【所属学科】《市场营销》第六章，产品策略。

   【难易程度】容易

   【考点解析】根据消费者的购物习惯进行分类，产品可分为便利品、选购品、特殊品和非渴求物品四类。(1) 便利品，指消费者购买频繁，希望一有需要即可买到，并且只花费最少精力和最少时间去比较品牌、价格的消费品。(2) 选购品，指消费者为了物色适当的物品，在购买前往往要去许多家零售商店了解和比较商品的花色、式样、质量、价格等的消费品。(3) 特殊品，指消费者能识别哪些牌子的商品物美价廉，哪些牌子的商品质次价高，而且许多消费者习惯上愿意多花时间和精力去购买的消费品。(4) 非渴求物品，指顾客不知道的物品，或者虽然知道却没有兴趣购买的物品。例如，刚上市的新产品、人寿保险、百科全书等。

6. 【正确答案】A

【所属学科】《市场营销》第七章，定价策略。

【难易程度】容易

【考点解析】成本导向定价是指按照单位成本加上一定百分比的加成来制定产品销售价格。加成的含义就是一定比率的利润。当企业采用成本导向定价法时，通常包括成本加成定价法和目标利润定价法；当企业采用需求导向定价法时，通常可以采用感受价值定价法、反向定价法和差别定价法；当企业采用竞争导向定价法时，通常有两种方法，即随行就市定价法和投标定价法。

7. 【正确答案】C

【所属学科】《市场营销》第六章，产品策略。

【难易程度】容易

【考点解析】快速掠取策略，指采用高价格、高促销费用的策略，以求迅速扩大销售量，取得较高的市场占有率。快速渗透策略，指实行低价格、高促销费用的策略，以求迅速打入市场，取得尽可能高的市场占有率。推式策略，指利用推销人员与中间商促销将产品推入渠道，生产者将产品积极推到批发商手上，批发商又积极地将产品推给零售商，零售商再将产品推向消费者。拉式策略，指企业针对最终消费者，花费大量的资金进行广告宣传及消费者促销活动，以增加产品的需求。

8. 【正确答案】D

【所属学科】《财务管理》第一章，财务管理的基本理论。

【难易程度】容易

【考点解析】有效市场划分为三类：(1) 弱式有效市场。当前的证券价格完全地反映了已蕴含在证券历史价格中的全部信息。其含义是，任何投资者仅仅根据历史的信息进行交易，均不会获得额外盈利。(2) 次强式有效市场。证券价格完全反映所有公开的可用信息。这样，根据一切公开的信息，如公司的年度报告、投资咨询报告、董事会公告等，都不能获得额外的盈利。(3) 强式有效市场。证券价格完全地反映一切公开的和非公开的信息。投资者即使掌握内幕信息，也无法获得额外盈利。

9. 【正确答案】B

【所属学科】《财务管理》第四章，企业筹资决策。

【难易程度】容易

【考点解析】企业为了获得财务杠杆利益，就要增加负债，负债的增加加大了企业的财务风险。当企业负债率增加时，在其他条件不变的情况下，如果企业的资产负债率增加，则财务杠杆系数将会增大。

10.【正确答案】C

【所属学科】《财务管理》第五章，企业投资决策。

【难易程度】容易

【考点解析】项目净现值为负数，表示减损了股东利益，但并不表示项目亏损，因为净现值的折现率是股东要求的折现率，只是不符合股东的预期而已。净现值法的原理： 假设预计的现金流入在年末肯定可以实现，并把原始投资看成按预定折现率借入，当净现值为正数时，偿还本息后该项目仍有剩余的收益； 当净现值为零时，偿还本息后一无所获； 当净现值为负数时，该项目收益不足以偿还本息。如果某一长期投资项目的净现值为负数，则说明该项目的投资报酬率没有达到预定的贴现率，不可行。

二、多项选择题

11.【正确答案】ACD

【所属学科】《管理学》第二章，组织管理原理。

【难易程度】容易

【考点解析】正式组织有三个基本要素： 协作意愿、共同目标和信息沟通。

12.【正确答案】ABE

【所属学科】《企业战略管理》第一章，战略管理过程。

【难易程度】容易

【考点解析】企业使命的界定是在对自身业务清晰界定的基础上进行的。从战略角度来讲，企业可以从三个方面来界定自己的业务：(1) 顾客的需求； (2) 顾客群； (3) 满足顾客需求的方式。

13.【正确答案】ADE

【所属学科】《市场营销》第一章，市场营销导论。

【难易程度】容易

【考点解析】市场包含三个主要因素： 有某种需要的人、为满足这种需要的购买能力和购买欲望。用公式来表示： 市场＝人口＋购买力＋购买欲望。市场的这三个因素是相互制约、缺一不可的，只有三者结合起来，才能构成现实的市场，才能决定市场的规模和容量。

14.【正确答案】ADE

【所属学科】《财务管理》第七章，企业并购的财务管理。

【难易程度】容易

【考点解析】进行企业并购有各种不同的原因，但总括起来主要有财务动机和非财务动机两大类。企业并购的财务动机主要表现为以下三个方面：(1) 实现多元投资组合，提高企业价值； (2) 改善企业财务状况； (3) 取得税负利益。企业并购的非财务动机主要有提高企业发展的速度和实现协同效果。

三、名词解释

1. 【答案提示】业务规范是针对业务活动过程中那些大量存在、反复出现的，又能摸索出科学处理办法的事物所制定的作业处理规定。

2. 【答案提示】交易风险是指企业因进行跨国交易而取得外币债权或承担外币债务时，由于交易发生日的汇率与结算日的汇率不一致，可能使收入或支出发生变动的风险。

3. 【答案提示】选择分销是指制造商在某一地区仅仅通过少数几个精心挑选的、合适的中间商推销其产品。

4. 【答案提示】虚拟组织是通过整合各成员的资源、技术、顾客市场机会而形成的。它的价值在于能够整合各成员的核心能力和资源，从而缩短时间，降低费用和风险，提高服务能力。

四、简答题

1. 【答案提示】分工给组织带来的弊端：

  (1) 分工会使工作单调化。尤其是简单的重复工作，不可避免地会使员工产生孤独感。

  (2) 分工会阻碍组织内部人员的流动，降低其对组织变化的适应能力。在工作高度专业化的组织中，这种情形表现得尤为明显。

  (3) 专业化会助长组织内部的冲突。专业化操作要求人们不仅要具有相应的能力，而且要形成相应的思维模式。

  (4) 分工还容易引起部门之间乃至不同岗位工人之间的对立。

2. 【答案提示】矩阵组织结构的特点是在原有按直线指挥系统与职能部门组成纵向垂直领导系统的基础上，又建立一个横向的以产品（项目）为中心的领导系统，两者合成一个矩阵形结构。这种结构的优点：

  (1) 适于进行大量以项目为中心的经营活动。

  (2) 是培训战略管理人员的良好场所。

  (3) 能最有效地发挥职能部门管理人员的作用。

  (4) 能激发创造性，有利于开展多种业务项目。

  (5) 中层管理人员可以更多地接触企业战略问题。

3. 【答案提示】推销观念认为消费者通常对购买产品具有抗衡心理，一般不会足量购买某一企业的产品，所以必须加大推销和促销力度，以刺激消费者大量购买本企业产品。市场营销观念是以客户需求和欲望为导向的哲学，是消费主权论在企业营销管理中的体现。推销观念和市场营销观念可以通过以下四点来区别：

  (1) 出发点不同：推销观念以卖主需要为出发点，市场营销观念是以制造、传送产品以及与最终消费产品有关的事物来满足顾客需要。

  (2) 营销的重点不同：推销观念以产品为重点，而市场营销观念是以顾客需要为重点。

  (3) 营销手段不同：推销观念认为消费者通常对购买产品具有抗衡心理，不会足量购买产品，所以企业必须加大推销和促销力度；市场营销观念认为必须致力于顾客服务和顾客满意度，其手段主要以整合营销为主。

(4) 营销的目的不同：推销观念是通过增加销售量来实现利润的增长，而市场营销观念是通过提升顾客的满意度来实现利润的增长。

4. 【答案提示】企业筹资是指企业根据其生产经营活动对资金需求数量的要求，通过金融机构和金融市场，采取适当的方式，获取所需资金的一种行为。企业筹资的基本原则：

(1) 分析生产经营情况，合理预测资金需要量。

(2) 合理安排资金的筹集时间，适时取得所需资金。

(3) 了解筹资渠道和资金市场，认真选择资金来源。

(4) 研究各种筹资方式，选择最佳资金结构。

五、论述题

1. 【答案提示】信息沟通体现在组织结构上，有以下六个方面的具体要求：

(1) 要通过明确工作内容和性质、职权和职责关系等，使每一个组织成员都能清楚地了解各自的信息沟通对象、内容、方式和渠道，并视之为职责范围内的事。

(2) 沟通渠道要短捷、高效。信息传递要借助于语言文字，由于个人表达能力、理解能力的差异以及加工整理的偏差，往往造成信息传递的失真，引起误解。而且，信息传递路线越长，失真的概率也就越大。所以，信息沟通的渠道要尽可能地短捷、高效。

(3) 信息必须按既定路线和层次进行有序传递。不论是上传还是下达，都应经过信息联系的每一个层次，不能随意越过。否则，就会产生互相冲突的信息传递，损害某些层次的威信和权力，造成不必要的猜疑和摩擦。

(4) 要在信息联系中心设置称职的管理人员。在大型组织中，信息沟通机构处于中心地位，它要求处于这一地位的管理人员具有综合能力，能按企业目标和经营战略的要求，对各种信息做出准确的识别和分析判断，并转化为相应的对策和措施。因此，必要时，企业可配置专门的机构和人员，协助管理人员承担此项工作。

(5) 保持信息联系的连续性。这要求组织设计把重点放在职位上，而不能放在个人上，即要因事择人，而非因人设岗；同时，组织还要建立任职者因故出现缺位时自动代理职务的制度。

(6) 重视非正式组织在信息沟通中的作用。共同工作会使人们形成一种独特的人际关系，它可以提供正式组织所不能提供的信息，所以，组织结构设计必须尊重非正式组织及其沟通方式。

2. 【答案提示】产业购买者购买过程的阶段的多少，取决于产业购买者行为类型的复杂程度。在直接重购这种最简单的行为类型下，产业购买者购买过程的阶段最少；在修正重购的情况下，购买过程的阶段就多一些；而在新购这种最复杂的情况下，购买过程的阶段最多，要经过以下八个阶段：

(1) 认识需要。在新购和修正重购的情况下，购买过程是从企业的某些人员认识到要购买某种产品以满足企业的某种需要开始的。认识需要是由两种刺激引起的：内部刺激，企业最高管理层决定推出某种新产品；外部刺激，如采购人员看广告或参加展销会等，发现了更加物美价廉的产业用品。

(2) 确定需要。确定需要，即确定所需品种的特征和数量。供货企业的市场营销人员在此阶段要帮助采购单位的采购人员确定所需品种的特征和数量。

(3) 说明需要。企业的采购组织在确定需要以后，要指定专家小组。专家小组应对所需品种进行价值分析，做出详细的技术说明，作为采购人员取舍的标准。供货企业的市场营销人员也要运用价值分析技术，向顾客说明其产品有良好的功能。

(4) 物色供应商。在新购的情况下，采购复杂的、价值高的品种，需要花较多时间物色供应商。供货企业的最高管理层要加强广告宣传，千方百计地提高本公司的知名度。

(5) 征求建议。征求建议，即企业的采购经理邀请合格的供应商提出建议。如果采购复杂的、价值高的品种，采购经理应要求每个潜在的供应商都提交详细的书面建议。采购经理还要从合格的供应商中挑选最合适的供应商，要求他们提交正式的建议书。因此，供货企业的市场营销人员必须善于书写与众不同的建议书，以赢得顾客的信任，争取成交。

(6) 选择供应商。采购中心根据供应商的产品质量、产品价格、信誉、及时交货能力、技术服务等方面评价供应商，选择最有吸引力的供应商。采购中心做最后决定之前，也许还要和那些较中意的供应商谈判，争取较低的价格和更好的条件，最后做出选择。

(7) 选择订货程序。选择订货程序，即采购经理开订货单给选定的供应商，在订货单上列举技术说明、需要数量、期望交货期等。

(8) 检查合同履行情况。采购经理最后还要向使用者征求意见，了解他们对购进的产品是否满意，检查和评价各个供应商履行合同的情况。然后根据这种检查和评价，决定以后是否继续向某个供应商采购产品。

六、案例分析题

案例一【答案提示】

1. 吉利收购沃尔沃是整体并购，其特点：(1) 以资产来确定并购价格，而不是以股权来确定；(2) 并购成功后，企业拥有目标公司的全部产权；(3) 并购后，企业一般会将目标公司改组为自己的分公司。

2. 吉利整体并购沃尔沃的优点：并购后，可在不受任何股东干预的情况下，对目标公司进行改造。吉利整体并购沃尔沃的缺点：在并购过程中及并购后要投入大量的资金，不宜发挥低成本并购的资金效率。

案例二【答案提示】

1. 2009 年应收账款周转次数＝赊销收入 / 应收账款平均占用额＝ 2 000/250 ＝ 8(次)

    2009 年应收账款周转天数＝ 360/8 ＝ 45(天)

2. 2009 年存货周转天数＝ 360 天 × 存货平均占用额 / 销售成本

$$= \{360 \times [(200 + 600)/2]\}/1\ 600 = 90(天)$$

3. 2009 年年末速动比率＝速动资产 / 流动负债＝ (400 + 560)/800 ＝ 1.2

4. 2009 年年末流动比率＝ (400 + 600 + 560)/800 ＝ 1.95

第三部分

（2011—2019 年真题）

适用于第三版考试大纲

考试说明

1. 本试卷满分 100 分。

2. 请考生务必将本人准考证号最后两位数字填写在本页右上角方框内。

3. 第一题、第二题的答案一律用 2B 铅笔填涂在指定的答题卡上，写在试卷上或答题纸上的答案一律无效。

4. 在答题卡上正确的填涂方法为在答案所代表的字母上画线，如 [A] [B] [C̶] [D]。

5. 其他题一律用蓝色或黑色墨水笔在答题纸指定位置上按规定要求作答，未写在指定位置上的答案一律无效。

6. 监考员收卷时，考生须配合监考员验收，并请监考员在准考证上签字 (作为考生交卷的凭据)。否则，若发生答卷遗失，责任由考生自负。

2011 年同等学力人员申请硕士学位

学科综合水平全国统一考试

工商管理试卷

一、单项选择题（每题 1 分，共 10 分。请从 A、B、C、D 中选择一个正确答案）

1. "集中决策，分散经营"所指的组织结构形式是（　　）。

    A. 直线制　　　　　　　　　　　　　B. 直线职能制

    C. 矩阵制　　　　　　　　　　　　　D. 事业部制

2. 通过不予理睬来减弱某种不良行为的强化方法是（　　）。

    A. 正强化　　　　　　　　　　　　　B. 消退

    C. 负强化　　　　　　　　　　　　　D. 规避

3. 外包战略的优势不包括（　　）。

    A. 降低成本　　　　　　　　　　　　B. 实现风险分散

    C. 提高产品差异化　　　　　　　　　D. 优化人力资源

4. 价值链将企业生产经营活动分成基本活动和支持性活动两大类，下列属于基本活动的是（　　）。

    A. 采购管理　　　　　　　　　　　　B. 技术开发

    C. 进货物流　　　　　　　　　　　　D. 人力资源

5. 根据消费者收入多少细分消费者市场，被称为（　　）。

    A. 人口细分　　　　　　　　　　　　B. 心理细分

    C. 行为细分　　　　　　　　　　　　D. 地理细分

6. 企业给那些当场付清货款的顾客以一定的减价，被称为（　　）。

    A. 数量折扣　　　　　　　　　　　　B. 功能折扣

    C. 现金折扣　　　　　　　　　　　　D. 季节折扣

7. 一个企业产品大类的多少被称为（　　）。

    A. 产品组合的长度　　　　　　　　　B. 产品组合的宽度

    C. 产品组合的深度　　　　　　　　　D. 产品组合的关联性

8. 下列各项中，属于发行公司债券筹资缺点的是（　　）。

    A. 资本成本较高　　　　　　　　　　B. 财务风险较高

    C. 分散公司股东控制权　　　　　　　D. 不利于调整资本结构

9. 领取股利的权利与股票分开的日期是（　　）。

    A. 股利宣告日　　　　　　　　　　　B. 股权登记日

    C. 除息日　　　　　　　　　　　　　D. 股利发放日

10. 关于股票分割，下列说法中正确的是（　　）。

　　A. 导致公司股本规模扩大　　　　　　B. 使股东权益总额增加

　　C. 增加了股东财富　　　　　　　　　D. 改变了公司股权结构

二、多项选择题（每题 2 分，共 8 分。请从 A、B、C、D、E 中选择所有你认为正确的答案）

11. 制度规范的特点有（　　）。

　　A. 权威性　　　　　　　　B. 系统性　　　　　　　　C. 科学性

　　D. 无差别性　　　　　　　E. 借助强制力

12. 战略管理的内容涉及的层次有（　　）。

　　A. 网络层次　　　　　　　B. 业务层次　　　　　　　C. 运作层次

　　D. 职能层次　　　　　　　E. 产品层次

13. 产品生命周期包括（　　）。

　　A. 介绍期　　　　　　　　B. 发展期　　　　　　　　C. 成熟期

　　D. 衰退期　　　　　　　　E. 成长期

14. 下列各项财务指标中，反映企业偿债能力的指标有（　　）。

　　A. 市盈率　　　　　　　　B. 速动比率　　　　　　　C. 资产负债率

　　D. 总资产周转率　　　　　E. 利息周转倍数

三、名词解释（每题 3 分，共 12 分）

1. 管理幅度

2. 企业核心能力

3. 市场定位

4. 年金

四、简答题（每题 7 分，共 28 分）

1. 简述直线职能制的特点。

2. 简述高动荡行业的特点。

3. 简述顾客对产品降价的反应。

4. 简述可转换债券筹资的优缺点。

五、论述题（每题 11 分，共 22 分）

1. 试论强化激励的方法。

2. 论述战略联盟的特征。

六、案例分析题（每题 10 分，共 20 分）

　　案例一：

"万宝路"的形象改变

　　菲力普·莫里斯（Philip Monris）从 1924 年开始将万宝路推向市场，当时它是一种极为温和的过滤嘴香烟。"像五月一样温和"是当时的促销口号。早期的促销活动无一例外地用非阳刚气质的历史人物来宣传万宝路。到了 40 年代，万宝路主要被作为一种优雅的女士香烟来促销，偶尔也有广告展示身着晚礼服的男士使用万宝路。这时的万宝路都附有象牙或红美人烟嘴，其广告充斥着一种极端奢华的气氛，它在女性消费者中拥有很高的知名度。到了 50 年代，上述形象已被牢固地确立。而且在那个时候，所有的过滤嘴香烟都被视为有点女人气。

到了 50 年代中期，过滤嘴香烟将支配整个市场的趋势已日益明显，菲力普·莫里斯决定让香烟市场的主要消费群体——男性消费者接受万宝路。为了达到这一目的，除了名字，万宝路的一切都得改变。一种味道更浓的烟草和一种新的过滤嘴被选用。包装图案改为有棱角的红白图案，这比弯曲、带弧线的图案更有"男人味"。其中一种包装版式使用了防皱硬盒，以更加突出香烟"粗犷"和"阳刚之气"的形象。

广告使用"棒小伙"而不是职业模特，以便更加凸显男子汉的自信。万宝路牛仔——真正的西部牛仔，作为"美国最广泛的男子汉象征"被引入。为了增加新万宝路的可信赖度，在导入阶段的广告中突出了著名的菲力普·莫里斯的名字："菲力普·莫里斯的新作"。

结果怎么样呢？这次形象转变使"万宝路"成为世界上销量最大的香烟品牌。

问题：

1. "万宝路"在品牌形象转变的过程中，莫里斯公司使用了哪些营销手段？

2. 结合本案例，说明在品牌形象塑造过程中广告的作用。

案例二：

某公司 2011 年准备购入一套设备以扩充生产能力，购买设备需投资 365 万元，使用寿命为 5 年，5 年后有残值收入 65 万元，该设备采用直线法计提折旧。该设备无安装期，购回即可投入使用。设备投入运营后，需垫支营运资金 35 万元，垫支的营运资金在设备期满报废时可按原来的金额收回。该设备投入使用后，每年可为公司获得销售收入 190 万元，每年发生的付现成本为 50 万元。该公司的所得税税率为 25%，资本成本为 18%。

i	复利现值系数 (PVIF)			年金现值系数 (PVIFA)		
n	18%	19%	20%	18%	19%	20%
4	0.516	0.499	0.482	2.690	2.639	2.589
5	0.437	0.419	0.402	3.127	3.058	2.991

要求：

1. 计算该投资方案的各年净现金流量。

2. 计算投资方案的净现值。

3. 判断该投资方案是否可行。

（以上计算结果均精确到小数点后两位）

学科综合水平全国统一考试
工商管理答案及解析

一、单项选择题

1. 【正确答案】D

【所属学科】《管理学》第六章，组织。

【难易程度】中度

【考点解析】直线制是一种最简单的集权式组织结构形式，又称军队式结构。其领导关系按垂直系统建立，不设专门的职能机构，自上而下形同直线。直线职能制是一种以直线制结构为基础，在厂长（经理）领导下设置相应的职能部门，实行厂长（经理）统一指挥与职能部门参谋、指导相结合的组织结构形式。直线职能制是一种集权和分权相结合的组织结构形式，它在保留直线制统一指挥优点的基础上，引入管理工作专业化的做法。因此，既能保证统一指挥，又可以发挥职能管理部门的参谋、指导作用，弥补领导人员在专业管理知识和能力方面的不足，协助领导人员做决策。事业部制也称分权制结构，是一种在直线职能制的基础上演变而成的现代企业组织结构形式。事业部制结构遵循"集中决策，分散经营"的总原则，实行集中决策指导下的分散经营，按产品、地区和顾客等标志将企业划分为若干相对独立的经营单位，分别组成事业部。矩阵制结构由横纵两个管理系列组成，一个是职能部门系列，另一个是为完成某一临时任务而组建的项目小组系列，纵横两个系列交叉，即构成矩阵。矩阵制结构的最大特点在于其具有双道命令系统，小组成员既要服从小组负责人的指挥，又要受原所在部门的领导，这就突破了一个员工只受一个直接上级领导的传统管理原则。

2. 【正确答案】B

【所属学科】《管理学》第八章，激励。

【难易程度】容易

【考点解析】企业运用强化激励模式时，可以采用以下三种方法：

　　(1) 正强化，又称积极强化，即利用强化物刺激行为主体，来保持和增强某种积极行为重新出现的频率。

　　(2) 负强化，又称消极强化，即利用强化物抑制不良行为重复出现的可能性而运用的管理手段。

　　(3) 消退，即对行为不施以任何刺激，任其反应频率逐渐降低，以至自然消退。消退也是强化的一种方式。

3. 【正确答案】C

【所属学科】《企业战略管理》第五章，企业公司层战略与管理。

【难易程度】容易

【考点解析】外包战略的优势：降低成本；优化企业资本结构；实现风险分散；有利于开拓市场；打造企业核心竞争力；服务行为公司化；获得专业化服务和相关配套支持；优化人力资源。

4. 【正确答案】C

【所属学科】《企业战略管理》第三章，企业内部环境与资源均衡分析。

【难易程度】容易

【考点解析】价值链将企业生产经营活动分成基本活动和支持性活动两大类：基本活动涉及企业生产、营销与销售、进货物流、出货物流、售后服务；支持性活动，是指用以支持基本活动，而且内部之间又相互支持的活动，包括企业投入的采购管理、技术开发、人力资源管理和企业基础设施。

5. 【正确答案】A

【所属学科】《市场营销》第二章，企业战略计划过程与市场营销管理过程。

【难易程度】中度

【考点解析】市场细分要依据一定的细分变量进行。消费者市场的细分变量主要有地理变量、人口变量、心理变量和行为变量四类。(1)地理细分，就是企业按照消费者所在的地理位置以及其他地理变量(包括城市农村、地形气候、交通运输等)来细分消费者市场。(2)人口细分，就是企业按照人口变量(包括年龄、性别、收入、职业、教育水平、家庭规模、家庭生命周期阶段、宗教、种族、国籍等)来细分消费者市场。(3)心理细分，就是企业按照消费者的生活方式、个性等心理变量来细分消费者市场。(4)行为细分，就是企业按照消费者购买或使用某种产品的时机、消费者所追求的利益、使用者情况、消费者对某种产品的使用率、消费者对品牌(或商店)的忠诚程度、消费者待购阶段和消费者对产品的态度等行为变量来细分消费者市场。

6. 【正确答案】C

【所属学科】《市场营销》第七章，定价策略。

【难易程度】中度

【考点解析】现金折扣，是企业给那些当场付清货款的顾客的一种减价方式。数量折扣，是企业给那些大量购买某种产品的顾客减价，以鼓励顾客购买更多的货物的减价方式。功能折扣，是制造商给某些批发商或零售商的一种额外折扣，促使他们愿意执行某种市场营销功能(如推销、储存、服务)。季节折扣，是企业给那些购买过季商品或服务的顾客的一种减价方式，可使企业的生产和销售在一年四季保持相对稳定。

7. 【正确答案】B

【所属学科】《市场营销》第六章，产品策略。

【难易程度】容易

【考点解析】产品组合有一定的宽度、长度、深度和关联性。产品组合的宽度，是指一个企业有多少产品大类。产品组合的长度，是指一个企业的产品组合中所包含的产品项目的总数。产品组合的深度，是指产品大类中每种产品有多少花色、品种、规格。产品组合的关联性，是指一个企业的各个产品大类在最终使用、生产条件、分销渠道等方面的密切相关程度。

8. 【正确答案】B

【所属学科】《财务管理》第四章，企业筹资方式。

【难易程度】容易

【考点解析】债券筹资的缺点：(1) 财务风险高；(2) 限制条件较多；(3) 筹资数量有限。

9. 【正确答案】C

【所属学科】《财务管理》第七章，股利分配决策。

【难易程度】容易

【考点解析】公司分配股利时，必须遵循法定的程序，股东大会决议通过分配预案之后，要向股东宣布发放股利的分配方案。在分配方案中，包括股利金额、股权登记日、除息日和股利发放日等重要信息。股利宣告日是股东大会通过股利分配方案并由董事会宣布发放股利的日期。股权登记日是有权领取本期股利的股东进行登记的截止日期。除息日是领取股利的权利与股票分开的日期。股利发放日也称付息日，是将股利正式发放给股东的日期。

10. 【正确答案】A

【所属学科】《财务管理》第七章，股利分配决策。

【难易程度】中度

【考点解析】股票分割是指将面额较高的股票分割为面额较低的股票的行为。股票分割可以将原来的一股股票分割为若干股新的股票。股票分割对公司的权益资本账户不产生任何影响，但会使公司股票面值降低、股票数量增加。由于股票分割会导致公司股本规模扩大，因此，如果公司的市盈率不变，股票分割后股票的价格也将会下降。

二、多项选择题

11. 【正确答案】ABCDE

【所属学科】《管理学》第六章，组织。

【难易程度】容易

【考点解析】制度规范与其他管理手段相比，有一些独特的性质和特点，包括权威性、系统性、科学性、无差别性、借助强制力、稳定性。

12. 【正确答案】ABD

【所属学科】《企业战略管理》第一章，战略管理理论。

【难易程度】容易

【考点解析】战略管理的内容涉及四个层次：网络层次，涉及企业之间的合作决策等；企业层次，涉及整个企业的定位和发展等；业务层次，涉及产品线的定位、投资、研发、运作等；职能层次，涉及企业品牌决策、产品决策、价格决策、渠道决策、促销决策等。

13. 【正确答案】ACDE

【所属学科】《市场营销》第六章，产品策略。

【难易程度】容易

【考点解析】产品生命周期是指产品从进入市场到退出市场所经历的市场生命循环过程。产品只有经过研究开发和试销，然后进入市场，它的市场生命周期才算开始。产品退出市场标志着生命周期的结束。典型的产品生命周期一般可分为四个阶段，即介绍期（或引入期）、成长期、成熟期和衰退期。

14. 【正确答案】BCE

【所属学科】《财务管理》第三章，财务分析。

【难易程度】容易

【考点解析】企业偿债能力是指企业偿还其债务（含本金和利息）的能力。通过对偿债能力的分析，能揭示一个企业财务风险的大小。企业的短期偿债能力是指企业偿还其短期债务的能力，其指标包括流动比率、速动比率、现金比率、现金流量比率。企业的长期偿债能力，是企业偿还长期债务的能力，其指标包括资产负债率、所有者权益比率。企业负担利息和固定费用的能力是指企业所实现的利润支付利息或支付固定费用的能力。这是企业进行筹资决策时必须认真考虑的一个重要因素。企业负担利息和固定费用的能力通常用利息周转倍数和固定费用周转倍数这两个指标来反映。

三、名词解释

1. 【答案提示】管理幅度是指管理者能直接有效地协调的下属人数。

2. 【答案提示】企业核心能力是指在企业重要性竞争的经营活动中，能够做得比竞争对手更好的能力。

3. 【答案提示】市场定位是指企业为了使自己生产或销售的产品获得稳定的销路，要从各方面为产品培养一定的特色，树立一定的市场形象，以求在顾客心目中形成一种特殊的偏爱。

4. 【答案提示】年金是指在某一确定的期间里，每期都有一笔相等金额的收付款项。它实际上是一组相等的现金流序列。年金按付款时间的先后，可分为先付年金和后付年金、延期年金和永续年金。

四、简答题

1. 【答案提示】直线职能制是一种以直线结构为基础，在厂长（经理）领导下设置相应的职能部门，实行厂长（经理）统一指挥与职能部门参谋、指导相结合的组织结构形式。其特点：

　　(1) 厂长（经理）对业务和职能部门均实行垂直式领导，各级直线管理人员在职权范围内对直接下属有指挥和命令的权力，并对此承担全部责任。

(2) 职能管理部门是厂长 (经理) 的参谋和助手，没有直接指挥权，其职责是向上级提供信息和建议，并对业务部门实施指导和监督，因此，它与业务部门的关系只是一种指导关系，而非领导关系。

直线职能制是一种集权和分权相结合的组织结构形式，它在保留直线制统一指挥优点的基础上，引入了管理工作专业化的做法。

2. 【答案提示】高动荡行业的特点：技术变化快、产品生命周期短、顾客的期望变化快、不断出现新的竞争者。

3. 【答案提示】顾客对于企业的某种产品降低价格的反应：

(1) 这种产品的式样老了，将被新型产品所代替；

(2) 这种产品有某些缺点，销售不畅；

(3) 企业财政困难，难以继续经营下去；

(4) 价格还要进一步下跌；

(5) 这种产品的质量下降了。

4. 【答案提示】可转换债券筹资的优点：

(1) 发行初期，资本成本较低；

(2) 通过发行可转换债券为公司提供了一种以高于当期股价发行新股的可能。

可转换债券筹资的缺点：

(1) 可转换债券能使公司以高于当期股价的价格筹得资金，但如果公司股票大幅度上涨，则实际会减少公司筹资数量；

(2) 在发行可转换债券的初期，其发行成本较低，但当可转换债券转换为普通股时，这种低成本的优势将丧失；

(3) 由于可转换债券可能转换为普通股，一旦转换，普通股的每股收益将下降；

(4) 如果公司实际要筹集的是权益资本，而在发行后，当股价并没有上涨到足以吸引投资人将可转换债券转换成普通股时，转换就不会发生，这部分债券将成为呆滞债券，会增加公司的财务风险，降低公司筹资的灵活性。

五、论述题

1. 【答案提示】强化激励模式所依据的激励原理是美国心理学家斯金纳 (B. F. Skina) 创立的强化理论。当有意识地对某种行为进行肯定强化时，可以促进这种行为重复出现；对某种行为进行否定强化时，可以修正或阻止这种行为重复出现。根据这一原理，采用不同的强化方式和手段，可以达到有效激励员工积极行为的目的。企业运用强化激励模式时，可以采用以下三种方法：

(1) 正强化，又称积极强化，即利用强化物刺激行为主体，来保持和增强某种积极行为重新出现的频率。正强化包括表扬、奖励、提薪、升职等。在正强化下，员工会因原有行为受到鼓励和肯定而自觉加强该行为。

(2) 负强化，又称为消极强化，即利用强化物降低不良行为重复出现的可能性而运用的管理手段。负强化包括批评、惩罚、降职、降薪等。通过负强化可以使员工感受到物质利益的损失和精神的痛苦，从而自动放弃不良行为。

(3) 消退，即对行为不施以任何刺激，任其反应频率逐渐降低，最后自然消退。消退也是强化的一种方式。实践证明，某种行为长期得不到肯定或否定，行为者就会轻视该行为的意义，最终丧失继续行为的兴趣。

上述强化方法在实施中可以采取多种形式，包括连续强化、定期强化、随机强化等。

2. 【答案提示】战略联盟是两个或两个以上有着共同战略利益和对等经营实力的企业，为达到共同占有市场、共同使用资源的战略目标，通过协议、契约而形成的优势互补、资源共享、风险共担的一种松散型的合作模式。其特征如下：

(1) 组织的松散性。战略联盟主要是契约式的或联结起来的，因此合作方之间的关系十分松散，兼具了市场机制与行政管理的特点，他们主要通过协商的方式解决各种问题。

(2) 行为的战略性。战略联盟是各企业在追求长期竞争优势的过程中为达到阶段性的企业目标而与其他企业结盟，通过相互交换互补性资源形成合力优势，共同对付强大的竞争者。

(3) 合作的平等性。企业为了实现自己的战略目标，与其他企业在利益共享的基础上形成一种优势互补、分工协作的松散式网络化联盟。

(4) 范围的广泛性。如联合技术开发、合作生产与后勤供应、分销协议、合资经营等。

(5) 管理的复杂性。由于合作联盟的企业文化不同、管理风格不同，所以联盟在管理时也相对比较复杂。

六、案例分析题

案例一【答案提示】

1. 万宝路在品牌形象转变的过程中，使用了以下营销手段：无差异市场营销、差异市场营销的手段（见案例提示早期和 50 年代中期以后），同时也在产品促销上采用了广告和有形展示。

2. 广告的作用：(1) 传递信息，沟通供需；(2) 激发需求，增加销售；(3) 促进竞争，开拓市场。

案例二【答案提示】

1. 该投资方案的各年净现金流量计算：

初始投资：400 万元

每年折旧额 $= (365 - 65)/5 = 60($ 万元 $)$

经营中现金流量如下表：

项目	0	1	2	3	4	5
初始投资	− 365 − 35					
销售收入		190	190	190	190	190
变现成本		50	50	50	50	50

续表

项目	0	1	2	3	4	5
折旧		60	60	60	60	60
税前净利		80	80	80	80	80
所得税		20	20	20	20	20
税后净利		60	60	60	60	60
固定资产残值运营资金回收						65 35
营业现金流量	−400	120	120	120	120	220

2. 该方案的净现值＝未来报酬总现值−初始投资

$$= 120 \times PVIFA_{18\%,4} + 220 \times PVIF_{18\%,5} - 400$$

$$= 120 \times 2.690 + 220 \times 0.437 - 400 = 18.94(万元)$$

3. 因为该方案净现值大于零，所以该方案可行。

2012 年同等学力人员申请硕士学位

学科综合水平全国统一考试

工商管理试卷

一、单项选择题（每题 1 分，共 10 分。请从 A、B、C、D 中选择一个正确答案）

1. 提出期望理论的著名管理学家是（   ）。

    A. 亚当斯 (J. Adams)　　　　　　　　B. 斯金纳 (B. F. Skina)

    C. 弗鲁姆 (V. H. Vroom)　　　　　　 D. 马斯洛 (A. H. Maslow)

2. 有企业"宪法"之称的制度规范是（   ）。

    A. 管理制度　　　　　　　　　　　　B. 企业基本制度

    C. 个人行为规范　　　　　　　　　　D. 技术规范

3. 下面哪个不属于企业资源的大类？（   ）

    A. 有形资产　　　　　　　　　　　　B. 无形资产

    C. 核心竞争力　　　　　　　　　　　D. 组织能力

4. 产业组织模型 (I/O 模型) 揭示了（   ）。

    A. 企业内部条件对企业战略的决定性影响

    B. 外部环境对企业战略的决定性影响

    C. 政策、法规对企业战略的决定性影响

    D. 科学技术对企业战略的决定性影响

5. 针对个体消费者的促销工具不包括（   ）。

    A. 以旧换新　　　　　　　　　　　　B. 折价券

    C. 合作广告　　　　　　　　　　　　D. 竞赛

6. 以高价格、低促销费用的形式经营，以求得更多的利润，被称为（   ）。

    A. 快速掠取策略　　　　　　　　　　B. 缓慢掠取策略

    C. 缓慢渗透策略　　　　　　　　　　D. 快速渗透策略

7. 反向定价属于（   ）。

    A. 目标定价法　　　　　　　　　　　B. 需求导向定价法

    C. 成本导向定价法　　　　　　　　　D. 竞争导向定价法

8. 下列各项财务指标中，反映企业盈利能力的指标是（   ）。

    A. 现金净流量比率　　　　　　　　　B. 应收账款周转率

    C. 利息周转倍数　　　　　　　　　　D. 销售净利率

9. 下列各项因素引起的风险属于系统性风险的是（   ）。

    A. 货币政策变化引起的风险　　　　　B. 公司经营决策失误引起的风险

    C. 公司投资失败引起的风险　　　　　D. 公司在法律诉讼中败诉引起的风险

10. 赞成公司采用低股利支付率股利政策的理论是（　　）。

    A. 代理成本说　　　　　　　　　　B. 税收差别理论

    C. "一鸟在手" 理论　　　　　　　　D. 信号假说理论

二、多项选择题（每题2分，共8分。请从A、B、C、D、E中选择所有你认为正确的答案）

11. 管理过程流派一直致力于研究和说明（　　）。

    A. 管理的职能　　　　B. 如何行使管理职能　　　　C. 组织和管理的基础

    D. 管理研究中的方法论　　E. 管理的经验

12. 资源的不可模仿性有以下哪些形式？（　　）

    A. 物理上独特　　　　B. 具有路径依赖性　　　　C. 因果关系清晰

    D. 具有经济制约性　　E. 容易获得

13. 有形产品包括（　　）。

    A. 包装　　　　　　　B. 品牌　　　　　　　　　C. 售后服务

    D. 信贷　　　　　　　E. 式样

14. 股份公司进行股票回购的动机有（　　）。

    A. 分配公司的超额现金　　B. 改善公司的资本结构　　C. 提高公司筹资能力

    D. 提高公司股票价格　　　E. 进行股票投资，以获得投资收益

三、名词解释（每题3分，共12分）

1. 正式组织

2. 并购战略

3. 大市场营销

4. 净现值

四、简答题（每题7分，共28分）

1. 简述制度化管理的优越性。

2. 简述平衡计分卡的局限性。

3. 简述消费者购买决策过程。

4. 简述股份公司股利政策的类型及含义。

五、论述题（每题11分，共22分）

1. 试论管理人员的素质要求。

2. 试述影响分销渠道设计的因素。

六、案例分析题（每题10分，共20分）

    案例一：

    以当当网、卓越亚马逊、京东商城为首的图书网购价格战，对整个图书市场造成巨大冲击。北京各大书店竞相开展了线上业务，但目前看来，这些企业开展的线上业务与当当网等主力图书网商之间还有差距，不过这也不失为实体书店摸索新经营模式的一种方式。

    2010年中国B2C网上零售市场规模突破1000亿元大关，达到1040亿元，环比增长

373%。B2C 的巨大规模也让网购图书的市场份额迅猛增长。各商家都看到了网购对于图书销售的重要性，实体书店有些按捺不住。

目前看来，包括新华书店在内的北京各大实体书店，其旗下业务与网上书店相比，表现得不尽如人意。从开店成本来看，实体书店比起网上书店来毫无优势可言。实体书店要承担更多的支出，如人力成本、门店租金、水电费、管理费用、税收等费用。这些成本的增加导致实体书店净利润越来越微薄。大多数实体书店的线上业务优势也不明显，图书折扣最低为 7.5 折，与当当网、卓越亚马逊等网站存在较大差距。如某实体书店在自己的网站上打出"全网最低价"的标语，但经记者对比后发现，当当网、卓越亚马逊、京东商城三家网站的书价均低于该网站标出的"全网最低价"。

据了解，普通图书的成本一般不超过定价的 4 折，出版社批发给一级代理商的价格通常不会超过 6 折。即使当当网、卓越亚马逊等网上商城平均 7 折销售图书，也有 1 折以上的利润可赚。消费者在网上商城购书，一次性购买三四本书，经营者就可在一笔订单中获得 10～20 元的利润。

相对于实体书店，图书网商具有明显的成本优势。

问题：

1. 结合案例，讨论实现低成本领先战略的条件。

2. 结合案例，说明取得成本优势的方法。

案例二：

某公司 2010 年年末的长期资本总额为 8 000 万元，其中长期负债为 3 500 万元，负债利息率为 10%；普通股为 4 500 万元，总股数为 1 000 万股。该公司 2010 年实现息税前利润 1 200 万元。经市场调查，2011 年若扩大生产经营规模，预计可使息税前利润增加到 1 500 万元，但需追加投资 3 000 万元。新增资本可选择以下两种筹资方案：一是发行公司债券 3 000 万元，利息率为 10%；二是增发普通股 800 万股，每股发行价格为 3.75 元。该公司的所得税税率为 25%。

要求：

1. 测算两种筹资方案下每股收益无差别点的息税前利润及其每股收益。

2. 运用每股收益分析法分析该公司应选择哪一种筹资方案，并测算该筹资方案下 2011年预计每股收益。（以上计算结果均精确到小数点后两位）

2012 年同等学力人员申请硕士学位
学科综合水平全国统一考试
工商管理答案及解析

一、单项选择题

1. 【正确答案】C

【所属学科】《管理学》第八章，激励。

【难易程度】中度

【考点解析】目标激励模式的理论基础源于美国心理学家弗鲁姆 (V. H. Vroom) 提出的期望理论。权衡激励模式的理论基础源于美国管理学家亚当斯 (J. Adams) 提出的公平理论。强化激励模式所依据的激励原理是美国心理学家斯金纳 (B. F. Skina) 创立的强化理论。美国心理学家马斯洛 (Abraham H. Maslow) 的"需要层次理论"有五种基本需要，即生理、安全、社交、尊重和自我实现。

2. 【正确答案】B

【所属学科】《管理学》第六章，组织。

【难易程度】中度

【考点解析】企业基本制度是企业的"宪法"。它是企业制度规范中具有根本性质的，规定企业形成的组织方式，决定企业性质的基本制度。管理制度是对企业管理各基本方面规定活动框架，调节集体协作行为的制度。管理制度是比企业基本制度层次略低的制度规范。它是用来约束集体性行为的成体系的活动和行为规范，主要针对集体，而非个人。技术规范是涉及某些技术标准、技术规程的规定。它反映生产和流通过程中客观事物的内在技术要求，科学性和规律性强，是经济活动中必须予以尊重的。业务规范是针对业务活动过程中那些大量存在、反复出现的，又能摸索出科学处理办法的事务所制定的作业处理规定。业务规范所规定的对象均具有可重复性特点。个人行为规范，是所有对个人行为起制约作用的制度规范的统称。它是企业组织中层次最低，约束范围最宽，但也是最具基础性的制度规范。

3. 【正确答案】C

【所属学科】《企业战略管理》第三章，企业内部环境与资源均衡分析。

【难易程度】中度

【考点解析】企业资源可以概括为三大类：有形资产、无形资产和组织能力。有形资产是企业运营过程中必要的资源，是最容易判别的，也是唯一可以在企业的资产负债表中清楚体现的资源。它包括房地产、生产设备、原材料等。无形资产，包括公司的声誉、品牌、文化、专利和商标以及工作中累积的知识和技术。组织能力，是所有资产、人员与组织投入产出过程的一种复杂的结合，包含了一组反映效率和效果的能力。

4. 【正确答案】B

【所属学科】《企业战略管理》第一章，战略管理理论。

【难易程度】中度

【考点解析】产业组织模型揭示了外部环境对企业战略的决定性影响，该模型认为产业对企业绩效的影响要超过管理者对企业的影响。企业绩效取决于所在行业的特征，包括规模经济、市场进入障碍、多元化、产品差异化及产业集中度。

5. 【正确答案】C

【所属学科】《市场营销》第九章，促销策略。

【难易程度】中度

【考点解析】销售促进这种有效的促销工具有许多分类方式，包括：针对消费者市场的促销工具（如样品、折价券、以旧换新、减价、赠奖、竞赛、商品示范等），针对产业市场的促销工具（如折扣、赠品、特殊服务等），针对中间商的促销工具（如购买折让、免费货品、商品推广津贴、合作广告、推销金、经销商销售竞赛等），以及针对推销人员的促销工具（如红利、竞赛、销售集会等）。

6. 【正确答案】B

【所属学科】《市场营销》第六章，产品策略。

【难易程度】中度

【考点解析】产品生命周期介绍期产品的市场营销策略，一般有以下四种：

(1) 快速掠取策略。这种策略采用高价格、高促销费用，以求迅速扩大销售量，取得较高的市场占有率。

(2) 缓慢掠取策略。这种策略以高价格、低促销费用的形式进行经营，以求得到更多的利润。

(3) 快速渗透策略。这种策略实行低价格、高促销费用，以求迅速打入市场，取得尽可能高的市场占有率。

(4) 缓慢渗透策略。这种策略是以低价格、低促销费用来推出新产品。

7. 【正确答案】B

【所属学科】《市场营销》第七章，定价策略。

【难易程度】中度

【考点解析】当企业采用成本导向定价法时，通常包括成本加成定价法和目标定价法；当企业采用需求导向定价法时，通常可以采用感受价值定价法、反向定价法和差别定价法；当企业采用竞争导向定价法时，通常有两种方法，即随行就市定价法和投标定价法。

8. 【正确答案】D

【所属学科】《财务管理》第三章，财务分析。

【难易程度】中度

【考点解析】盈利能力就是企业赚取利润的能力。与销售收入有关的盈利能力指标，是由企业的利润与销售收入进行对比所确定的比率，主要有销售毛利率、销售净利率两种；与资金有关的盈利能力指标，是由企业的利润与一定的资金进行对比所确定的比率，主要有投资报酬率、所有者权益报酬率两种；与股票数量或股票价格有关的盈利能力指标，是由企业的利润与股票数量或股票价格进行对比所确定的比率，主要有普通股每股盈余、普通股每股股利、市盈率三种。

9. 【正确答案】A

【所属学科】《财务管理》第二章，财务管理的价值观念。

【难易程度】中度

【考点解析】系统性风险又称不可分散风险或市场风险，指的是由于某些因素，给市场上所有的证券都带来了经济损失的可能性。如宏观经济状况的变化、国家税法的变化、国家财政政策和货币政策变化、世界能源状况的改变都会使股票收益发生变动。这些风险会影响所有的证券，不能通过证券组合分散掉。换句话说，即使投资者持有的是经过适当分散的证券组合，也将遭受这种风险。因此，对投资者来说，这种风险是无法消除的，故称其为不可分散风险。

10. 【正确答案】B

【所属学科】《财务管理》第七章，股利分配决策。

【难易程度】中度

【考点解析】信号假说理论指的是投资者将公司股利看作管理者对公司未来盈利状况的预期，赞成高股利支付率的股利政策。"一鸟在手"理论指的是由于大部分股东都是风险厌恶型的，他们宁愿要相对可靠的股利收益，而不愿要未来不确定的资本利得。该理论认为：由于股利比资本利得具有相对的确定性，因此，公司在制定股利政策时应维持较高的股利支付率。税收差别理论指的是在通常情况下，股利收益的所得税税率高于资本利得的所得税税率，这样，资本利得对于股东更为有利。税收差别理论赞成公司在制定股利政策时采取低股利支付率的政策。代理成本说指的是公司发放现金股利需要在资本市场上筹集资金，所以高股利支付率可以迫使公司接受资本市场的监督，从而在一定程度上降低代理成本。代理成本说赞成高股利支付率的股利政策。

二、多项选择题

11. 【正确答案】AB

【所属学科】《管理学》第一章，管理的发展历史。

【难易程度】中度

【考点解析】管理过程流派一直致力于研究和说明"管理人员做些什么和如何做好这些工作"，侧重说明管理工作实务。

12. 【正确答案】ABD

【所属学科】《企业战略管理》第三章，企业内部环境与资源均衡分析。

【难易程度】中度

【考点解析】资源的不可模仿性是竞争优势的来源，也是价值创造的核心。资源的不可模仿性主要有以下四种形式：物理上独特的资源、具有路径依赖性的资源、具有因果含糊性的资源、具有经济制约性的资源。

13. 【正确答案】ABE

【所属学科】《市场营销》第六章，产品策略。

【难易程度】中度

【考点解析】核心产品，是指消费者购买某种产品时所追求的利益，是顾客真正要买的东西，因而在产品整体概念中也是最基本、最主要的部分。消费者购买某种产品，并不是为了占有或获得产品本身，而是为了获得能满足某种需要的效用或利益。有形产品，是核心产品借以实现的形式，即向市场提供的实体和服务的形象。如果有形产品是实体物品，则它在市场上通常表现为产品质量水平、外观特色、式样、品牌名称和包装等。附加产品，是顾客购买有形产品时所获得的全部附加服务和利益，包括提供信贷、免费送货、保证、安装、售后服务。

14. 【正确答案】ABD

【所属学科】《财务管理》第七章，股利分配决策。

【难易程度】中度

【考点解析】公司采用股票回购方式，主要出于以下动机：(1) 分配公司的超额现金；(2) 改善公司的资本结构；(3) 提高公司股票价格。

三、名词解释

1. 【答案提示】正式组织，是两个或两个以上的人有意识地加以协调的行为或力的系统。正式组织有三个基本要素：协作意愿、共同目标和信息沟通。

2. 【答案提示】并购战略，合并是指同等企业之间的重新组合，新建立的企业常常使用新的名称；收购是指收购者收购和吸纳了被收购者的业务。

3. 【答案提示】大市场营销，是菲力普·科特勒提出的营销策略，就是要运用政治力量和公共关系，打破国际或国内市场上的贸易壁垒，为企业的市场营销开辟道路。大市场营销除包括一般市场营销组合"4P"外，还包括另外两个"P"，即权力和公共关系。

4. 【答案提示】净现值，是投资项目投入使用后的净现金流量，按资本成本或企业要求达到的报酬率折算为现值，减去初始投资以后的余额。

四、简答题

1. 【答案提示】与传统的以非正式权威为主进行的管理相比，制度化管理更具优越性：

（1）个人与权力相分离。制度化管理摆脱了传统管理的随机、易变、主观、偏见的影响，具有比传统管理优越得多的精确性、连续性、可靠性和稳定性。

（2）理性精神与合理化精神的体现。制度化管理是以经理性分析、研究和制定的管理规章和制度为基础，并给每项工作确定了清楚的、全面的、明确的职权和责任，从而使组织运转和个人行为尽可能少地依赖个人。

（3）适合现代大型企业组织的需要。现代大型企业组织由于规模大、内部分工细、层次多，更需要高度的统一，需要有准确、连续、稳定的秩序来保证各机构之间的协调一致，从而从不同的侧面保证企业经营目的的实现。

显然，制度化管理也并非十全十美，它缺乏人性。但它与传统管理方式相比要优越得多、先进得多。现代企业组织的生命力，就是通过制度化管理维持的。

2. 【答案提示】平衡计分卡的局限：

(1) 它不适用于战略制定。卡普兰和诺顿特别指出，运用这一方法的前提是，企业应当已经确立了一致认同的战略。

(2) 它并非流程改进的方法。类似于体育运动计分卡，平衡计分卡并不会告诉你如何去做，它只是以定量的方式告诉你做得怎样。

3. 【答案提示】在复杂的购买行为中，购买者的购买决策过程由引起需要、收集信息、评价方案、决定购买和购后行为五个阶段构成。

(1) 引起需要。购买者的需要往往由两种刺激引起，即内部刺激和外部刺激。

(2) 收集信息。一般来讲，引起的需要不是马上就能满足的，消费者需要寻找某些信息。

(3) 评价方案。消费者对产品的判断大都是建立在自觉和理性基础之上。

(4) 决定购买。评价行为会使消费者对可供选择的品牌形成某种偏好，从而形成购买意图，进而购买所偏好的品牌。

(5) 购后行为。消费者在购买产品后会产生某种程度的满意感和不满意感，进而采取一些使市场营销人员感兴趣的买后行为。市场营销人员应采取有效措施尽量降低购买者买后不满意的程度。过去的品牌选择对于未来品牌偏好起强化作用。

4. 【答案提示】我国实施的股利分配政策有以下几种：

(1) 剩余股利政策就是在保证公司最佳资本结构的前提下，税后利润首先用来满足公司投资的需求，有剩余时才用于股利分配的股利政策。当公司有较好的投资机会时，可以少分配甚至不分配股利，而将税后利润用于公司再投资。这是一种投资优先的股利政策。

(2) 固定股利或稳定增长的股利政策，是指每年发放固定的股利或者每年增加固定数量股利的股利政策。

(3) 固定股利支付率股利政策，是指每年从净利润中按固定的股利支付率发放股利的股利政策。

(4) 低正常股利加额外股利政策，是指每期都支付稳定的但相对较低的股利额，当公司盈利较多时，再根据实际情况发放额外股利的股利政策。

五、论述题

1. 【答案提示】管理人员的素质是选拔管理人员担任相应职务的依据和标准，也是决定管理者工作效能的先决条件。一般而言，管理者应当具备的素质有以下几个方面：

(1) 从事管理工作的愿望。企业管理是组织、引导和影响他人为实现组织目标而努力的专业性工作。胜任这一工作的前提条件是必须具有从事管理工作的愿望。

(2) 良好的道德品质修养。管理人员能否有效地影响和激发他人的工作动机，不仅取决于企业组织赋予管理者个人的职权大小，而且在很大程度上取决于管理者个人的影响力。

(3) 组织协调能力。这是从事管理工作必须具备的基本能力。在企业组织中，管理人员通常担负着带领和推动某一部门、环节的若干个人或群体共同从事生产经营活动的职责。

(4) 解决问题和制定决策的能力。在现代市场经济条件下，企业作为不断与外部环境进行信息、物质与人才转换的开放系统，生产经营过程具有明显的动态性质，即需要随时根据市场环境的变化做出反应和调整。

(5) 专业技术能力。管理人员应当具备处理专门业务技术问题的能力，包括掌握必要的专业知识，能够从事专业问题的分析研究，能够熟练运用专用工具和方法等。

2. 【答案提示】有效的渠道设计，应以确定企业所要达到的市场为起点。从原则上讲，目标市场的选择并不是渠道设计的问题。然而事实上，市场选择与渠道选择是相互依存的。有利的市场加上有利的渠道，才可能使企业获得利润。渠道设计问题的中心环节，是确定达到目标市场的最佳途径。而影响渠道设计的主要因素有：

(1) 顾客特性。渠道设计深受顾客人数、地理分布、购买频率、平均购买数量以及对不同市场营销方式的敏感性等因素的影响。

(2) 产品特性。产品特性也影响渠道选择。易腐坏的产品为了避免拖延及重复处理增加腐坏的风险，通常需要直接市场营销。

(3) 中间商特性。设计渠道时，还必须考虑执行不同任务的市场营销中间机构的优缺点。

(4) 竞争特性。生产者的渠道设计还受到竞争者所使用的渠道的影响，因为某些行业的生产者希望在与竞争者相同或相近的经销处与竞争者的产品抗衡。

(5) 企业特性。企业的总体规模决定了其市场范围、较大客户的规模以及强制中间商合作的能力。

(6) 环境特性。渠道设计还要受到环境因素的影响。例如，当经济萧条时，生产者都希望采用能使顾客以低价购买产品的方式将其产品送到市场。

以上六种因素共同构成分销渠道设计时需要考虑的因素。

六、案例分析题

案例一【答案提示】

1. 低成本战略的基本实施条件：比竞争对手实现了更低的成本价格；能持续降低成本。

2. 实施低成本战略的方法：比竞争对手更有效、更低成本地运作价值链活动；从生产上控制成本，实现规模经济，避免规模不经济；实现学习和经验曲线效应；做出正确的战略选择，采取适当的运作方式。

案例二【答案提示】

1. 两种筹资方案下的每股收益无差别点的息税前利润计算如下：

甲方案（债券）：

总股数：1 000万股

债券利息＝3 500×10%＋3 000×10%＝650(万元)

乙方案（普通股）：

总股数：1 000＋800＝1 800(万股)

债券利息＝3 500×10%＝350(万元)

依据公式：

[(息税前利润－甲方案债券利息)×(1－所得税率)]/甲方案普通股数量＝

[(息税前利润－乙方案债券利息)×(1－所得税率)]/乙方案普通股数量

得出无差别点的 $EBIT$ 为：

$(EBIT－650)×(1－25\%)/1\,000＝(EBIT－350)×(1－25\%)/1\,800$

求得： $EBIT＝1\,025$ (万元)

2010年，当息税前利润为1 200万元时，

甲方案每股盈余＝$[(1\,200－650)×(1－25\%)]/1\,000＝0.41$ (元)

乙方案每股盈余＝$[(1\,200－350)×(1－25\%)]/1\,800＝0.35$ (元)

2. 运用每股收益分析法，当2010年的息税前利润为1 200万元时，采用甲方案债券融资的 EPS 为0.41元，大于采用乙方案普通股融资的0.35元 EPS，故采用债券融资比较有利。

2011年，如果息税前盈余增加到1 500万元，两种筹资方式的每股盈余为：

甲方案（债券）的每股盈余＝$[(1\,500－650)×(1－25\%)]/1\,000＝0.64$ (元)

乙方案（普通股）的每股盈余＝$[(1\,500－350)×(1－25\%)]/1\,800＝0.48$ (元)

2013 年同等学力人员申请硕士学位
学科综合水平全国统一考试
工商管理试卷

一、单项选择题（每题 1 分，共 10 分。请从 A、B、C、D 中选择一个正确答案）

1. 最早提出人际关系学说的管理学家是（　　）。

    A. 法约尔　　　　　　　　　　B. 泰罗

    C. 梅奥　　　　　　　　　　　D. 马克斯·韦伯

2. 组织内部平衡是指（　　）。

    A. 组织内部部门之间的平衡　　B. 组织整体与个体之间的平衡

    C. 组织内部权力的平衡　　　　D. 组织内部个体与个体之间的平衡

3. 企业使命是（　　）。

    A. 企业承担的社会使命

    B. 企业管理者确定的生产经营的总方向、总目的、总的指导思想

    C. 股东要求企业承担的经济使命

    D. 员工要求企业承担的使命

4. 低成本战略属于（　　）。

    A. 合作战略　　　　　　　　　B. 多元化战略

    C. 业务层竞争战略　　　　　　D. 国际化进入战略

5. 核心能力是（　　）。

    A. 企业中各个不同部分有效合作的结果　B. 企业独特技术的直接表现

    C. 企业创新能力带动的结果　　D. 企业生产制造能力的直接体现

6. 组成中间商市场的是（　　）。

    A. 批发商和零售商　　　　　　B. 批发商和代理商

    C. 零售商和进口商　　　　　　D. 批发商和出口商

7. 促销组合指的是（　　）。

    A. 人员推销、广告、宣传和销售促进的组合

    B. 分销、广告、公共关系和营业推广的组合

    C. 价格、人员推销、分销、促销的组合

    D. 产品、价格、营业推广、广告的组合

8. 杜邦分析体系的核心指标是（　　）。

    A. 权益乘数　　　　　　　　　B. 总资产报酬率

    C. 销售净利率　　　　　　　　D. 所有者权益报酬率

9. 有利于企业保持最优资本结构，使加权平均资本成本最低的股利政策是（　　）。

    A. 剩余股利政策　　　　　　　　　　B. 固定股利政策

    C. 固定股利支付率股利政策　　　　　D. 低正常股利加额外股利政策

10. 当利率为 8% 时，年金现值系数为 6.710；当利率为 9% 时，年金现值系数为 6.418。则年金现值系数 6.666 对应的利率为（　　）。

    A. 8.11%　　　　　　B. 8.15%　　　　　　C. 8.42%　　　　　　D. 8.76%

二、多项选择题（每题 2 分，共 8 分。请从 A、B、C、D、E 中选择所有你认为正确的答案）

11. 个体在企业组织中学习的特点是（　　）。

    A. 个体的学习过程是在行为过程中的学习

    B. 个体的学习仅仅是一种理论的学习

    C. 组织的学习是个体学习的基础

    D. 个体的学习是组织学习的基础

    E. 个体的学习主要不是理论学习

12. 新兴产业的发展障碍有（　　）。

    A. 顾客需求成熟　　　　　B. 顾客的困惑与等待观望　　　　C. 新竞争者不足

    D. 技术成熟　　　　　　　E. 原材料、零部件、资金等资源供给不足

13. 细分市场的有效标志主要有（　　）。

    A. 可测量性　　　　　　　B. 可进入性　　　　　　　C. 可盈利性

    D. 需求多样　　　　　　　E. 容量较小

14. 与债务筹资相比，普通股筹资的特点有（　　）。

    A. 不用偿还本金　　　　　B. 资本成本较小　　　　　C. 筹资风险较大

    D. 没有固定的利息负担　　E. 能增强公司信誉

三、名词解释（每题 3 分，共 12 分）

1. 非正式组织

2. 垂直整合战略

3. 充分需求

4. 内部报酬率

四、简答题（每题 7 分，共 28 分）

1. 简述决策的过程。

2. 简述迈克尔·波特提出的五种基本的竞争力量。

3. 简述服务的基本特征。

4. 简述股票回购的含义和动机。

五、论述题（每题 11 分，共 22 分）

1. 试论实践中锻炼和培养管理人员的方法。

2. 试述价值链分析的步骤。

六、案例分析题（每题 10 分，共 20 分）

案例一：

坚持传统特色还是本土化

话说麦当劳与肯德基你来我往，价格战打得是难解难分，但麦当劳在中国的发展速度却明显慢于肯德基。肯德基一年开的新店是麦当劳的三倍还多，而且在单店的年均营业收入上，肯德基也比麦当劳高 25%。实力雄厚的麦当劳怎么落后了呢？肯德基究竟有什么秘诀呢？

就像当时考察中国市场一样，肯德基最重视一点，那就是本土化。肯德基的亚洲区总部在中国上海，整个中国业务部清一色都是华人，所以从一开始他们就考虑到了中国的饮食文化，了解中国人对于菜式变化的极致追求。于是，从一开始进入中国，肯德基就不断向"中国味"进化，像豆浆、油条、米饭、粥，你都能在肯德基吃到。平均每个月，肯德基都会推出长期或短期的本土化产品。肯德基甚至还考虑到了中国各地口味的差异，比如在四川，你用餐的同时，肯德基还会附赠一小份辣椒酱。正是这种产品上的不断创新，增加了肯德基对中国消费者的吸引力，促进了业绩的迅速提高。可以说，正是这种"土味"成了肯德基在中国的制胜法宝。

麦当劳则跟肯德基大不相同，从中国区 CEO 到公关总监都是洋面孔。在产品上，西式汉堡一直是麦当劳的主打。麦当劳会在菜单中加入鸡肉、猪肉等中国人喜欢的肉类品种，但是它绝不会卖油条这类和西餐完全不搭边的品类。显然，比起肯德基，麦当劳从内到外都透着浓浓的美式风格。

麦当劳号称全球就一个口味，因为从原料采购到食品配方、制作的火候，都有一套近乎苛刻的量化标准。比如奶浆的接货温度不超过 4 摄氏度，牛肉饼要接受 40 多项指标检查，还有在服务上，麦当劳规定，从顾客开始点餐到拿到食物离开柜台的时间是 59 秒。这种标准化，对麦当劳的工业化生产、连锁式经营都十分有利。还有一点很重要，标准化还形成了鲜明的品牌特色。一提金色拱门，都知道是麦当劳；一提麦当劳，都知道是美式快餐。在一定程度上，麦当劳甚至还代表了一种美国式的生活方式。可以说，标准化使得麦当劳快速扩张，从而发展成为全球最大的连锁快餐企业。而肯德基，主打食品是由神秘的十一种香料烹制而成的炸鸡。在经营上更加灵活、自由，它的经营理念就是不断推陈出新，以千变万化、层出不穷的食谱来吸引顾客。

这么一比较，麦当劳意识到，标准化才是自己的制胜法宝。因此，要想与肯德基竞争，传统的战略方针不能变，还得坚持标准化，坚持自己的品牌特色。消费者到麦当劳来，品尝的就是与欧美一样的口味，感受的就是美式风格，而不是喝一碗很中国化的皮蛋瘦肉粥，这才是麦当劳的核心竞争力。可是，这样一来，就与中国的基本国情不相符了！中国人都讲究"食不厌精，脍不厌细"，麦当劳在全球就一个口味，在中国能发展起来吗？一直比不上肯德基不就是证明吗？

当然，麦当劳不会因此认输，2003 年麦当劳有了一次"变脸"。这一年的 9 月 25 日，麦当劳在全球 120 个国家同时召开发布会，宣布要改变品牌的宣传口号，由"更多欢笑，更多麦当劳"改成"我就喜欢"。

一直以来，麦当劳将目标消费群定位于小孩和家庭，那是变着法地哄孩子高兴，"在店里建游乐场、不断推出各种玩具促销，给家庭带来更多的欢笑"，就是它的口号。可在中国市场情况变了，这些原本在美国属于较低档的快餐食品，在中国的价格却并不便宜，让父母经常带孩子去吃并不容易。再加上最近几年中国肥胖儿童的数量猛增，很多人都把矛头指向洋快餐，这都让麦当劳的儿童路线走得有点艰难。同时，麦当劳经过调查发现，中国洋快餐的消费，16~25岁的年轻人占到了60%以上。这些年轻的消费人群，既可以适应统一标准的食品，在一定程度上又能忽略价格的因素，甚至在年轻人中吃洋快餐还被当成一种时尚、便捷的就餐方式。因此，麦当劳改变了宣传口号，"我就喜欢"更贴合年轻人追求个性的特点，以此来谋求更大的发展。

问题：

1. 比较分析两家企业前期各自在中国市场的基本营销策略。

2. 试分析"麦当劳"战略转型的核心是什么？

案例二：

某公司在2012年初创时，拟定的初始筹资总额为2000万元。其筹资方案如下：向银行申请长期借款400万元，年利息率为8%，平价发行公司债券600万元，票面利率为10%，期限为3年，每年付息一次，到期偿还本金；发行普通股筹资1000万元，该股票的β系数为1.5，已知无风险报酬率为4%，股票市场的平均报酬率为10%。公司的所得税税率为25%。以上筹资均不考虑筹资费用。

要求：

1. 计算长期借款的资本成本。

2. 计算公司债券的资本成本。

3. 计算普通股的资本成本。

4. 计算全部资本的加权平均资本成本。

2013 年同等学力人员申请硕士学位

学科综合水平全国统一考试

工商管理答案及解析

一、单项选择题

1. 【正确答案】C

【所属学科】《管理学》第一章，管理的发展历史。

【难易程度】容易

【考点解析】泰罗最根本的贡献，是在管理实践和管理问题研究中利用观察、记录、调查、实验等手段的近代分析科学方法。泰罗成为名副其实的"科学管理之父"。法约尔在其代表作《工业管理与一般管理》中提出的一般管理理论对西方管理理论的发展具有重大影响，该理论成为管理过程学派的理论基础。马克斯·韦伯提出的通常称作"官僚制""科层制"或"理想的行政组织"理论成为现代大型组织广泛采用的一种组织管理方式。马克斯·韦伯被誉为"组织理论之父"。梅奥与罗特利斯伯格 (Fritz J. Roethlisberger，1898—1974) 通过霍桑实验，提出著名的"人际关系学说"，开辟了行为科学研究的道路。

2. 【正确答案】B

【所属学科】《管理学》第二章，组织管理原理。

【难易程度】容易

【考点解析】组织内部平衡，指由单独个体行为到集体化协作行为的环节，是个体与组织整体之间的平衡。

3. 【正确答案】B

【所属学科】《企业战略管理》第一章，战略管理理论。

【难易程度】容易

【考点解析】企业使命是企业管理者确定的企业生产经营的总方向、总目的、总特征和总的指导思想。它反映企业管理者的价值观和企业力图为自己树立的形象，揭示本企业与同行业其他企业在目标上的差异，界定企业的主要产品和服务范围，以及体现企业试图满足的顾客基本需求。

4. 【正确答案】C

【所属学科】《企业战略管理》第四章，企业业务层竞争战略。

【难易程度】容易

【考点解析】企业业务层战略 (业务竞争战略) 根据寻求优势的类型和目标市场的特征，可以分为全面低成本战略、全面差异化战略、集中低成本战略、集中差异化战略和最佳成本提供战略五种通用竞争战略。

5. 【正确答案】A

【所属学科】《企业战略管理》第三章，企业内部环境与资源均衡分析。

【难易程度】容易

【考点解析】核心能力，就是企业在具有重要竞争意义的经营活动中能够比其竞争对手做得更好的能力。企业的核心能力可以是完成某项活动所需的优秀技能，也可以是在一定范围内的和一定深度上的企业的技术诀窍，还可以是那些能够形成很大竞争价值的一系列具体生产技能的组合。从总体上讲，核心能力的产生是企业中各个不同部分有效合作的结果，也就是各种单个资源整合的结果。

6. 【正确答案】A

【所属学科】《市场营销》第四章，市场购买行为分析。

【难易程度】容易

【考点解析】中间商市场，是指那些通过将购买的商品和劳务转售或出租给他人获取利润为目的的个人和组织。中间商不提供形式效用，而提供时间效用、地点效用和占有效用。中间商市场由各种批发商和零售商组成。

7. 【正确答案】A

【所属学科】《市场营销》第九章，促销策略。

【难易程度】容易

【考点解析】促销组合是指企业根据促销的需要，对广告、销售促进、宣传与人员推销等各种促销方式进行的适当选择和综合编配。从促销的历史发展过程看，企业最先划分出人员推销职能，其次是广告，再次是销售促进，最后是宣传。

8. 【正确答案】D

【所属学科】《财务管理》第三章，财务分析。

【难易程度】容易

【考点解析】杜邦分析体系是把有关财务比率和财务指标以系统分析的形式连在一起，其核心是所有者权益报酬率，它由企业的销售利润率、总资产周转率和权益乘数所决定。

9. 【正确答案】A

【所属学科】《财务管理》第七章，股利分配决策。

【难易程度】容易

【考点解析】剩余股利政策就是在保证公司最佳资本结构的前提下，税后利润首先用来满足公司投资的需求，有剩余时才用于股利分配的股利政策。剩余股利政策有利于企业保持最优资本结构，使加权平均资本成本最低。

10. 【正确答案】B

【所属学科】《财务管理》第六章，企业投资决策。

【难易程度】容易

【考点解析】根据已知条件查年金现值系数表，与 6.666 相邻近的年金现值系数在 8% 和 9% 之间，现用插值法计算如下：

贴现率　　　　年金现值系数

$$
\left.\begin{array}{l}
8\% \\
?\% \\
9\%
\end{array}\right\}x\%\Big\}1\% \quad \left.\begin{array}{l}
6.710 \\
6.666 \\
6.418
\end{array}\right\}0.002\Big\}0.044 \qquad \frac{x}{1}=\frac{0.044}{0.292}=0.15
$$

$$x=0.15$$

　8% + 0.15% = 8.15%

二、多项选择题

11. 【正确答案】ACE

　　【所属学科】《管理学》第二章，组织管理原理。

　　【难易程度】容易

　　【考点解析】个体在组织中学习的特点：个体的学习过程是在行为过程中的学习；个体学习主要不是理论学习；组织的学习是个体学习的基础。

12. 【正确答案】BE

　　【所属学科】《企业战略管理》第四章，企业业务层竞争战略。

　　【难易程度】容易

　　【考点解析】新兴产业的发展障碍：原材料、零部件、资金与其他资源供给不足；顾客的困惑与等待观望；被替代产品的反应。

13. 【正确答案】ABC

　　【所属学科】《市场营销》第二章，企业战略计划过程与市场营销管理过程。

　　【难易程度】容易

　　【考点解析】细分市场的有效标志主要有：(1) 可测量性，即各子市场的购买力能够被测量；(2) 可进入性，即企业有能力进入所选定的子市场；(3) 可盈利性，即企业进行市场细分后所选定的子市场的规模足以使企业有利可图。

14. 【正确答案】ADE

　　【所属学科】《财务管理》第四章，企业筹资方式。

　　【难易程度】容易

　　【考点解析】股票筹资的优缺点。优点：(1) 筹资没有固定的利息负担；(2) 股本没有固定的到期日，无须偿还，在公司经营期内可自行安排使用；(3) 筹资风险较小；(4) 发行股票能增强公司的信誉；(5) 由于预期收益较高，用股票筹资容易吸收社会资本。缺点：(1) 筹资成本高；(2) 增发股票会增加新股东，容易分散公司的控制权；(3) 可能导致股价下跌。

三、名词解释

1. 【答案提示】非正式组织，是两个或两个以上的人无意识地体系化、类型化了的多种心理因素的系统。

2. 【答案提示】垂直整合战略扩展了原来同产业的竞争范围。后向于资源的供应者，前向于最终产品的终端使用者。

3. 【答案提示】充分需求是指某种物品或服务的目前需求水平和时间等于预期的需求水平和时间的一种需求状况。这是企业最理想的一种需求状况。

4. 【答案提示】内部报酬率又称内含报酬率，是使投资项目的净现值等于零的贴现率。内部报酬率实际上反映了投资项目的真实报酬，目前越来越多的企业使用该指标对投资项目进行评价。

四、简答题

1. 【答案提示】决策过程包含以下四个阶段：

(1) 搜集信息阶段。搜集组织所处环境中有关经济、技术、社会等方面的信息并加以分析，为拟订和选择计划提供依据。

(2) 拟订计划阶段。以组织所需解决的问题为目标。

(3) 选定方案阶段。根据当时的情况和对未来发展的预测，从各个备选方案中选定一个。

(4) 对已选定的方案进行评价。

决策过程还可以细分为更加具体的识别问题、确定决策标准、为标准分配权重、拟订方案、分析方案、选择方案、实施方案和评价效果八个阶段。

从这些阶段和过程我们可以看到，决策实际上是一个"决策—实施—再决策—再实施"的连续不断的循环过程，其贯穿于全部管理活动的始终，贯穿于管理的各种职能之中。

2. 【答案提示】在战略分析中，产业环境分析的重点是对产业内竞争程度的评估。迈克尔·波特提出的五种力量模型是最具代表性的，并被广泛应用的产业竞争分析框架。他认为一个产业中的竞争，远不止在原有竞争对手中进行，而是存在着五种基本的竞争力量。

(1) 潜在的进入者。所谓潜在的进入者是指产业外随时可能进入某行业的成为竞争者的企业。

(2) 现有竞争者之间的竞争。现有企业间的竞争是指产业内各个企业之间的竞争关系和竞争程度。

(3) 替代品。替代品是指那些与本企业产品具有相同功能或类似功能的产品。

(4) 供应商的讨价还价能力。供应商是指企业从事生产经营活动所需要的各种资源、配件等的供应单位。

(5) 购买者的讨价还价能力。作为购买者（顾客、用户）必然希望所购产业的产品物美价廉，服务周到，且希望从产业内现有企业之间的竞争中获利。

这五种竞争力量共同决定了该产业的竞争强度和获利能力。

3. 【答案提示】服务的基本特征如下：

(1) 无形性。①若与有形的消费品或产业用品比较，服务的特质及组成服务的元素往往是无形无质的，让人不能触摸或凭肉眼看见其存在。②服务不仅其特质是无形无质的，甚至使用服务后的利益也很难被察觉，或要等一段时间后享用服务的人才能感觉到利益的存在。

(2) 相连性。有形的产业用品或消费品在从生产、流通到最终消费的过程中，往往要经过一系列的中间环节，生产与消费的过程具有一定的时间间隔。

(3) 易变性。易变性是指服务的构成成分及其质量水平经常变化，很难统一界定。

(4) 时间性。基于服务的形态不可感知以及服务的生产与消费同时进行，使服务不可能像有形的消费品和产业用品一样被贮存起来，以备未来出售；而且消费者在大多数情况下，也不能将服务携带回家安放。

(5) 无权性。无权性是指在服务的生产和消费过程中不涉及任何东西的所有权转移。既然服务是无形的，又不可贮存，那么服务在交易完成后便消失了，消费者并没有"实质性"地拥有服务。

4. 【答案提示】股票回购是指公司出资购回公司本身所发行的流通在外的股票。在公司进行股票回购时，由于市场上流通的股票数量将减少，在公司总利润不变的情况下，公司流通在外的股票的每股收益将会有所提高，从而导致股价上涨，股东可以从股票价格的上涨中获得资本利得。公司采用股票回购的方式主要出于以下动机：

(1) 分配公司的超额现金。如果公司的现金超过其投资机会所需要的现金，就可以采用股票回购的方式将现金分配给股东。

(2) 改善公司的资本结构。如果公司认为其股东权益资本所占的比例过大、资本结构不合理时，就可能对外举债，并用举债获得的资金进行股票回购，以实现公司资本结构的合理化。

(3) 提高公司股票价格。由于信息不对称和预期差异的影响，股票市场可能存在低估公司股票价格的现象。在这种情形下，公司可进行股票回购，以提升股票价格。

五、论述题

1. 【答案提示】在日常管理实践中，锻炼是培养管理人员的基本途径。可以采用的具体方法有以下几种：

(1) 有计划地提升。这是对准备提升的管理人员制定分步骤的提升计划，按计划由低到高相继经过若干管理职位的锻炼来培养管理人员的方法。

(2) 职务轮换。这是让管理人员依次分别担任同一层次不同管理职务，或不同层次相应职务，全面培养管理人员能力的方法。

(3) 委以助手职务。安排有培养前途的管理人员担任部门或企业领导者的助手，使其在较高的管理层次上全面接触和了解各项管理工作，开阔眼界，锻炼能力；同时直接接受主管领导的言传身教，并通过授权参与某些高层管理工作。这是培养企业主管人员的一种常用方法。

(4) 临时提升。当因某种原因出现管理职务暂时空缺时，临时指定有关人员代理相应职务，这也是培养管理人员的方法之一。

管理人员作为企业人力资源最重要的组成部分，不仅有严格的素质要求，而且需要系统地进行培养和训练。

2. 【答案提示】价值链分析法是由美国哈佛商学院教授迈克尔·波特提出来的，是一种寻求确定企业竞争优势的工具。他认为企业的每项生产经营活动都是其创造价值的经济活动，那么，企业所有的互不相同但又相互关联的生产经营活动，便构成了创造价值的一个动态过程，即价值链。价值链将企业生产经营活动分成基本活动和支持性活动两大类。价值链分析的步骤主要包括：

(1) 价值链分解为与战略相关的作业、成本、收入和资产，把它们分配到"有价值的作业"中；

(2) 确定引起价值链变动的各项作业，并根据这些作业，分析形成作业成本及其差异的原因；

(3) 分析价值链中各节点企业之间的关系，确定核心企业与顾客和供应商之间作业的相关性；

(4) 利用分析结果，重新组合或改进价值链，以便更好地控制成本动因，产生可持续的竞争优势，使价值链中各节点企业在激烈的市场竞争中获得优势。

运用价值链的分析方法来确定核心竞争力，就是要求企业密切关注组织的资源状态，要求企业特别关注和培养在价值链的关键环节上获得重要的核心竞争力，以形成和巩固企业在行业内的竞争优势。

六、案例分析题

案例一【答案提示】

1. 肯德基前期在中国市场采用的是差异化市场营销策略。具体表现在：从一开始他们就考虑到了中国的饮食文化，了解中国人对于菜式变化的极致追求。于是，从一开始进入中国，肯德基就不断向"中国味"进化，像豆浆、油条、米饭、粥，你都能在肯德基吃到。麦当劳前期在中国市场采用的是集中市场营销策略。具体表现在：坚持标准化，坚持自己的品牌特色。消费者到麦当劳来，品尝的就是与欧美一样的口味，感受的就是美式风格，而不是喝一碗很中国化的皮蛋瘦肉粥，这才是麦当劳的核心竞争力。

2. 麦当劳战略转型的核心是目标市场的重新定位，生产和经营适合中国市场大众消费的食品，从而获得稳定的销路。培养产品特色，树立市场形象，以求在顾客心中形成一种特殊的偏爱。麦当劳改变了宣传口号，"我就喜欢"更贴合年轻人追求个性的特点，以此来谋求更大的发展。

案例二【答案提示】

1. 长期借款的资本成本 $= 400 \times 8\% \times (1 - 25\%)/400 = 6\%$

2. 公司债券的资本成本 $= 600 \times 10\% \times (1 - 25\%)/600 = 7.5\%$

3. 普通股的资本成本 $= 4\% + 1.5 \times (10\% - 4\%) = 13\%$

4. 全部资本的加权平均资本成本 $= 400/2\,000 \times 6\% + 600/2\,000 \times 7.5\% + 1\,000/2\,000 \times 13\%$
$$= 9.95\%$$

2014 年同等学力人员申请硕士学位

学科综合水平全国统一考试
工商管理试卷

一、单项选择题（每题 1 分，共 10 分。请从 A、B、C、D 中选择一个正确答案）

1. 以下属于正式组织三要素之一的是（   ）。

   A. 协作意愿　　　　　　　　　　B. 组织制度

   C. 组织结构　　　　　　　　　　D. 组织形式

2. 奠定了管理过程思想基础的是（   ）。

   A. 泰罗的科学管理理论　　　　　B. 法约尔的一般管理理论

   C. 马克斯·韦伯的理想的行政组织理论　D. 西蒙的管理决策理论

3. 以下不属于企业无形资产的是（   ）。

   A. 声誉　　　　　　　　　　　　B. 品牌

   C. 文化　　　　　　　　　　　　D. 组织能力

4. 提出企业战略包括产品与市场范围、增长向量、竞争优势、协同作用四个构成要素的学者是（   ）。

   A. 波特　　　　　　　　　　　　B. 安德鲁斯

   C. 安索夫　　　　　　　　　　　D. 明茨伯格

5. 处于产品寿命周期（   ）的产品，可以采用快速掠取策略。

   A. 介绍期　　　　　　　　　　　B. 成长期

   C. 成熟期　　　　　　　　　　　D. 衰退期

6. 市场营销管理的实质是（   ）。

   A. 销售　　　　　　　　　　　　B. 营销计划

   C. 需求管理　　　　　　　　　　D. 顾客管理

7. 与顾客建立长期合作关系是（   ）的核心内容。

   A. 关系营销　　　　　　　　　　B. 绿色营销

   C. 公共关系　　　　　　　　　　D. 相互市场营销

8. 目前，我国首次公开发行股票的定价方式是（   ）。

   A. 承销制度　　　　　　　　　　B. 保荐制度

   C. 询价制度　　　　　　　　　　D. 固定价格制度

9. 某企业分期付款购买了一台设备，设备总价款为 100 万元，分 5 年平均支付，每年年初付款。假设利率为 10%，则该设备的现值为（   ）。（$PVIFA_{10\%,4} = 3.170$，$PVIFA_{10\%,5} = 3.791$，$PVIF_{10\%,4} = 0.683$，$PVIF_{10\%,5} = 0.621$）

   A. 68.3 万元　　　　　B. 83.4 万元　　　　　C. 88.3 万元　　　　　D. 62.1 万元

10. 下列股利政策中，股利支付与公司的盈利状况密切相关的是 (　　)。

    A. 剩余股利政策　　　　　　　　　　B. 固定股利政策

    C. 固定股利支付率股利政策　　　　　D. 低正常股利加额外股利政策

二、多项选择题 (每题 2 分，共 8 分。请从 A、B、C、D、E 中选择所有你认为正确的答案)

11. 上市的股份有限公司的特征有 (　　)。

    A. 资本证券化　　　　　B. 有限责任制　　　　　C. 所有权与经营管理权分离

    D. 实行事业部制　　　　E. 公司账目公开

12. 以下关于企业战略与组织结构之间关系的陈述正确的有 (　　)。

    A. 战略具有前导性，结构具有滞后性

    B. 结构决定战略

    C. 结构是保证战略实施的必要手段

    D. 战略与结构的关系会受到产业经济发展的制约

    E. 战略与结构互不影响

13. 一般说来，市场主导者可以从 (　　) 几个方面扩大市场需求总量。

    A. 发现新用户　　　　　B. 开辟新用途　　　　　C. 大量推销

    D. 增加使用量　　　　　E. 广告宣传

14. 在下列投资决策指标中，考虑了时间价值的有 (　　)。

    A. 净现值　　　　　　　B. 利润指数　　　　　　C. 平均报酬率

    D. 内部报酬率　　　　　E. 投资回收期

三、名词解释 (每题 3 分，共 12 分)

1. 动机

2. 战略目标

3. 物流

4. 货币的时间价值

四、简答题 (每题 7 分，共 28 分)

1. 简述个人在组织中学习的特点。

2. 简述迈克尔·波特的钻石模型分析法中包括的四个维度。

3. 简述影响消费者行为的主要因素。

4. 简述优先股筹资的优缺点。

五、论述题 (每题 11 分，共 22 分)

1. 试论制度规范的特点。

2. 试述战略控制的特点。

六、案例分析题（每题 10 分，共 20 分）

案例一：

属于"你"的一天

"飞饼"是美国一家经营比萨的小店。为了促进销售，他们推出了一个"属于'你'的一天"的营销策略，即每天喊出一个"名字"的策略。例如，2 月 16 日是"罗斯"，2 月 19 日是"琼斯"，他们邀请五位叫这个名字的幸运居民，让他们当天下午 2 点到 4 点或晚上 8 点到 10 点，来他们的厨房制作自己的免费比萨，还拍一张照片发到网上。

"飞饼"每周会在网站上公布新一周的名字，使人常常回来看这个列表。如果谁看到自己朋友的名字，欢迎告诉他，然后叫他过来。

"飞饼"会请每个来参加的人提供新的名字，并且投票。他们会把这个票数当作决定下一周的幸运名字的重要参考。这样的做法是希望这些参加者们能邀请更多的朋友过来。一个同事或朋友告诉你，你的名字在上面，你就过来了。接下来，你再告诉他，你的朋友也有叫上面名字的，他们知道后也会来这个网站。待你买了比萨回去后看到自己朋友的名字在上面，你也会去通知这个朋友。这样一来，这个人群就会越来越大，新的客户会不断产生。

有趣的是，美国有位专栏作家实地调查了这个案例。这位作家当初是从他朋友处知道"飞饼"比萨店的。他先收到一封信，通知他这家比萨店将在某月某日办"Armando 日"，该作家的名字正是 Armando。这位作家先是非常惊讶这家比萨店的存在，还打电话给寄信给他的朋友，这位朋友说她吃过这家比萨，还不错，而且还说她每天都会去检查还有哪些新名字出现，每天的名字都会让她想起某几位叫这个名字的朋友。她每天也养成习惯寄信给这些朋友，通知他们："'飞饼'提到你的名字喽！"

这位作家还说，他问了几个人，竟然没有一个人真的得到免费比萨的优惠。实际看起来，"飞饼"每天只让少数几个人来参加免费比萨活动，而且其实大家都很忙，来的人并不多；但即使这些人不来，也不妨碍这些人四处帮忙传播"飞饼"。

问题：

1. "飞饼"的主要传播策略是什么？

2. 分析"飞饼"营销策略成功的原因。

案例二：

某公司 2013 年年末总资产为 1000 万元，总负债为 400 万元。2013 年的营业收入为 800 万元，成本总额为 600 万元，其中固定成本总额为 200 万元，变动成本总额为 400 万元。2013 年公司的税后净利润为 120 万元。假设该公司 2014 年成本习性保持不变。

要求：

1. 计算公司 2013 年年末的所有者权益比率。

2. 计算公司 2013 年的销售净利率。

3. 计算公司 2013 年的边际贡献总额。

4. 计算公司 2014 年的经营杠杆系数。

2014年同等学力人员申请硕士学位
学科综合水平全国统一考试
工商管理答案及解析

一、单项选择题

1. 【正确答案】A

   【所属学科】《管理学》第二章，组织管理原理。

   【难易程度】容易

   【考点解析】正式组织产生于具有协作意愿，能相互沟通的个体围绕共同目标努力之时。正式组织有三个基本要素：协作意愿、共同目标和信息沟通。

2. 【正确答案】B

   【所属学科】《管理学》第一章，管理的发展历史。

   【难易程度】容易

   【考点解析】泰罗最根本的贡献，是在管理实践和管理问题研究中利用观察、记录、调查、实验等手段创立了近代分析科学方法。泰罗成为名副其实的"科学管理之父"。法约尔在其代表作《工业管理与一般管理》中提出的一般管理理论对西方管理理论的发展具有重大影响，该理论成为管理过程学派的理论基础。马克斯·韦伯提出的通常称作"官僚制""科层制"或"理想的行政组织"理论，成为现代大型组织广泛采用的一种组织管理方式，马克斯·韦伯被誉为"组织理论之父"。以西蒙为代表的决策理论学派强调决策的重要性，并把"决策人"作为一种独立的管理模式，提出了决策理论。

3. 【正确答案】D

   【所属学科】《企业战略管理》第三章，企业内部环境与资源均衡分析。

   【难易程度】容易

   【考点解析】无形资产包括公司的声誉、品牌、文化、专利和商标以及工作中累积的知识和技术。这些无形资产经常是企业竞争优势的来源。

4. 【正确答案】C

   【所属学科】《企业战略管理》第一章，战略管理理论。

   【难易程度】容易

   【考点解析】安索夫于1965年在其《企业战略》一书中，提出企业战略是贯穿于企业经营与产品和市场之间的一条"共同经营主线"，决定了企业目前所从事的，或者计划要从事的经营业务的基本性质。这条共同经营主线由四个要素构成：(1)产品和市场范围，是指企业所生产的产品和竞争所在的市场；(2)增长向量，是指企业计划对其产品和市场范围进行变动的方向；(3)竞争优势，是指那些可以使企业处于强有力竞争地位的产品和市场的特性；(4)协同作用，是指企业内部联合协作可以达到的效果，即 $2 + 2 = 5$ 的现象。

5. **【正确答案】** A

　【所属学科】《市场营销》第六章，产品策略。

　【难易程度】 容易

　【考点解析】 快速掠取策略，采用高价格、高促销费用，以求迅速扩大销售量，取得较高的市场占有率。采取这种策略必须有一定的市场环境，如大多数潜在消费者还不了解这种新产品，已经了解这种新产品的人急于求购，并且愿意按价购买；企业面临潜在竞争者的威胁，需要迅速使消费者建立对自己产品的偏好。因此，进入介绍期的产品可以采用快速掠取策略。进入介绍期产品的市场特点：产品销量少，促销费用高，制造成本高，销售利润常常很低甚至为负值。在这一阶段，促销费用很高，支付费用的目的是要建立完善的销售渠道。促销活动的主要目的是介绍产品，吸引消费者试用。

6. **【正确答案】** C

　【所属学科】《市场营销》第二章，企业战略计划过程与市场营销管理过程。

　【难易程度】 容易

　【考点解析】 市场营销管理是指为了实现企业目标，创造、建立和保持与目标市场之间的互利交换的关系，而对设计方案的分析、计划、执行和控制。市场营销管理的任务，就是为促进企业目标的实现而调节需求的水平、时机和性质。市场营销管理的实质是需求管理。企业在开展市场营销的过程中，一般要设定一个在目标市场上预期要实现的交易水平。然而，实际需求水平可能低于、等于或高于这个预期的需求水平。换言之，在目标市场上，可能存在没有需求、需求很小或超量需求的情况。市场营销管理就是要对付这些不同的需求情况。

7. **【正确答案】** A

　【所属学科】《市场营销》第一章，市场营销导论。

　【难易程度】 容易

　【考点解析】 在关系市场营销情况下，企业与顾客保持广泛、密切的联系，价格不再是最主要的竞争手段，竞争者很难破坏企业与顾客的关系。关系市场营销强调顾客忠诚度，认为保持老顾客比吸引新顾客更重要。企业的回头客比率越高，市场营销费用越低。企业更应着眼于长远利益，因而保持并发展与顾客的长期关系是关系市场营销的重要内容。关系市场营销的最终结果，将为企业带来一种独特的资产，即市场营销网络。

8. **【正确答案】** C

　【所属学科】《财务管理》第四章，企业筹资方式。

　【难易程度】 中度

　【考点解析】 股票发行价格是指发行公司将股票出售给投资人所采用的价格，也是投资人认购股票时所必须支付的价格。如果是初次公开发行股票 (Initial Public Offering，IPO)，股票价格的确定则相对复杂。初次公开发行股票的价格确定涉及公司账面价值、经营业绩、发展前景、股票发行数量、行业特点、股票市场当前状况、市场投资者的价格接受底线等因素，所以新股定价一直是国际资本市场上极具挑战的难题之一。从实践上来看，国际通行的定价方式主要有两种：(1) 累积订单方式；(2) 固定价格方式。从 2005 年年初开始，我国的新股定价实行询价制度，从性质上看其属于累积订单方式，改变了延续十多年的与市盈率挂钩的固定价格方式。

9. 【正确答案】B

【所属学科】《财务管理》第二章，财务管理的价值观念。

【难易程度】中度

【考点解析】根据题目中的已知条件可以得出，需要计算该设备的先付年金现值。因此，该公司设备的现值＝年金 × 年金现值系数＋年金＝$20 \times PVIFA_{10\%, 4} + 20 = 20 \times 3.170 + 20 = 83.4$(万元)。

10. 【正确答案】C

【所属学科】《财务管理》第七章，股利分配决策。

【难易程度】容易

【考点解析】固定股利支付率股利政策，使公司的股利支付与公司的盈利状况密切相关。盈利状况好，则每股股利额就增加；盈利状况不好，则每股股利额就下降。这种股利政策不会给公司造成很大的财务负担，但是，其股利变动较大，容易使股票价格产生较大波动，不利于树立良好的公司形象。

二、多项选择题

11. 【正确答案】ABCE

【所属学科】《管理学》第三章，企业和企业制度。

【难易程度】容易

【考点解析】股份有限公司的特征主要有四方面：资本证券化、有限责任制、所有权与经营管理权分离、公司账目公开。

12. 【正确答案】ACD

【所属学科】《企业战略管理》第七章，战略控制与组织结构。

【难易程度】容易

【考点解析】组织结构与战略的关系：战略具有前导性，结构具有滞后性。战略与结构的关系基本上是受产业经济发展制约的。企业最先对经济发展做出反应的是战略，而不是组织结构，即在反应的过程中存在着战略的前导性和结构的滞后性现象。组织结构服从战略，企业的组织结构是其实现经营战略的主要工具，不同的战略要求不同的结构。一旦战略形成，组织结构应做出相应的调整，以适应战略实施的要求。组织结构与战略要匹配，企业发展到一定阶段，其规模、产品和市场都发生了变化。这时，企业会采用合适的战略，并要求组织结构做出相应的反应，以保证早些变革结构。

13. 【正确答案】ABD

【所属学科】《市场营销》第五章，市场竞争战略。

【难易程度】容易

【考点解析】一般说来，市场主导者可从三个方面扩大市场需求量：(1) 发现新用户。每种产品都有吸引新用户、增加用户数量的潜力。因为可能有些消费者对某种产品还不甚了解，或产品定价不合理，或产品性能还有缺陷等。(2) 开辟新用途。为产品开辟新的用途，可扩大需求量并使产品销路久畅不衰。例如，美国杜邦公司的尼龙就是一个成功的典型。(3) 增加使用量。促进用户增加使用量是扩大需求的一种重要手段。例如，宝洁公司劝告消费者在使用海飞丝香波洗发时，每次将使用量增加一倍，洗发效果更佳。

14. 【正确答案】ABD

【所属学科】《财务管理》第六章，企业投资决策。

【难易程度】容易

【考点解析】投资决策指标是评价投资方案是否可行或孰优孰劣的标准。投资决策指标很多，但可以概括为贴现现金流量指标和非贴现现金流量指标。非贴现现金流量指标是指不考虑时间价值的各种指标。这类指标主要有：投资回收期 (用 PP 表示)，其是指回收初始投资所需要的时间，一般以年为单位，是一种运用很久、很广的投资决策指标；平均报酬率 (用 ARR 表示)，其是投资项目寿命周期内平均的年投资报酬率，也称平均投资报酬率。贴现现金流量指标是指考虑了资金时间价值的指标。这类指标主要有：净现值 (用 NPV 表示)，其是指投资项目投入使用后的净现金流量，按资本成本或企业要求达到的报酬率折算为现值，减去初始投资以后的余额；内部报酬率 (用 IRR 表示)，又称内含报酬率，是使投资项目的净现值等于零的贴现率；利润指数 (用 PI 表示)，又称现值指数，是投资项目未来报酬的总现值与初始投资额的现值之比。

三、名词解释

1. 【答案提示】动机，是指在需要的基础上产生的，引起和维持着人的行为，并将其导向一定目标的心理机制。

2. 【答案提示】战略目标，是指企业在其战略管理过程中所要达到的市场竞争地位和管理绩效的目标，包括在行业中的领先地位、总体规模、竞争能力、技术能力、市场份额、收入和盈利增长率、投资回收率以及企业形象等。

3. 【答案提示】物流，是指通过有效地安排商品的仓储、管理和转移，使商品在需要的时间到达需要的地点的经营活动。

4. 【答案提示】货币的时间价值，是指扣除风险报酬和通货膨胀贴水后的真实报酬率。

四、简答题

1. 【答案提示】学习过程包括个体和组织两个层次。学习主要是一种个人性质的活动，作为主体和基础的，是个人 (个体) 的学习过程。个人在组织中学习的特点如下：

(1) 个人的学习过程是在行为过程中的学习，即在组织实践中学习。组织中的学习过程不同于学校的学习，它是一种经历、经验、技能和见识的学习。

(2) 学习的模仿性质。个体的学习往往最初是一种模仿过程。模仿的对象，主要是周围环境中其他人的行为。模仿学习的范围可能是操作方法，或者是思考方式和注意的焦点，也可能是其他方面。

(3) 个体学习具有稳定化、定型化的倾向。经过一定时期学习过程的积累，个体会形成某种类型的知识结构和观点、思维方式。

2. 【答案提示】迈克尔·波特的钻石模型分析法是国家竞争优势的分析工具，他认为一个国家影响某个行业的竞争优势取决于以下几点：

(1) 生产要素，是指一个国家在生产要素上所处的地位，包括基础要素以及高级要素。

基础要素：自然资源、地理位置、气候和人口等。高级要素：通信设备、掌握熟练高技术的劳动力、科研设施和技术诀窍等。

(2) 需求状况。对绝大多数企业来说，最初的销售是从国内市场开始的。这种以本国需求为基本出发点而发展起来的生产方式、组织形式、营销经验是否有利于本国企业打入国际市场，建立竞争优势，取决于本国需求状况与国际需求状况的相对优劣势。

(3) 相关产业。任何行业要在国际市场领先，必须要求其供货商和其他相关行业也是世界一流的。任何国家的优势行业往往表现为优势行业群。

(4) 组织战略和竞争，主要受到人力资源和企业战略的影响。①不同国家有不同的管理观念，有些管理理念对建立竞争优势有帮助，有些则没有。②在某行业中，激烈的国内竞争会促使企业设法提升自身的生产效率。

3. 【答案提示】消费者不可能在真空里做出自己的购买决策，其购买决策在很大程度上受到文化、社会、个人和心理等因素的影响。

(1) 文化因素。文化、亚文化和社会阶层等文化因素，对消费者的行为具有最广泛和最深远的影响。文化包括一系列基本的价值、知觉、偏好和行为的整体观念。

(2) 社会因素。消费者的购买行为也受到诸如参照群体、家庭、社会角色与地位等一系列社会因素的影响。

(3) 个人因素。消费者的购买决策也受其个人特性的影响，特别是受其年龄所处的家庭生命周期阶段、职业、经济状况、生活方式、个性以及自我观念的影响。

(4) 心理因素。消费者的购买行为还会受动机、知觉、学习以及信念和态度等主要心理因素的影响。

4. 【答案提示】优先股是一种混合性证券，在某些方面类似于普通股，在其他方面则类似于债券。其主要特征：优先分配公司股利和剩余财产，股利固定，通常有面值。

优先股筹资的主要优点：

(1) 优先股股利的支付是固定的，但与债券不同的是，其股利支付又具有一定的灵活性。如果公司财务状况不佳，可以暂时不支付股利，从而不会因此而导致公司破产。

(2) 发行优先股可以保持普通股股东的控制权。因为大部分优先股没有投票权，或只有有限的投票权，因此发行优先股，一般不会稀释原有普通股股东的控制权。

(3) 由于优先股一般没有到期日，不用偿还本金，这实际上相当于一笔无限期的债务。而对于可赎回优先股，公司可以根据需要赎回，使得使用这笔资金更具有弹性，有助于公司合理安排资金调度和资本结构。

(4) 优先股资本属于自有资金，因此，发行优先股扩大了权益基础，能适当增加公司的信誉，增强公司的负债能力。

优先股筹资的主要缺点：

(1) 优先股的筹资成本较高。优先股股利是以税后利润支付的，因而不能获得税收上的好处，所以其成本一般高于债券的成本。

(2) 发行优先股的限制较多。发行优先股通常有许多限制条件，例如，对普通股股利支付上的限制、对公司负债筹资的限制等。

(3) 优先股股利可能会形成一项财务负担。当公司经营状况不好时，股利会成为公司一项较重的财务负担，有时会加大公司的财务风险和普通股的成本。

五、论述题

1. 【答案提示】制度规范，是组织管理过程中借以约束全体组织成员行为，确定办事方法，规定工作程序的各种章程、条例、守则、规程、程序、标准、办法等的总称。制度规范属于组织管理过程中管理体系和框架的一个组成部分。制度规范与其他管理手段相比，有其独特的性质和特点：

(1) 权威性。制度规范一经形成，确定下来，所有成员都必须执行，违反规定要受到必要的惩罚。制度规范是企业当中的"法"。

(2) 系统性。企业组织中各方面、各层次均有完整配套、具体严密的制度规范。它们具有内在一致性，互相衔接和补充，形成一套严密完整的制度规范体系。

(3) 科学性。制度规范建立在科学合理的基础上。有的直接是技术规律要求；有的充分体现事物客观规律；有的合情合理。它反映了企业经营管理科学、成熟、合理的一面。

(4) 无差别性。制度规范作为一种带有法规性质的管理手段，具有无差别性的特点。它不对具体情况和具体人分别对待，在规范约束范围内一律同等对待，没有变通的余地。它是一套理性的、非人格化的体系，是一系列抽象的、封闭的准则，往往以成文的形式确定下来，具有明确的、是非分明的特征。

(5) 借助强制力。制度规范作为现实地约束和规定组织中活动和行为的管理手段，需要借助强制力。强制力是制度规范发挥作用的力量，没有强制力的制度规范，只是一纸空文。在企业组织中，强制力主要表现在降职、降薪、开除等惩罚措施上。

(6) 稳定性。管理制度往往是在长期管理实践的基础上，经过分析研究，总结经验，提炼上升形成的理性准则。它在相当程度上反映了企业组织活动和管理过程的内在要求，具有较强的稳定性。

因此，企业制度规范所具有的这些特点，构成了组织管理过程中管理体系和框架的组成部分，是维系企业组织正常运转的手段，是组织管理必不可少的一个环节。

2. 【答案提示】战略控制是监督战略实施进程，及时纠正偏差，确保战略有效实施，使战略实施结果基本上符合预期计划的必要手段。也就是说，企业根据战略决策的目标标准对战略实施过程进行控制。战略控制的特点如下：

(1) 企业战略活动必须考虑企业的外部环境，因而控制具有开放性。

(2) 战略控制是企业高层管理对战略实施过程进行的总体控制。

(3) 战略控制所依据的标准是企业的总体目标，而不是战略计划本身的目标。

(4) 战略控制要使战略计划保持稳定性，又要具有灵活性。

(5) 战略控制根据企业的效益，客观地评价与衡量战略行为的正确性。但很难用一个短期见效的定量形式评价与衡量战略行为。

正是基于以上这些特点，企业的战略在执行过程中由于市场和竞争者的因素，也经常会发生偏差，所以企业家需要通过评估对战略实施过程进行控制。

六、案例分析题

案例一【答案提示】

1. 根据"飞饼"的案例，"飞饼"比萨小店在品牌的营销传播过程中，主要使用的传播策略：(1) 网络营销手段，这种手段是以互联网为载体，使用相关的方法和理念开展营销活动来促进销售的实现；(2) 体验营销手段，这种手段是让顾客参与"飞饼"的制作过程，借顾客的体验来激发需求，从而达到实现销售的目的；(3) 口碑营销手段，是借助个人或群体对"飞饼"服务、品牌的自觉传播来吸引更多的消费者加入营销过程，扩大市场。

2. "飞饼"营销策略成功的原因可以结合网络广告的优势和宣传的作用来分析：(1) "飞饼"通过线上线下的互动活动成功地借助互联网传播速度快、受众面广、价格便宜、不受时间约束的优势将营销手段融入了企业的日常经营中；(2) 成功地将体验营销引入了企业的销售经营中，让顾客参与了"飞饼"的制作过程，通过顾客自觉地传播新品牌、新产品来打开市场；(3) 通过网络营销、口碑营销、体验营销手段来提升企业的知名度和企业形象。

案例二【答案提示】

1. 公司 2013 年年末的所有者权益比率＝所有者权益/总资金＝(1000－400)/1000＝60%

2. 公司 2013 年的销售净利率＝税后净利/销售收入＝120/800＝15%

3. 公司 2013 年的边际贡献总额＝销售收入－变动成本＝800－400＝400(万元)

4. 公司 2014 年的经营杠杆系数＝(销售收入－变动成本)/

(销售收入－变动成本－固定成本)

＝(800－400)/(800－400－200)＝2

2015年同等学力人员申请硕士学位

学科综合水平全国统一考试

工商管理试卷

一、单项选择题（每题 1 分，共 10 分。请从 A、B、C、D 中选择一个正确答案）

1. 权衡激励模式的理论基础源于（　　）提出的公平理论。

   A. 斯金纳　　　　　　　　　　　　B. 弗鲁姆

   C. 亚当斯　　　　　　　　　　　　D. 马斯洛

2. 下列不属于正式沟通的优点的是（　　）。

   A. 沟通效果好　　　　　　　　　　B. 约束力强

   C. 沟通速度快　　　　　　　　　　D. 易于保密

3. 下列不属于企业紧缩战略类型的是（　　）。

   A. 资产剥离　　　　　　　　　　　B. 资产置换

   C. 公司分立　　　　　　　　　　　D. 外包战略

4. 下列不属于新兴行业特征的是（　　）。

   A. 用户多是首次购买　　　　　　　B. 未经证实的市场

   C. 存在大量早期进入障碍　　　　　D. 产品的生命周期很短

5. 企业在生产经营的过程中，对生产链上的上游产品进行整合，减少了对供应商在原材料、零部件以及组件上的依赖，这种整合方式是指（　　）。

   A. 后向整合　　　　　　　　　　　B. 前向整合

   C. 外包战略　　　　　　　　　　　D. 垂直整合

6. 企业在产品生命周期的最初阶段，把产品的价格定得很高，以获取最大的利润，犹如从鲜奶中撇取奶油，这种方式是指（　　）。

   A. 撇脂定价　　　　　　　　　　　B. 渗透定价

   C. 差别定价　　　　　　　　　　　D. 反向定价

7. 如果经销商同意参加制造商的促销活动，则制造商卖给经销商的产品可以打折，这是（　　）。

   A. 现金折扣　　　　　　　　　　　B. 数量折扣

   C. 功能折扣　　　　　　　　　　　D. 促销折让（让价）

8. 根据参与者的介入程度和品牌间的差异程度，消费者的购买行为可以分为四类。消费者购买大米的行为属于（　　）。

   A. 复杂型购买行为　　　　　　　　B. 协调型购买行为

   C. 习惯型购买行为　　　　　　　　D. 随机型购买行为

9. 宏观政策的变动造成的股市风险应该属于（　　）。

A. 系统性风险　　　　　　　　　　B. 非系统性风险

C. 有偿风险　　　　　　　　　　　D. 可分散风险

10. 下列哪些指标可以反映企业的长期偿债能力？（　　）

A. 流动比率　　　　　　　　　　　B. 现金净流量比率

C. 固定资产周转率　　　　　　　　D. 所有者权益比率

二、多项选择题（每题 2 分，共 8 分。请从 A、B、C、D、E 中选择所有你认为正确的答案）

11. 在个体层次的基本要素中，进一步制约行为的因素有（　　）。

A. 目标　　　　　　　B. 思维方式　　　　　　C. 决策

D. 知识　　　　　　　E. 心理力量

12. 价值链将企业的生产经营活动分为基本活动和支持活动，下列属于支持活动的是（　　）。

A. 售后服务　　　　　B. 采购管理　　　　　　C. 营销与销售

D. 基础设施　　　　　E. 员工培训

13. 企业在定价中的差别定价策略包括（　　）。

A. 撇脂定价　　　　　B. 销售时间差别定价　　C. 产品部位差别定价

D. 产品形式差别定价　E. 尾数定价

14. 按照发行价格与其面值的关系，股票的发行价格通常有（　　）。

A. 平价发行　　　　　B. 市价发行　　　　　　C. 中间价发行

D. 溢价发行　　　　　E. 折价发行

三、名词解释（每题 3 分，共 12 分）

1. 企业文化

2. 资源配置

3. 品牌

4. 剩余股利政策

四、简答题（每题 7 分，共 28 分）

1. 如何理解管理概念？

2. 简述战略控制的四个基本步骤。

3. 简述产业购买者的行为类型。

4. 简述发放股票股利的动机。

五、论述题（每题 11 分，共 22 分）

1. 请说明基本的组织结构形式。

2. 论述提升顾客让渡价值的意见及途径。

六、案例分析题（每题10分，共20分）

案例一：

联想的发展历程

联想集团有限公司成立于1984年，由中国科学院计算技术研究所投资20万元人民币、联合11名科技人员创办，当时称为"中国科学院计算所新技术发展公司"。1989年，成立"北京联想计算机集团公司"。2011年起，联想成为全球第二大个人电脑生产商。2014年1月底，联想先后收购IBM的System x等服务器资产以及Blade Network Technology等系统网络资产和摩托罗拉的移动智能手机业务。

联想集团有限公司是一家极富创新性的国际化的科技公司，由联想及原IBM个人电脑事业部所组成。作为全球个人电脑市场的领导企业，联想从事开发、制造，并销售最可靠的、安全易用的技术产品及优质专业的服务，帮助全球客户和合作伙伴取得成功。联想公司主要生产笔记本电脑、一体机、台式电脑、服务器、手机、平板电脑、打印机、投影机以及其他移动互联、数码、电脑周边等商品。1996年开始，联想电脑销量位居中国国内市场首位；2013年，联想电脑销售量升居世界第一，成为全球最大的个人PC生产厂商。

1984年10月17日：北京海淀区科学院南路二号，柳传志带领10名技术人员，以20万元人民币（2.5万美元）的启动资金，创建了联想公司的前身中国科学院计算技术研究所新技术发展公司。

1987年：联想成功推出联想式汉卡。

1990年：首台联想微机投放市场。联想由一个进口电脑产品代理商转变成拥有自己品牌的电脑产品生产商和销售商。联想系列电脑相继通过产品技术鉴定和国家"火炬计划"验收。

1992年：联想推出家用电脑概念，"联想1＋1"家用电脑投放中国市场。

1995年：联想推出第一台联想服务器。

1998年：第一百万台联想电脑诞生。英特尔总裁安迪·格罗夫出席典礼，并将这台电脑收为英特尔博物馆的馆藏。同年，第一间联想专卖店在北京落成，自此联想开始创建庞大的专卖店体系。联想推出"幸福之家"软件，并预置于每台联想家用电脑上，使得联想的市场占有率进一步提升到14.4%。

1999年：联想成为亚太市场顶级电脑商，在中国电子百强中名列第一。联想发布具有"一键上网"功能的互联网电脑。

2000年：联想股价急剧增长，联想集团有限公司进入香港恒生指数成分股，成为香港旗舰型的高科技股。联想跻身全球十强最佳管理电脑厂商。联想被世界多个投资杂志评为"中国最佳公司"。

2001年：杨元庆出任联想总裁兼首席执行官。联想首次推出具有丰富数码应用的个人电脑产品。

2002年：联想举办首次联想技术创新大会（Legend World 2002），联想推出"关联应用"技术战略。联想"深腾1800"（Deep Comp 1800）高性能计算机问世。这是中国首款具有

1000GFLOP/s（每秒浮点操作次数）的电脑，也是中国运算速度最快的民用电脑，在全球前500名运算最快的电脑中名列第43位。联想成立手机业务合资企业，宣布进军手机业务领域。

2003年：联想宣布使用新标识"Lenovo"，为进军海外市场做准备。基于"关联应用"技术理念，在信息产业部的领导下，联想携手众多中国著名公司成立IGRS工作组，以推动制定产业相关标准。联想启动"2003联想科技巡展"，推广联想的创新技术及理念。联想成功研发出"深腾6800"高性能计算机，在全球超级计算机500强中位居第14位。

2004年：联想成为国际奥委会第六期奥林匹克全球合作伙伴。赞助金额为6500万美元。联想作为第一家成为国际奥委会全球合作伙伴的中国企业，为2006年都灵冬季奥运会和2008年北京奥运会独家提供台式电脑、笔记本电脑、服务器、打印机等计算技术设备以及资金和技术上的支持。联想推出为乡镇家庭用户设计的圆梦系列电脑，以发展中国乡镇市场。

2007年第三季度：联想计算机出货量仅次于美国惠普与戴尔计算机，是全球第三，但在宏碁（Acer）计算机收购美国捷威（Gateway）后，第三名落入宏碁手中，联想成为第四名。联想原想借由收购荷兰佰德（Packard Bell）来扩大欧洲市场，但在宏碁买下对佰德有优先收购权的捷威后，这个希望破灭。联想集团首席执行官威廉·阿梅里奥表示，不排除并购其他电脑公司。

2008年：微软发现联想在给XP客户的软件包中含有恶意代码，并提出警告。

2008年：联想"深腾7000"百万亿次高性能计算机系统研制成功，运算能力达到每秒106.5万亿次，位居最新公布的全球高性能计算机排名（TOP500）第19位。

2009年：联想成为迈凯轮车队（F1车队之一）的赞助商之一。年初，联想公布了上一年第三季度业绩，净亏损达到了9700万美元，联想集团宣布其创始人柳传志重新出山担任集团的董事局主席，而杨元庆则接替阿梅里奥担任首席执行官，罗里·里德（Rory Read）被任命为新设立的总裁兼COO。

2009年11月5日：联想集团公布截至2009年9月30日的第二季度业绩。集团不但在第二季度扭亏为盈，且全球市场份额创新高，费用率亦达到并购以来的最佳水平。季内，联想的全球个人电脑销量年比年上升17%，而同期全球整体市场销量年比年上升2.3%。第二季度，联想集团的综合销售额年比年减少5%，至41亿美元，与上季度相比上升19%。集团的季度毛利年比年减少24%，与上一季度相比上升14%，毛利率为10.6%。截至2009年9月30日，集团的净现金储备为18亿美元。

2009年11月29日：联想集团宣布以2亿美元收购其于2008年3月以1亿美元出售的联想移动，再度进军高速增长的中国移动互联网市场。

2010年：联想集团发布全新移动互联产品线，乐Phone于2010年5月在中国全新上市。

2011年1月27日：联想和NEC成立NEC联想日本集团（NEC Lenovo Japan Group），并构建名为联想NEC控股B.V.的新公司，在荷兰注册。据协议，联想将持有新公司51%股份，而NEC将持有49%，合资交易在2011年6月30日完成。

2011年6月1日：联想以2.31亿欧元（近26亿港元），向Medion大股东Gerd Brachmann（GB）

收购德国消费电子品牌 Medion36.66% 的股份。另外，联想拟按每股 13 欧元，在市场上公开收购余下的 Medion 股份。

2011 年 6 月 17 日：联想大股东联想控股，在声明中指出，杨元庆已从联想控股购得 7.97 亿股联想股份，但未有披露作价。交易后，联想控股占联想股权，由 42.82% 降至 34.82%，但仍为单一最大股东，杨元庆个人持有的联想股权则增加了 8 个百分点至 8.7%，斥资约 31.5 亿元，以平均每股 3.95 元的代价购入。

2011 年 9 月 27 日：联想和仁宝电脑股份有限公司共斥资 3 亿美元成立合营公司，专门为联想生产笔记本电脑及相关部件产品，创下个人电脑品牌与代工厂合资的先例。双方按股权比例出资，联想占合营公司 51% 股权，即承担 1.53 亿美元。

2012 年 8 月 1 日：联想和全球信息存储及管理品、服务和解决方案领导厂商美国 EMC 公司创建战略合作伙伴关系，组建合资公司，挺进企业级市场，主推服务器、存储与 NAS 存储。据悉，该合资公司由联想出资占股 51%，EMC 贡献出其全资子公司艾美加公司的部分资金和资源。

2012 年 9 月 5 日：联想以 3 亿巴西雷亚尔（合 1.47 亿美元）收购巴西最大消费电子产品制造商 Digibras Participacoes SA。2011 年，该公司实现收入 16 亿雷亚尔（合 7.83 亿美元）。

2012 年 9 月 18 日：联想收购美国软件技术公司 Stoneware。

2012 年第四季度：联想曾短暂成为此季度全球出货量最大的 PC 厂商，后又被惠普超越，全球出货量排名位居第二。

2014 年 1 月 30 日：联想以 29.1 亿美元的价格从谷歌手里买走了摩托罗拉移动，其 3500 名员工、2000 项专利、品牌和商标，以及全球 50 多家运营商的合作关系都归入联想移动业务集团。

2014 年 9 月 29 日：联想宣布已完成收购 IBM x86 服务器业务的所有相关监管规定，10 月 1 日正式完成并购。

问题：

1. 联想的发展经历了何种战略？

2. 联想是用何种战略进行国际化竞争的？

案例二：

假设某公司计划购置一个铜矿，需要投资 600000 元。该公司购置铜矿以后，需要购置运输设备将矿石运送到冶炼厂，公司在购置运输设备时的投资方案是投资 400000 元购买卡车。假设该投资项目的使用期为 1 年，1 年以后，铜矿的矿石将会耗竭。同时，假设投资方案的预期税后净利为 1280000 元，投资方案的资本成本均为 10% 且比较稳定。

要求：分别计算项目的净现值和内部报酬率，并做出决策。（$PVIF_{10\%,1} = 0.909$；$PVIFA_{10\%,1} = 0.909$）

2015年同等学力人员申请硕士学位

学科综合水平全国统一考试
工商管理答案及解析

一、单项选择题

1. 【正确答案】C

   【所属学科】《管理学》第八章，激励。

   【难易程度】中度

   【考点解析】强化激励模式所依据的激励原理是美国心理学家斯金纳 (B. F. Skina) 创立的强化理论。权衡激励模式的理论基础源于美国管理学家亚当斯 (J. Adams) 提出的公平理论。目标激励模式的理论基础源于美国心理学家弗鲁姆 (V. H. Vroom) 提出的期望理论。马斯洛提出的需求层次理论有五种基本需要，即生理、安全、社交、尊重和自我实现。

2. 【正确答案】C

   【所属学科】《管理学》第九章，领导。

   【难易程度】中度

   【考点解析】正式沟通的优点：沟通效果好，比较严肃，约束力强；易于保密，可以使信息沟通保持权威性。正式沟通的缺点：由于依靠组织系统层层传递，所以很刻板，沟通速度慢；此外，也存在信息失真或扭曲的可能。组织中重要的信息与文件传达、组织的决策，一般都采取正式沟通形式。

3. 【正确答案】D

   【所属学科】《企业战略管理》第五章，企业公司层战略与管理。

   【难易程度】中度

   【考点解析】公司紧缩战略是指对公司的股本或资产进行重组，从而缩减主营业务范围或缩小公司规模的各种资本运作的途径和方法。其主要类型有资产剥离、员工持股计划、资产置换、公司分立、拆分上市、管理层收购等。

4. 【正确答案】D

   【所属学科】《企业战略管理》第四章，企业业务层竞争战略。

   【难易程度】中度

   【考点解析】新兴行业的特征：新的未经证实的市场；技术的不确定性；战略的不确定性；随着产量的增加，经验曲线能降低成本；萌芽企业和另立门户现象普遍；用户大多是首次购买；存在着大量的早期进入障碍。

5. 【正确答案】A

   【所属学科】《企业战略管理》第五章，企业公司层战略与管理。

   【难易程度】中度

【考点解析】后向整合战略的战略优势： 仅当交易量足够大时，供应商的效率能大大降低产品的成本； 当具备一定条件时，有降低成本的可能； 当提供更好的高质量部件时，能产生差异化的竞争优势； 能减少对供应商在原材料、零部件和组件上的依赖。

6. 【正确答案】A

【所属学科】《市场营销》第七章，定价策略。

【难易程度】中度

【考点解析】反向定价，是指企业依据消费者能够接受的最终销售价格，计算自己从事经营的成本和利润后，逆向推算出产品的批发价和零售价。差别定价，也叫价格歧视，就是企业按照两种或两种以上不反映成本费用的比例差异的价格销售某种产品或劳务。撇脂定价，它是指在产品生命周期的最初阶段，把产品的价格定得很高，以攫取最大利润，犹如从鲜奶中撇取奶油。渗透定价，即企业把它的创新产品的价格定得相对较低，以吸引大量顾客，提高市场占有率。

7. 【正确答案】D

【所属学科】《市场营销》第七章，定价策略。

【难易程度】中度

【考点解析】让价策略，是另一种类型的价格减价。例如，一辆小汽车标价为 4000 元，顾客以旧车折价 500 元购买，只需付给 3 500 元，这叫作以旧换新折让； 如果经销商同意参加制造商的促销活动，则制造商卖给经销商的货物可以打折扣，这叫作促销折让。

8. 【正确答案】C

【所属学科】《市场营销》第四章，市场购买行为分析。

【难易程度】中度

【考点解析】根据参与者的介入程度和品牌间的差异程度，可将消费者的购买行为分为四种： (1) 习惯型购买行为。习惯型购买行为是指对于价格低廉、经常购买、品牌差异小的产品，消费者不需要花时间选择，也不需要经过搜集信息、评价产品特点等复杂过程的最简单的消费者购买行为类型。(2) 变换型购买行为。变换型购买行为是指对于品牌差异明显的产品，消费者不愿花长时间来选择和估价，而是不断变换所购产品品牌的消费者购买行为类型。(3) 协调型购买行为。协调型购买行为是指对于品牌差异不大的产品，消费者不经常购买，而购买时又有一定的风险，所以消费者一般要比较、看货，只要价格公道、购买方便、机会合适，消费者就会决定购买。(4) 复杂型购买行为。复杂型购买行为是指消费者面对不常购买的贵重产品，由于产品品牌差异大，购买风险大，消费者需要有一个学习过程，广泛了解产品性能、特点，从而对产品产生某种看法，最后决定是否购买的消费者购买行为类型。

9. 【正确答案】A

【所属学科】《财务管理》第二章，财务管理的价值观念。

【难易程度】中度

【考点解析】系统性风险又称不可分散风险或市场风险，指的是由于某些因素，给市场上所有的证券都带来了经济损失的可能性。如宏观经济状况的变化、国家税法的变化、国家财政政策和货币政策变化、世界能源状况的改变都会使股票收益发生变动。这些风险会影响所有的证券，不能通过证券组合分散掉。换句话说，即使投资者持有的是经过适当分散的证券组合，也将遭受这种风险。因此，对投资者来说，这种风险是无法消除的，故称其为不可分散风险。

10.【正确答案】D

　　【所属学科】《财务管理》第三章，财务分析。

　　【难易程度】中度

　　【考点解析】流动比率是流动资产与流动负债进行对比所确定的比率。流动资产与流动负债对比，说明的是能在短期内转化成现金的资产对需要在短期内偿还的负债的一种保障程度，能比较好地反映企业的短期偿债能力。现金净流量比率是现金净流量与流动负债进行对比所确定的比率。其反映了企业用每年的现金净流量偿还到期债务的能力。这一指标越高，说明企业偿还当期债务的能力越强，企业的财务状况越好；反之，则说明企业偿还当期债务的能力较差。所有者权益比率是企业的所有者权益与资产总额对比所确定的比率，这一比率反映了在企业的全部资金中，企业所有者提供了多少资金，这一比率越高，说明所有者投入的资金在全部资金中所占的比例越大，企业偿债能力越强，财务风险越小。因此，从偿债能力角度来看，这一比率越高越好。固定资产周转率是企业的销售收入与固定资产净值总额进行对比所确定的一个比率。

二、多项选择题

11.【正确答案】ABD

　　【所属学科】《管理学》第二章，组织管理原理。

　　【难易程度】中度

　　【考点解析】个体层次的基本要素包括：

基本范畴	决定因素	进一步的制约因素
行为	决策	目标 知识 思维方式
学习	心理力量	情感

12.【正确答案】BDE

　　【所属学科】《企业战略管理》第三章，企业内部环境与资源均衡分析。

　　【难易程度】中度

　　【考点解析】价值链将企业生产经营活动分成基本活动和支持性活动两大类：基本活动涉及企业生产、营销与销售、进货物流、出货物流、售后服务；支持性活动，是指用以支持基本活动，而且内部之间又相互支持的活动，包括企业投入的采购管理、技术开发、人力资源管理和企业基础设施。

13. 【正确答案】BCD

【所属学科】《市场营销》第七章，定价策略。

【难易程度】中度

【考点解析】差别定价，也叫价格歧视，就是企业按照两种或两种以上不反映成本费用的比例差异的价格销售某种产品或劳务。差别定价有四种形式： 顾客差别定价，即企业按照不同的价格把同一种产品或劳务卖给不同的顾客； 产品形式差别定价，即企业对不同型号或形式的产品分别制定不同的价格，但是，不同型号或形式的产品价格之间的差额和成本费用之间的差额并不成比例； 产品部位差别定价，即企业对于处在不同位置的产品或服务分别制定不同的价格，即使这些产品或服务的成本费用没有任何差异； 销售时间差别定价，即企业对于不同季节、不同时期甚至不同钟点的产品或服务分别制定不同的价格。

14. 【正确答案】ABC

【所属学科】《财务管理》第四章，企业筹资方式。

【难易程度】中度

【考点解析】按照发行价格与其面值的关系，股票的发行价格通常有以下几种：(1) 平价发行，即将股票面值作为股票的发行价格； (2) 市价发行，即将公司现有流通在外的股票的市场价格或同类股票的现行价格作为股票的发行价格； (3) 中间价发行，即股票发行价格介于股票面值和市场价格之间。

三、名词解释

1. 【答案提示】企业文化，是一种渗透于企业组织各方面、各层次的价值观念、思维方式和行为习惯，是组织的风气、风格。组织文化的构成要素： 价值观、思维方式、行为规范。

2. 【答案提示】资源配置，指企业过去和目前资源和技能配置的水平和模式。资源配置是企业的特殊能力。

3. 【答案提示】品牌，也就是产品的牌子，它是销售者给自己的产品规定的商业名称，通常由文字、标记、符号、图案和颜色等要素或这些要素的组合构成，用作一个销售者或销售者集团的标识，以便同竞争者的产品相区别。

4. 【答案提示】剩余股利政策就是在保证公司最佳资本结构的前提下，税后利润首先用来满足公司投资的需求，有剩余时才用于股利分配的股利政策。当公司有较好的投资机会时，可以少分配甚至不分配股利，而将税后利润用于公司再投资。这是一种投资优先的股利政策。

四、简答题

1. 【答案提示】管理是组织中维持集体协作行为延续发展的有意识的协调行为。管理的基本点包括：

    (1) 管理是组织的特殊器官。

(2) 管理的实质是协调。

(3) 管理协调是有意识的协调。

(4) 管理是维持集体协作延续发展的行为。

2. 【答案提示】战略控制的一个重要目标就是使企业实际的效益尽量符合战略计划。为了达到这一点，战略控制过程可以分为四个步骤：

(1) 制定效益标准。战略控制过程的第一个步骤就是评价计划，制定出效益标准。企业可以根据预期的目标或计划制定出应当实现的战略效益。企业常用的衡量标准有销售额、销售增长、净利润、资产、销售成本、市场占有率、价值增值、产品质量和劳动生产率等。

(2) 衡量实际效益。在战略控制的第二个步骤里，企业主要是判断和衡量实现企业效益的实际条件。管理人员需要收集和处理数据，进行具体的职能控制，并且监测环境变化时所产生的信号。此外，为了更好地衡量实际效益，企业还要制定出具体的衡量方法以及衡量的范围，保证衡量的有效性。

(3) 评价实际效益。在这一步骤里，企业要将实际的效益与计划的效益比较，确定两者之间的差距，并尽量分析出形成差距的原因。

(4) 纠正措施和权变计划。在战略控制的最后一个步骤里，企业应考虑采取纠正措施或实施权变计划。在生产经营活动中，一旦企业判断出外部环境的机会或威胁可能造成的结果，则必须采取相应的纠正或补救措施。

3. 【答案提示】产业购买者的行为类型大体有以下三种：

(1) 直接重购，即企业的采购部门根据过去和许多供应商打交道的经验，从供应商名单中选择供货企业，并直接重新订购过去采购的同类产业用品。

(2) 修正重购，即企业的采购经理为了更好地完成采购工作任务，适当改变要采购的某些产业用品的规格、价格等条件或供应商。

(3) 全新采购，即企业第一次采购某种产业用品。新购的成本费用越高、风险越大，那么需要参与购买决策过程的人数和需要掌握的市场信息就越多。

4. 【答案提示】股票股利是指公司将应分给股东的股利以股票的形式发放。股票股利只不过是将资金从未分配利润或盈余公积金账户转移到普通股账户上，它并未改变股东权益总额，也不会改变每位股东的持股比例。由于股票股利虽并没有改变公司股东权益总额的账面价值，但会增加市场上流通股的数量。因此，股票股利会使公司的每股收益下降。在市盈率保持不变的情况下，发放股票股利后的股票价格，应当按发放的股票股利的比例而成比例下降。

发放股票股利基于以下动机：

(1) 可以降低股票价格，吸引更多的股东进行投资。

(2) 可以将更多的现金留存下来，用于再投资，以利于公司长期、稳定的发展。

五、论述题

1. 【答案提示】企业的组织结构形式很多，在此重点介绍几种基本的组织结构形式及其适用范围：

(1) 直线制。直线制是一种最简单的集权式组织结构形式，又称军队式结构。其领导关系按垂直系统建立，不设专门的职能机构，自上而下形同直线。直线制结构的适用范围是有限的，它只适用于那些规模较小或业务活动简单、稳定的企业。

(2) 直线职能制。直线职能制是一种以直线制结构为基础，在厂长(经理)领导下设置相应的职能部门，实行厂长(经理)统一指挥与职能部门参谋、指导相结合的组织结构形式。

直线职能制是一种集权和分权相结合的组织结构形式，它在保留直线制统一指挥优点的基础上，引入管理工作专业化的做法。因此，既能保证统一指挥，又可以发挥职能管理部门的参谋、指导作用，弥补领导人员在专业管理知识和能力方面的不足，协助领导人员做决策。

(3) 事业部制。事业部制也称分权制结构，是一种在直线职能制基础上演变而成的现代企业组织结构形式。事业部制结构遵循"集中决策，分散经营"的总原则，实行集中决策指导下的分散经营，按产品、地区和顾客等标志将企业划分为若干相对独立的经营单位，分别组成事业部。

(4) 矩阵制。矩阵制结构由横纵两个管理系列组成，一个是职能部门系列，另一个是为完成某一临时任务而组建的项目小组系列，纵横两个系列交叉，即构成矩阵。矩阵制结构的最大特点在于其具有双道命令系统，小组成员既要服从小组负责人的指挥，又要受原所在部门的领导，这就突破了一个员工只受一个直接上级领导的传统管理原则。

(5) 子公司和分公司。子公司是指受集团公司或母公司控制但在法律上独立的法人企业。子公司的界定一般有四种形式：

① A 公司拥有 B 公司一半以上的普通股股本；

② A 公司拥有相对控制 B 公司多数表决权的股本；

③ A 公司能实际控制 B 公司的董事会；

④ B 公司是 A 公司拥有的子公司的子公司。

凡符合上述之一者，B 公司即为 A 公司的子公司。如果一个子公司被百分之百地控股，那么该子公司便是母公司的全资子公司。分公司是母公司的分支机构或附属机构，在法律上和经济上均无独立性，不是独立的法人企业。

2. 【答案提示】顾客让渡价值是指顾客总价值与顾客总成本之间的差额。顾客总价值是指顾客购买某一产品或服务所期望获得的一组利益，它包括产品价值、服务价值、人员价值和形象价值等。顾客总成本是指顾客为购买某一产品所耗费的时间、精神、体力以及所支付的货币资金等，因此，顾客总成本包括货币成本、时间成本、精神成本和体力成本等。

由于顾客在购买产品时，总希望把有关成本(包括货币、时间、精神和体力等)降到最低限度，而同时又希望从中获得更多的实际利益，使自己的需要得到最大限度的满足。

因此，顾客在选购产品时，往往从价值与成本两个方面进行比较分析，从中选择出价值最高、成本最低的产品。也就是说，顾客让渡价值最大的产品会作为优先选购的对象。

为在竞争中战胜竞争对手，吸引更多的潜在顾客，企业可从两个方面改进自己的工作：(1) 通过改进产品、服务、人员与形象，提高产品的总价值；(2) 通过降低生产与销售成本，减少顾客购买产品的时间、精神与体力的耗费，从而降低货币与非货币成本。

六、案例分析题

案例一【答案提示】

1. 联想的发展经历了四个战略发展阶段：第一阶段，1994—1996年，"奋发图强"的品牌发展阶段。第二阶段，1997—1999年，"精耕细作"的战略防御阶段。第三阶段，2000—2003年，"战略转型"的扩张阶段。第四阶段，2004年至今，"整合分销"的国际战略阶段。

2. 联想的国际化竞争战略是通过以下四种方式进行的：

(1) 利用本土优势进行防御。把目光集中在喜欢本国产品的客户身上，并不断调整产品和服务，以适应客户特别的需要，同时加强分销网络的建设和管理。

(2) 向海外延伸本土优势。通过合理运用可移植的优势资源，并以其在本地市场的成功为平台，向其他市场扩张。在向海外延伸本土优势时，应当注意寻找在消费者偏好、地缘关系、分销渠道和政府管制等方面与本国市场相类似的市场。

(3) 避开跨国公司的冲击。重新考虑自己的商业模式；与跨国公司建立合资、合作企业。

(4) 在全球范围内对抗。找到一个定位明确、易于防守的市场；不再拘泥于成本上的竞争，而是学着从发达国家获取资源。

案例二【答案提示】

该投资方案的初始投资 $= 600\,000 + 400\,000 = 1\,000\,000$（元）

该投资方案的净现值 $= 1\,280\,000 \times PVIF_{10\%,1} - 1\,000\,000$

$$= 1\,280\,000 \times 0.909 - 1\,000\,000 = 163\,520\text{（元）}$$

该投资方案的内部报酬率（IRR）为：

现金流量 $/(1 + \text{内部报酬率}) - \text{初始投资} = 0$

$1\,280\,000/(1 + r) - 1\,000\,000 = 0$，即 $1\,280\,000/(1 + r) = 1\,000\,000$

解得 $1 + r = 1.28$，则 $IRR = 1.28 - 1 = 28\%$。

根据净现值的决策规则，在只有一个备选方案的决策中，净现值为正值者，采纳。因该方案净现值为163 520元，所以该方案可行。

根据内部报酬率的决策规则，在只有一个备选方案的决策中，企业的内部报酬率大于资金成本率，就采纳。因该方案的内部报酬率为28%，大于资金成本率10%，所以该方案可行。

2016年同等学力人员申请硕士学位

学科综合水平全国统一考试

工商管理试卷

一、单项选择题（每题1分，共10分。请从A、B、C、D中选择一个正确答案）

1. 奠定了管理过程思想基础的是（　　）。

   A. 梅奥的早期人际关系学说　　　　B. 法约尔的一般管理理论

   C. 巴纳德的组织理论　　　　　　　D. 西蒙的管理决策理论

2. "集中决策，分散经营"所指的组织结构形式是（　　）。

   A. 直线制　　　　　　　　　　　　B. 直线职能制

   C. 事业部制　　　　　　　　　　　D. 矩阵制

3. 专家型企业的战略选择不包括（　　）。

   A. 保持独特性　　　　　　　　　　B. 高度个性化体验

   C. 连锁加盟　　　　　　　　　　　D. 进行目标营销

4. 组织结构的构成要素包括（　　）。

   A. 人员　　　　　　　　　　　　　B. 组织

   C. 分工　　　　　　　　　　　　　D. 企业文化

5. 由个人或群体发起并进行的，关于某一特定产品、服务、品牌或组织的一种双向的信息沟通行为是指（　　）。

   A. 体验营销　　　　　　　　　　　B. 网络营销

   C. 推销观念　　　　　　　　　　　D. 口碑营销

6. 企业通过收购或兼并若干原材料供应商，或者拥有和控制其供应系统，实行供产一体化是指（　　）。

   A. 水平多元化　　　　　　　　　　B. 前向一体化

   C. 后向一体化　　　　　　　　　　D. 水平一体化

7. 根据消费者对某种产品的使用率对消费者市场的细分是指（　　）。

   A. 地理细分　　　　　　　　　　　B. 人口细分

   C. 心理细分　　　　　　　　　　　D. 行为细分

8. 某公司联合杠杆系数为2，本年固定成本为100 000元，本年利息费用为50 000元，无优先股。则本年息税前利润为（　　）。

   A. 50 000元　　　　　　　　　　　B. 100 000元

   C. 80 000元　　　　　　　　　　　D. 200 000元

9. 某公司发行面值1000万元的公司债券，3年期，面值发行，票面利率12%。发行费用率为发行价格的4%。每年付息一次，到期还本，所得税税率为33%。其资金成本为（   ）。

   A. 8.38%   B. 8.68%   C. 9.38%   D. 9.68%

10. 某公司经营风险较大，准备采取系列措施降低经营杠杆程度。下列措施中，无法达到这一目的的是（   ）。

   A. 降低利息费用   B. 降低固定成本水平

   C. 降低变动成本   D. 提高产品销售单价

二、多项选择题（每题2分，共8分。请从A、B、C、D、E中选择所有你认为正确的答案）

11. 领导方式的类型有（   ）。

   A. 集权型   B. 民主型   C. 控制型

   D. 关系型   E. 兼备型

12. 差异化竞争战略的优势有（   ）。

   A. 能持续降低成本   B. 建立品牌忠诚   C. 增加销售量

   D. 保持较高的售价   E. 优化资本结构

13. 企业在管理市场营销活动时，对于市场营销计划中的效率控制，主要包括对（   ）效率控制。

   A. 销售人员   B. 广告   C. 销售促进

   D. 分销   E. 市场细分

14. 企业债券筹资的优点不包括（   ）。

   A. 财务风险高   B. 预期收益高   C. 限制条件多

   D. 便于调整资本结构   E. 筹资成本低

三、名词解释（每题3分，共12分）

1. 组织结构

2. 平衡计分卡

3. 分销组合

4. 资本成本

四、简答题（每题7分，共28分）

1. 简述利润最大化的缺点。

2. 生产者可以借助哪些力量赢得中间商的合作？

3. 简述新兴产业的战略选择。

4. 简述矩阵制的优点。

五、论述题（每题11分，共22分）

1. 论述产业组织模型与资源基础模型的不同。

2. 论述管理人员的素质要求。

六、案例分析题（每题 10 分，共 20 分）

案例一：

食品店的开店策略

在某一城市有家蒙玛食品公司，该公司经理认为，发展专业化的保健食品店、营养饮食店、精美食品店能吸引新的顾客，使销售额不断增加。据他的调查，16 ~ 40 岁年龄段的人，1995 年本商业区有 36 万，而到 1998 年将增加到 45 万。所以保健食品的销售额将会不断提高，应该在商业中心区专门设立保健食品店，经营各种不同品种或具有特色的保健食品，这样可以吸引不同年龄的顾客，满足他们对保健食品的不同需要。

产品分多段定价。它规定新产品上市，以 3 小时为一轮，凡一款以定价卖出，每隔一轮按原价削价 15%，以此类推，那么到 5 轮（从早 7 点营业到晚上 22 点）之后，蒙玛公司的产品价格就削到了只剩 40% 左右的成本价了。这时的产品，蒙玛公司就以成本价售出。因为新产品正式上市仅一个月，价格已跌到 1/3，谁还不来买？所以一卖即空。蒙玛公司最后通过计算发现，这样赚的钱比其他食品公司多，又没有积货的损失。

问题：

1. 该经理对食品店的食品采用了什么定价策略？具体方法有哪些？

2. 该经理对食品市场的细分采取什么样的目标市场策略？企业确定目标市场的策略有哪几种？

案例二：

某公司 2011 年年末总资产为 1000 万元，总负债为 400 万元，长期负债为 180 万元，货币资金 200 万元，应收账款 150 万元，库存商品 50 万元，固定资产净额 200 万元。2011 年的营业收入为 800 万元，公司的税后净利润为 120 万元。

要求：

1. 计算公司 2011 年的销售净利率。

2. 计算公司 2011 年的流动比率。

3. 计算公司 2011 年的净资产收益率。

4. 计算公司 2011 年的所有者权益比率。

2016年同等学力人员申请硕士学位

学科综合水平全国统一考试

工商管理答案及解析

一、单项选择题

1. 【正确答案】B

【所属学科】《管理学》第一章，管理的发展历史。

【难易程度】中度

【考点解析】梅奥与罗特利斯伯格 (Fritz J. Roethlisberger，1898—1974) 通过霍桑实验，提出著名的人际关系学说，开辟了行为科学研究的道路。法约尔提出的一般管理理论对西方管理理论的发展具有重大影响，成为管理过程学派的理论基础。巴纳德的组织理论揭示组织形成、生存和发展的内在必然性，是探讨管理原理和管理方法的流派，主要致力于组织过程的研究，更多关心"管理人员为什么要做这些工作"。以西蒙为代表的决策理论学派强调决策的重要性，并把"决策人"作为一种独立的管理模式，提出决策理论。

2. 【正确答案】C

【所属学科】《管理学》第六章，组织。

【难易程度】中度

【考点解析】直线制是一种最简单的集权式组织结构形式，又称军队式结构。其领导关系按垂直系统建立，不设专门的职能机构，自上而下形同直线。直线制结构的优点：结构简单，指挥系统清晰、统一；责权关系明确；横向联系少，内部协调容易；信息沟通迅速，解决问题及时，管理效率比较高。直线职能制是一种以直线制结构为基础，在厂长 (经理) 领导下设置相应的职能部门，实行厂长 (经理) 统一指挥与职能部门参谋、指导相结合的组织结构形式。直线职能制是一种集权和分权相结合的组织结构形式，它在保留直线制统一指挥优点的基础上，引入管理工作专业化的做法。因此，既能保证统一指挥，又可以发挥职能管理部门的参谋、指导作用，弥补领导人员在专业管理知识和能力方面的不足，协助领导人员做决策。事业部制也称分权制结构，是一种在直线职能制基础上演变而成的现代企业组织结构形式。事业部制结构遵循"集中决策，分散经营"的总原则，实行集中决策指导下的分散经营，按产品、地区和顾客等标志将企业划分为若干相对独立的经营单位，分别组成事业部。矩阵制结构由横纵两个管理系列组成，一个是职能部门系列，另一个是为完成某一临时任务而组建的项目小组系列，纵横两个系列交叉，即构成矩阵。矩阵制结构的最大特点在于其具有双道命令系统，小组成员既要服从小组负责人的指挥，又要受原所在部门的领导，这就突破了一个员工只受一个直接上级领导的传统管理原则。

3. 【正确答案】C

【所属学科】《企业战略管理》第四章，企业业务层竞争战略。

【难易程度】中度

【考点解析】专家型企业的战略选择：保持独特性；保持特殊品的单纯性；进行目标营销，避免细分市场潜变；提供销售知识、高度个性化服务和体验；避开固定成本的增加；建立进入壁垒；避开区域性专家的陷阱。

4. 【正确答案】C

【所属学科】《企业战略管理》第七章，战略控制与组织结构。

【难易程度】中度

【考点解析】组织结构是组织为实现共同目标而进行的各种分工和协调的系统。它可以平衡企业组织内专业化与整合两个方面的要求，运用集权和分权的手段对企业的生产经营活动进行组织和控制。因此，组织结构的基本构成要素是分工与整合。

5. 【正确答案】D

【所属学科】《市场营销》第一章，市场营销导论。

【难易程度】中度

【考点解析】以互联网为媒体，并用相关的方式、方法和理念实施营销活动以便更有效地促成交易活动的实现，被称为网络营销。由个人或群体发起并进行的，关于某一特定产品、服务、品牌或组织的一种双向的信息沟通行为是指口碑营销。从感官、情感、思考、行动上设计营销理念，以产品或服务为道具，激发并满足顾客的体验需求，从而达到营销的模式是体验营销。推销观念认为，消费者通常表现出一种购买惰性或抗衡心理，如果听其自然的话，消费者一般不会足量购买某一企业的产品，因此，企业必须积极推销和大力促销，以刺激消费者大量购买本企业产品。

6. 【正确答案】C

【所属学科】《市场营销》第二章，企业战略计划过程与市场营销管理过程。

【难易程度】中度

【考点解析】后向一体化，即企业通过收购或兼并若干原材料供应商，拥有和控制其供应系统，实行供产一体化。前向一体化，即企业通过收购或兼并若干商业企业，拥有和控制其分销系统，实行产销一体化。水平一体化，即企业收购、兼并竞争者的同种类型的企业，或者在国内外与其他同类企业合资生产经营等。水平多元化，即企业利用原有市场，采用不同的技术来发展新产品，增加产品种类。例如，原来生产化肥的企业，又投资农药项目。

7. 【正确答案】D

【所属学科】《市场营销》第二章，企业战略计划过程与市场营销管理过程。

【难易程度】中度

【考点解析】市场细分要依据一定的细分变量进行。消费者市场的细分变量主要有地理变量、人口变量、心理变量和行为变量四类。(1) 地理细分，就是企业按照消费者所在的地理位置以及其他地理变量（包括城市农村、地形气候、交通运输等）来细分消费者市场。

(2) 人口细分，就是企业按照人口变量 (包括年龄、性别、收入、职业、教育水平、家庭规模、家庭生命周期阶段、宗教、种族、国籍等) 来细分消费者市场。(3) 心理细分，就是企业按照消费者的生活方式、个性等心理变量来细分消费者市场。消费者的欲望、需要和购买行为，不仅受人口变量影响，而且受心理变量影响，所以还要进行心理细分。(4) 行为细分，就是企业按照消费者购买或使用某种产品的时机、消费者所追求的利益、使用者情况、消费者对某种产品的使用率、消费者对品牌 (或商店) 的忠诚程度、消费者待购阶段和消费者对产品的态度等行为变量来细分消费者市场。

8. 【正确答案】D

【所属学科】《财务管理》第五章，企业筹资决策。

【难易程度】中度

【考点解析】因为经营杠杆＝边际贡献 /(边际贡献－固定成本)，财务杠杆＝ (边际贡献－固定成本)/[(边际贡献－固定成本)－利息费用]，联合杠杆＝经营杠杆 × 财务杠杆；所以就有： 边际贡献 /[(边际贡献－固定成本)－利息费用]＝2，则边际贡献＝300 000(元)，息税前利润＝边际贡献－固定成本＝300 000 － 100 000 ＝ 200 000(元)。

9. 【正确答案】A

【所属学科】《财务管理》第五章，企业筹资决策。

【难易程度】中度

【考点解析】发行债券的资本成本 $= \dfrac{[筹资额 \times 利息率 \times (1 - 所得税率)]}{筹资额 \times (1 - 所得税率)}$

$$= 12\% \times (1 - 33\%) / (1 - 4\%) = 8.38\%$$

10. 【正确答案】A

【所属学科】《财务管理》第五章，企业筹资决策。

【难易程度】中度

【考点解析】由于存在固定生产成本而造成的息税前利润变动率大于销售额变动率的现象，叫经营杠杆或营业杠杆。经营杠杆体现在对固定生产成本的利用。由于固定利息费用和优先股股利的存在，使普通股每股收益的变动幅度大于息税前利润的变动幅度的现象，叫财务杠杆。财务杠杆体现在对成本固定的债务资本和优先股资本的利用。

二、多项选择题

11. 【正确答案】ABDE

【所属学科】《管理学》第九章，领导。

【难易程度】中度

【考点解析】关于领导方式的类型有多种划分，根据权力定位和工作定位的不同，可以分为集权型、民主型、任务型、关系型和兼备型五种。

12. 【正确答案】BCD

【所属学科】《企业战略管理》第四章，企业业务层竞争战略。

【难易程度】中度

【考点解析】差异化战略带来的竞争优势：保持较高的售价，增加销售量，建立品牌忠诚。

13.【正确答案】ABCD

【所属学科】《市场营销》第八章，分销策略。

【难易程度】中度

【考点解析】市场营销计划控制包括年度计划控制、盈利能力控制、效率控制和战略控制。企业在管理市场营销活动时，对于市场营销计划中的效率控制，主要从销售人员、广告、销售促进及分销这四个方面进行。

14.【正确答案】ABC

【所属学科】《财务管理》第四章，企业筹资方式。

【难易程度】中度

【考点解析】企业债券筹资的优点：(1) 债券成本较低。公司债券的利息可在税前支付，从而可以享受税收方面的好处，因而其实际负担的资本成本较低。(2) 可以利用财务杠杆。债券持有人一般只能收取固定利息，不能参加剩余利润的分配，当公司资本收益率高于债券利率时，可以为普通股股东带来更多的收益。(3) 便于调整资本结构。在发行可转换债券或可提前赎回债券的情况下，公司可根据需要主动合理地调整资本结构。(4) 保障股东控制权。债券持有人无权参与公司的经营管理，因此，发行债券筹资不会分散股东对公司的控制权。

三、名词解释

1.【答案提示】组织结构是指组织内部分工协作的基本框架，具体包括直线制、直线职能制、事业部制、矩阵制、子公司和分公司。

2.【答案提示】平衡计分卡是指一种绩效体系评价模式，不适用于战略制定，也不是流程改造的工具，反映的是一种平衡。平衡计分卡的分析内容包括：学习与成长、内部经营流程、客户、财务。

3.【答案提示】分销组合指企业将产品从工厂送入市场的销售渠道的组合，包括直接分销渠道和间接分销渠道，是企业能否成功地将产品打入市场、扩大销售、实现企业经营目标的重要手段。

4.【答案提示】资本成本也叫资金成本，是公司筹集和使用资金所付出的代价。一般包括筹资费用和用资费用两部分。

四、简答题

1.【答案提示】利润最大化目标是指通过对企业财务活动的管理，不断增加企业利润，使利润达到最大。

　　作为财务管理的目标，利润最大化存在以下缺点：

　　(1) 利润最大化没有考虑利润发生的时间，没能考虑资金的时间价值。

　　(2) 利润最大化没能有效地考虑风险问题，这可能会使财务人员不顾风险大小去追求最多的利润。

(3) 利润最大化往往会使企业财务决策带有短期行为的倾向，即只顾实现目前的最大利润，而不顾企业的长远发展。利润最大化的提法，只是对经济效益浅层次的认识，存在一定的片面性，所以，利润最大化并不是财务管理的最优目标。

2. 【答案提示】生产者可借助某些势力来赢得中间商的合作。这些势力包括：

(1) 强制力。强制力是指生产者以撤回某种资源或中止关系威胁不合作（如顾客服务差、未实现销售目标、窜货等）的中间商而形成的势力。中间商对生产者的依赖性越强，这种势力的效果越明显。

(2) 奖赏力。奖赏力是指生产者给执行了某种职能的中间商额外付酬而形成的势力。奖赏力的负面效应：中间商为生产者服务往往不是出于固有的信念，而是因为有额外的报酬。每当生产者要求中间商执行某种职能时，中间商往往会要求更高的报酬。

(3) 法定力。法定力是指生产者要求中间商履行双方达成的合同，从而执行某些职能的势力。

(4) 专长力。专长力是指生产者因拥有某种专业知识而对中间商构成的控制力。生产者可借助复杂精密的系统领导或控制中间商，也可向中间商提供专业知识培训或系统升级服务，由此便可形成专长力。如果中间商得不到这些专业服务，其经营就很难成功。而一旦把专业知识传授给了中间商，这种专长力就会削弱。

(5) 感召力。感召力是指中间商对生产者深怀敬意并希望与之长期合作而形成的势力。IBM、微软、柯达、摩托罗拉等国际知名公司都有很强的感召力，中间商都愿意与之建立长期稳定的合作关系，也心甘情愿地按生产者的要求行事。

一般情况下，生产者都注重运用感召力、专长力、法定力和奖赏力，而尽量避免使用强制力。这样往往能收到理想的效果。

3. 【答案提示】新兴行业具有在市场、技术、生产、销售数量、销售渠道等方面都存在诸多的不确定性以及创业者的另立门户、战略不稳定、行业标准不统一、初始成本下降快等特点。因而，在发展过程中原材料、奖金、资源、客户、市场方面都存在不足。由于存在以上特点，企业面对新兴行业的战略选择：

(1) 促进产业结构稳定。具体表现在建立一套有利于自己行动、自身发展的竞争规则。

(2) 处理好与竞争者的关系。由于产业市场的发展，行业中的竞争者为了实现各自的目标，需要建立战略联盟与合作关系来实现共赢。

(3) 注意产业机会与障碍的转变。企业要充分地把握行业的外部机会和企业的内部优势，选择最佳的经营战略。

(4) 选择适当的进入时机和领域。企业在选择进入某一行业时，需要把握先动优势，选择合适的机会进入合适的市场。

4. 【答案提示】矩阵制由纵横两个管理系统组成，一个是职能部门系列，另一个是为完成某一临时任务而组建的项目小组系列，两者交叉构成矩阵。

矩阵制的优点：

(1) 有利于加强各部门之间的配合与协作，及时沟通解决问题。

(2) 能有效地发挥职能部门人员的作用。

(3) 激发了员工的工作积极性和创造性，有利于多种工作的开展，解决了相对稳定的组织结构与任务之间的矛盾。

(4) 是培养战略管理人员的最佳训练场。

五、论述题

1. 【答案提示】企业在阐述战略管理的内涵时，不仅需要详细说明其承担的使命和所确定的目标，由此来规范企业的战略，而且要分析战略输入要素的模型——产业组织模型和资源基础模型。这两种模型的区别在于：

(1) 产业组织模型揭示了外部环境对企业战略的决定性影响，该模型认为产业对企业绩效的影响要超过管理者对企业的影响。企业绩效取决于所在行业的特征，包括规模经济、市场进入障碍、多元化、产品差异化及产业集中度。因此，产业组织模型要求企业进入最具有吸引力的行业，根据产业结构特点、利用现有资源实施战略，获取利润。

(2) 资源基础模型认为企业独特的资源和能力形成了战略基础，这也是企业利润的重要来源。资源是投入企业经营过程中的一系列要素，如资金、设备、管理人员等。总的来讲，企业的资源可以分为三类：实物资源、人力资源和组织资源。能力是将众多资源组合在一起，来实现企业特定的任务和活动的才能。资源基础模型认为不同的企业所拥有的资源是不相同的。即便是拥有相同资源的企业，使用资源的手段和能力也是具有差异的，资源的差异性带来了不同的竞争优势。

根据以上分析，企业在进行战略管理时，两种模式虽然各有优缺点，但它们想要达到的目的是一样的，那就是为了寻求获得超额利润或稳定的战略竞争优势。

2. 【答案提示】管理人员的素质要求，是指从事企业管理工作的人员应当具备的基本品质、素养和能力。一般而言，管理者应当具备的素质有以下五方面：

(1) 从事管理工作的愿望。企业管理者必须具有从事管理工作的愿望。只有那些具有强烈的影响他人的愿望，并能从管理工作中获得乐趣，可以真正得到满足的人，才有可能成为一个有效的管理者。

(2) 良好的道德品质修养。管理者只有具备能对他人起到榜样、楷模作用的道德品质修养，才能赢得被管理者的尊敬和信赖，从而建立起威信和威望，使之自觉接受管理者的影响，提高管理工作的效果。

(3) 组织协调能力。管理人员具有较强的组织能力，能够按照分工协作的要求合理调配人员，部署工作任务，调节工作进程，将计划目标转化为每个员工的实际行动，促进生产经营过程稳定有序地进行。

(4) 解决问题和制定决策的能力。管理过程就是不断发现问题、解决问题的过程。为此，管理人员必须具备较强的解决问题的能力，要能够敏锐地发现问题之所在，迅速提出解决问题的各种措施和途径，同时也要讲求方式方法和处理技巧，使问题得到及时、妥善的解决。在解决问题的过程中，决策能力具有至关重要的作用。管理人员必须具有较强的决策能力，要善于在全面收集、整合信息的基础上，准确判断，大胆拍板，从各种备选方案中果断地抉择最优方案，并将决策方案付诸实施。

(5) 专业技术能力。管理人员应当具备处理专门业务技术问题的能力，包括掌握必要的专业知识，能够从事专业问题的分析研究，能够熟练运用专用工具和方法等。

以上素质要求是选拔和任用管理人员的基本依据。在实践中，由于管理人员所处的等级层次和担负的职能类型不同，职位的性质和要求也存在差异，因此对各级各类管理人员的素质要求也应有所区别和侧重。

六、案例分析题

案例一【答案提示】

1. 该食品店采用差别定价策略。差别定价，也叫价格歧视，就是企业按照两种或两种以上不反映成本费用的比例差异的价格销售某种产品或劳务。差别定价有四种形式：(1) 顾客差别定价，即企业按照不同的价格把同一种产品或劳务卖给不同的顾客；(2) 产品形式差别定价，即企业对不同型号或形式的产品分别制定不同的价格；(3) 产品部位差别定价，即企业对于处在不同位置的产品或服务分别制定不同的价格；(4) 销售时间差别定价，即企业对于不同季节、不同时期甚至不同钟点的产品或服务分别制定不同的价格。

2. 该食品公司采用了差异市场营销策略。企业确定其目标市场的战略有三种：

(1) 无差异市场营销，是指企业在市场细分之后，不考虑各子市场的特性，而只注重子市场的共性，决定只推出单一产品，运用单一的市场营销组合，力求在一定程度上满足尽可能多的顾客的需求。

(2) 差异市场营销，是指企业决定同时为几个子市场服务，设计不同的产品，并在渠道、促销和定价方面都做出相应的改变，以适应各子市场的需要。

(3) 集中市场营销，是指企业集中所有力量，以一个或少数几个性质相似的子市场作为目标市场，试图在较少的子市场上占较大的市场占有率。

案例二【答案提示】

1. 公司 2011 年的销售净利率：

销售净利率＝税后净利／销售收入＝ 120/800 ＝ 15%

2. 公司 2011 年的流动比率：

流动比率＝流动资产／流动负债＝ (200 ＋ 150 ＋ 50)/(400 － 180) ＝ 1.82

3. 公司 2011 年的净资产收益率：

净资产收益率＝净利润／所有者权益总额＝ 120/(1 000 － 400) ＝ 20%

4. 公司 2011 年的所有者权益比率：

所有者权益比率＝所有者权益总额／总资产＝ (1 000 － 400)/1 000 ＝ 60%

2017年同等学力人员申请硕士学位
学科综合水平全国统一考试
工商管理试卷

一、单项选择题（每题1分，共10分。请从A、B、C、D中选择一个正确答案）

1. 组织的内部平衡是指（　　）。

    A. 组织内部部门之间的平衡 　　　　B. 组织整体与个体之间的平衡

    C. 组织内部权力的平衡 　　　　　　D. 组织内部个体与个体之间的平衡

2. 对行为不予理睬使之弱化，任其反应频率逐渐降低属于哪种强化？（　　）

    A. 正强化 　　　　　　　　　　　B. 负强化

    C. 弱化 　　　　　　　　　　　　D. 消退

3. 以下哪项不是取得低成本优势的方法？（　　）

    A. 把企业建在离供应商近的地方 　　B. 寻求与其他业务单位的共享机会

    C. 实现规模经济，避免规模不经济 　D. 从顾客的角度创造价值

4. 企业想要在具体业务领域保持竞争优势和竞争地位，应该选择（　　）。

    A. 总体战略 　　　　　　　　　　B. 经营单位战略

    C. 职能战略 　　　　　　　　　　D. 企业战略

5. 如果一个企业在原有市场领域尚未开发完潜伏的机会，应选择（　　）。

    A. 密集增长战略 　　　　　　　　B. 一体化战略

    C. 多元化战略 　　　　　　　　　D. 差异化战略

6. 低机会、低威胁的业务被称为（　　）。

    A. 理想业务 　　　　　　　　　　B. 冒险业务

    C. 成熟业务 　　　　　　　　　　D. 困难业务

7. 市场营销在考虑渠道交换时，最重要的考虑因素是（　　）。

    A. 经济性 　　　　　　　　　　　B. 适应性

    C. 控制性 　　　　　　　　　　　D. 规模性

8. 企业的销售净利润是5%，总资产周转倍数是2，权益乘数是1.5，所有者权益报酬率为（　　）。

    A. 6% 　　　　　　B. 10% 　　　　　　　　C. 12.5% 　　　　　　D. 15%

9. 下列关于可转换债券的说法正确的是（　　）。

    A. 初期发行成本低 　　　　　　　B. 发行公司不可赎回

    C. 可以无条件赎回 　　　　　　　D. 到期必须转换成普通股

10. 一个投资项目的内部报酬率低于资本成本，说明 ( )。

    A. 亏损不可行   B. 盈利可行

    C. 净现值小于 0，不可行   D. 平均报酬率

二、多项选择题 (每题 2 分，共 8 分。请从 A、B、C、D、E 中选择所有你认为正确的答案)

11. 决策的过程包括 ( )。

    A. 搜集信息   B. 拟订计划   C. 选定方案

    D. 分析方案   E. 评价方案

12. 市场营销渠道包括 ( )。

    A. 商人中间商   B. 辅助商   C. 供应商

    D. 代理中间商   E. 制造商

13. 下列哪些属于协同效果？ ( )

    A. 牙膏牙刷捆绑销售，降低分销成本   B. 销售自行车的，去生产自行车

    C. 生产部门与技术部门合作   D. 收购了三家葡萄酒厂，并保留品牌经营

    E. 把服装厂质量管理的经验分享给旗下制鞋厂，分享了经验，最后降低成本

14. 下列哪些是说明资产周转能力的指标？ ( )

    A. 利息周转总数   B. 总资产周转率   C. 存货周转天数

    D. 固定费用周转倍数   E. 应收账款周转率

三、名词解释 (每题 3 分，共 12 分)

1. 正式组织

2. 紧缩战略

3. 附加产品

4. 非系统性风险

四、简答题 (每题 7 分，共 28 分)

1. 管理制度的制定要求是什么?

2. 简述在资源基础理论指导下的战略管理思路。

3. 简述网络广告的优势。

4. 简述影响股利政策的因素。

五、论述题 (每题 11 分，共 22 分)

1. 论述直线职能制的特点。

2. 论述促销组合的影响因素。

六、案例分析题（每题 10 分，共 20 分）

案例一：

福喜家居集团的竞争战略

福喜家居集团是我国一家大型家居生产集团，建立于 20 世纪 80 年代。它过去主要是以成本领先战略向国际市场供应价格低廉、设计简单的家用家具，也有少量家具出口东南亚国家和我国台湾地区。

该企业的材料供应商主要在国内，但是近两年来，随着国内物价水平的上涨，家具原材料费用和人工费用都出现明显的上涨，一些签订长期协议的供应商也提出了更改协议的要求，要求提高采购价格。过去该企业的家具主要进入二、三线地区的家具卖场销售，与一些销售渠道形成了比较稳定的合作关系。不过，近年来家具卖场受到互联网销售的巨大冲击，经营状况大不如以前。

目前，行业内市场上几个大品牌主导了市场份额的 65% 以上，新进入行业还需要一大笔起步资金，新企业的生存空间比较有限。但是值得注意的是，南方地区相继出现不少小型企业，它们规模小，设计能力不强，知名度也不高，但是可以模仿搭车策略。它们很容易获得行业内新产品的设计，并进行快速效仿，或者通过其他方式进行创新性的研发。

随着生活水平的提高，消费者对家具产品的要求也越来越高，品味更加多变，虽然品牌依然起着很重要的吸引作用，但是顾客对于服务的要求也越来越高，而购买家具的渠道也越来越多元化，尤其是近年来，定制化流行和网络订购成为家具生产和销售的主流趋势。

在这种情况下，福喜集团面临着艰难的选择，这家企业应该如何制定下一步的竞争战略？

问题：

1. 选择适当的分析工具，分析说明该行业未来是否仍然是有吸引力的行业。

2. 福喜家居集团的成本领先战略是否仍是行业竞争的最佳战略？该企业应如何调整战略以面对环境的变化？

案例二：

某公司在 2017 年计划设立一家子公司，从事空气净化器的生产和销售。该子公司拟定的初始筹资总额为 10000 万元，其筹资方案如下：向银行申请长期借款 2000 万元，年利率为 6%；平价发行普通公司债券 3000 万元，票面利率为 8%，期限为 3 年，每年付息一次，到期偿还本金；发行普通股 500 万股，发行价格为每股 10 元，筹资 5000 万元，预计第一年每股股利为 1 元，以后每年按 5% 的比率增长。公司的所得税税率为 25%。以上筹资均不考虑筹资费用。

要求：

1. 计算长期借款的资本成本。

2. 计算公司债券的资本成本。

3. 计算普通股的资本成本。

4. 计算全部资本的加权平均资本成本。

2017 年同等学力人员申请硕士学位
学科综合水平全国统一考试
工商管理答案及解析

一、单项选择题

1. 【正确答案】B

   【所属学科】《管理学》第二章，组织管理原理。

   【难易程度】中度

   【考点解析】组织内部平衡，指由单独个体行为到集体化协作行为的环节，是个体与组织整体之间的平衡。组织内部平衡是诱因与贡献的平衡，即组织提供给个人的可用来满足个人需求，影响个人动机的诱因必须等于或大于个人对组织的贡献。

2. 【正确答案】D

   【所属学科】《管理学》第八章，激励。

   【难易程度】中度

   【考点解析】企业运用强化激励模式时，可以采用以下三种方法：(1) 正强化，又称积极强化，即利用强化物刺激行为主体，来保持和增强某种积极行为重新出现的频率。(2) 负强化，又称为消极强化，即利用强化物抑制不良行为重复出现的可能性而运用的管理手段。(3) 消退，即对行为不施以任何刺激，任其反应频率逐渐降低，以至自然消退。消退也是强化的一种方式。

3. 【正确答案】A

   【所属学科】《企业战略管理》第四章，企业业务层竞争战略。

   【难易程度】中度

   【考点解析】企业取得低成本的方法：(1) 控制生产成本的基本方式。①实现规模经济，避免规模不经济；②实现学习和经验曲线效应；③管理主要资源投入的成本；④考虑价值链中各种活动之间的连接；⑤寻求与其他业务单位的共享机会；⑥比较垂直一体化与外包；⑦评估先发者的优势与劣势；⑧控制能力效用的比率；⑨做出正确的战略选择、采取恰当的运作方式。(2) 重构价值链的基本方式。①放弃传统的商业做法，采用电子商务技术或互联网；②利用直接营销的形式；③简化产品设计；④转向更为简单、更低资本密集、更柔性化的技术和流程；⑤剔除高成本的原材料；⑥将设备放置在更接近于供应商或顾客的地方；⑦放弃为所有顾客服务的做法，只集中在有限的产品或服务；⑧核心业务流程的再造。

4. 【正确答案】B

   【所属学科】《企业战略管理》第一章，战略管理理论。

   【难易程度】中度

   【考点解析】经营单位战略是在企业总体战略的制约下，指导和管理具体经营单位的计划和行动，为企业的整体目标服务。经营单位战略主要是针对不断变化的外部环境，在各自的经营领域有效地竞争。为了保证企业的竞争优势，各经营单位要有效地控制资源的分配和使用。

5. 【正确答案】A

【所属学科】《市场营销》第二章，企业战略计划过程与市场营销管理过程。

【难易程度】中度

【考点解析】企业如果尚未完全开发潜伏在其现有产品和市场中的机会，则可采取密集增长战略。这种战略包括以下三种类型：(1) 市场渗透，即企业通过改进广告、宣传和推销工作，在某些地区增设商业网点，借助多渠道将同一产品送达同一市场，短期削价等措施，在现有市场上扩大现有产品的销售。(2) 市场开发，即企业通过在新地区或国外增设新商业网点或利用新分销渠道，加强广告促销等措施，在新市场上扩大现有产品的销售。(3) 产品开发，即企业通过增加花色、品种、规格、型号等措施，向现有市场提供新产品或改进产品。

6. 【正确答案】C

【所属学科】《市场营销》第三章，市场营销环境分析。

【难易程度】容易

【考点解析】企业在分析市场营销环境时，企业的最高管理层可以用"环境威胁矩阵图"和"市场机会矩阵图"来分析、评价。环境威胁矩阵图的纵列代表"出现威胁的可能性"，横排代表"潜在的严重性"，表示盈利减少的程度。市场机会矩阵图的纵列代表"成功的可能性"，横排代表"潜在的吸引力"，表示潜在的盈利能力。通过上述方法来分析和评价企业所经营的业务，可能会出现四种不同的结果：(1) 理想业务，即高机会和低威胁的业务；(2) 冒险业务，即高机会和高威胁的业务；(3) 成熟业务，即低机会和低威胁的业务；(4) 困难业务，即低机会和高威胁的业务。

7. 【正确答案】A

【所属学科】《市场营销》第八章，分销策略。

【难易程度】中度

【考点解析】在企业分销渠道的设计中，一般而言，要想设计一个有效的渠道系统，须经过以下步骤：(1) 确定渠道目标与限制；(2) 明确各主要渠道交替方案；(3) 评估各种可能的渠道交替方案。企业在评估各种可能的渠道交替方案时，生产者所要解决的问题，就是从那些看起来似乎很合理但又相互排斥的交替方案中选择最能满足企业长期目标的一种方案。因此，企业必须对各种可能的渠道交替方案进行评估。评估标准有三个，即经济性、控制性和适应性。在这三项标准中，经济性标准最为重要。因为企业是追求利润，而不是追求渠道的控制性与适应性。经济分析可用许多企业经常遇到的一个决策问题来说明，即企业应使用自己的推销力量，还是应使用制造商的销售代理商。

8. 【正确答案】D

【所属学科】《财务管理》第三章，财务分析。

【难易程度】中度

【考点解析】所有者权益报酬率＝销售净利润 5%× 总资产周转倍数 2× 权益乘数 1.5 ＝ 15%。

9. 【正确答案】A

【所属学科】《财务管理》第四章，企业筹资方式。

【难易程度】中度

【考点解析】可转换债券是一种以公司债券为载体，允许持有人在规定时间内按规定的价格转换为公司普通股的金融工具。

可转换债券的特性主要包括：(1) 期权性。可转换债券的期权性主要体现在它给予投资者的选择权上，在规定的期限内，投资者可以选择将债券转换为普通股票，也可以选择放弃转换权利。(2) 赎回性。可转换债券一般都具有赎回条款，它规定发行公司在可转换债券转换前，可以按照一定条件赎回债券。发行公司行使赎回权的目的，是迫使投资者将债券转换为股票。(3) 双重性。可转换债券在转换之前，属于债券性质；若在转换期间，投资人未将其转换为股票，则发行公司到期必须无条件支付本金及利息。而同时，只要投资者愿意，可按约定随时将可转换债券转换为公司股票，成为公司的股权投资者。

可转换债券筹资的主要优点：(1) 发行初期，资本成本较低。由于可转换债券给予持有者在股票价格有利时进行转换的选择权，因此，其实际利率低于同等条件的不可转换债券利率。(2) 通过发行可转换债券，为公司提供了一种以高于当期股价发行新股的可能，其原因是可转换债券的转换价格高于新股的发行价格。

可转换债券筹资的主要缺点：(1) 虽然可转换债券能使公司以高于当期股价的价格筹得资金，但如果公司股票大幅度上涨，则实际会减少公司筹资数量。(2) 在发行可转换债券的初期，其发行成本较低，但当可转换债券转换为普通股时，这种低成本的优势将丧失。(3) 由于可转换债券可能转换为普通股，一旦转换，普通股的每股收益将下降。(4) 如果公司实际想要筹集的是权益资本，而在发行后，当股价并没有上涨到足以吸引投资人将可转换债券转换成普通股时，转换就不会发生，这部分债券将成为"呆滞债券"。"呆滞债券"的存在，会增加公司的财务风险，降低公司筹资的灵活性。

10. 【正确答案】C

【所属学科】《财务管理》第六章，企业投资决策。

【难易程度】难

【考点解析】如果一个项目的内部报酬率小于资本成本，那么它的净现值小于 0，但不确定为亏损项目，因为现金流量是收付实现制，利润是权责发生制，现金流量为负，利润不必然为负。这说明企业的内部报酬率低于资本成本率，根据内部报酬率的决策规则，该项目不可行。

二、多项选择题

11. 【正确答案】ABCE

【所属学科】《管理学》第四章，决策。

【难易程度】中度

【考点解析】决策过程包含四个阶段：(1) 搜集信息阶段。搜集组织所处环境中有关经济、技术等方面的信息，为拟订、选择计划提供依据。(2) 拟订计划阶段。以组织所需解决的问题为目标。(3) 选定方案阶段。根据当时的情况和对未来发展的预测来选择。(4) 对已选定的方案进行评价。

12.【正确答案】ABCDE

【所属学科】《市场营销》第八章，分销策略。

【难易程度】中度

【考点解析】市场营销渠道，指配合起来生产、分销和消费某一生产者的商品和服务的所有企业和个人。也就是说，市场营销渠道包括某种产品供产销过程中的所有有关企业和个人，如供应商、生产者、商人中间商、代理中间商、辅助商以及最终消费者或用户等。

13.【正确答案】CDE

【所属学科】《企业战略管理》第一章，战略管理理论。

【难易程度】中度

【考点解析】协同作用是指企业从资源配置和经营范围的决策中所能寻求到的共同努力的效果。就是说，分力之和大于各分力简单相加的结果。在企业管理中，企业总体资源的收益要大于各部分资源收益的和。

14.【正确答案】BCE

【所属学科】《财务管理》第三章，财务分析。

【难易程度】中度

【考点解析】企业的资产周转情况，直接影响企业的偿债能力和盈利能力，因此，在对企业的偿债能力和盈利能力进行分析后，还必须分析企业的资产周转情况。分析资产周转情况的主要指标有：(1) 应收账款周转率。应收账款周转率是利用赊销收入净额与应收账款平均占用额进行对比所确定的一个指标，有周转次数和周转天数两种表示方法。(2) 存货周转率。存货周转率是由销货成本和存货平均占用额进行对比所确定的指标，有存货周转次数和周转天数两种表示方法。(3) 流动资产周转率。流动资产周转率是根据销售收入和流动资产平均占用额进行对比所确定的一个比率。(4) 固定资产周转率。固定资产周转率是企业的销售收入与固定资产净值总额进行对比所确定的一个比率。(5) 总资产周转率。总资产周转率是销售收入与资产总额进行对比所确定的一个比率。

三、名词解释

1.【答案提示】正式组织是指两个或两个以上的人有意识地加以协调的行为或力的系统。

2.【答案提示】紧缩战略是指对公司的股本或资产进行重组，从而缩减主营业务范围或缩小公司规模的各种资本运作的途径和方法。

3.【答案提示】附加产品，是指顾客购买有形产品时所获得的全部附加服务和利益，包括提供信贷、免费送货、保证、安装、售后服务等。

4.【答案提示】非系统性风险又叫可分散风险或公司特别风险，是指某些因素对单个证券造成经济损失的可能性。如个别公司的工人罢工、公司在市场竞争中的失败等。这种风险可通过证券持有的多样化来抵消。

四、简答题

1. 【答案提示】在企业组织管理中，各项制度的制定和形成，要满足以下几个基本要求：

(1) 从实际出发。制定制度规范，要从企业组织实际出发，充分反映企业组织活动中的规律性，体现企业特点，保证制度规范具有可行性、实用性，切忌不切合实际。

(2) 根据需要制定制度。制度规范的制定要从需要出发，不是为了制度而制定制度。

(3) 建立在法律和社会道德规范的基础上。法律和社会道德规范是在全社会范围内约束个人和团体行为的基本规范，是企业组织正常生存发展的基本条件和保证。

(4) 系统和配套。企业制度规范要全面、系统和配套，基本章程、各种条例、规程、办法要构成一个内在一致、相互配套的体系。

(5) 合情合理。制度规范要体现合理化原理，既要讲究科学、理性、规律；又要考虑人性的特点，避免不近情理、不合理等情况出现。

(6) 先进性。制度规范的制定要从调查研究入手，总结本企业经验，同时吸收其他企业的先进经验，引进现代化管理技术和方法，保证制度规范的先进性。

2. 【答案提示】资源基础模型认为企业独特的资源和能力形成了战略基础，这也是企业利润的重要来源。

(1) 资源和能力。

资源是投入企业经营过程中的一系列要素，如资金、设备、员工技能、专利技术、财务和卓越的管理人员等。总的来讲，企业的资源可以分为三类：实物资源、人力资源和组织资源。能力是将众多资源组合在一起，来实现企业特定的任务和活动的才能。

资源基础模型认为不同的企业所拥有的资源是不相同的。即便是拥有相同资源的企业，使用资源的手段和能力也是具有差异的，资源的差异性带来了不同的竞争优势。

(2) 资源基础模型的战略管理。

①确立企业的资源，研究本企业相对于竞争对手的优劣势。

②确立企业的资源和能力，建立竞争优势。

③选择有吸引力的产业。

④选择战略，充分利用资源和能力以及环境机会。

3. 【答案提示】网络广告的优点包括：

(1) 差别性。网络广告可以根据更精细的个人差别将顾客进行分类，分别传递不同的广告信息。

(2) 互动性。网络广告是互动的。网上的消费者会反馈信息，有利于企业更多地吸收客户的建议。

(3) 实时性。网络广告利用最先进的虚拟现实界面设计来达到让人身临其境的效果，这会带来全新的体验。

(4) 非强迫性。网络广告的用户构成也是广告商们愿意投资的因素。企业还可以通过网站留住客户。

(5) 形式多样。可以根据用户不同的需要提供多样化的广告内容和形式。

(6) 广泛性。由于受众面广，网络 PC 端和手机端接触的客户广泛。

4. 【答案提示】公司在制定股利政策时应考虑以下因素，选择合适的股利政策：

(1) 公司的投资机会。公司的投资机会是影响公司股利政策的一个非常重要的因素。

(2) 公司的资本成本。资本成本是公司选择筹资方式的基本依据。

(3) 公司的现金流量。公司在经营活动中，必须有充足的现金，否则就会导致支付困难。

(4) 公司所处的生命周期。公司理所当然地应该采用最符合其当前所处生命周期阶段的股利政策。一般来说，不同的周期，公司的投资机会不同，需要的资金规模不同，公司向股东发放的股利也不同。

(5) 行业因素的影响。不同行业的股利支付比率存在系统性差异。其原因在于：投资机会在行业内是相似的，而在不同行业之间则存在差异。

(6) 股权结构的影响。股利政策必须经过股东大会决议通过才能实施，而不同的股东对现金股利和资本利得的偏好不同，因此股权结构对公司股利政策具有重要的影响。

(7) 其他因素的影响。其他因素包括法律因素和契约性约束等。法律因素是指有关法律、法规对公司股利分配的限制，如我国的《公司法》《证券法》。

五、论述题

1. 【答案提示】直线职能制是一种以直线制结构为基础，在厂长（经理）领导下设置相应的职能部门，实行厂长（经理）统一指挥与职能部门参谋、指导相结合的组织结构形式。

直线职能制的特点：

(1) 厂长（经理）对业务和职能部门均实行垂直式领导，各级直线管理人员在职权范围内对直接下属有指挥和命令的权力，并对此承担全部责任。

(2) 职能管理部门是厂长（经理）的参谋和助手，没有直接指挥权，其职责是向上级提供信息和建议，并对业务部门实施指导和监督，因此，它与业务部门的关系只是一种指导关系，而非领导关系。

直线职能制是一种集权和分权相结合的组织结构形式，它在保留直线制统一指挥优点的基础上，引入管理工作专业化的做法。因此，既能保证统一指挥，又可以发挥职能管理部门的参谋、指导作用，弥补领导人员在专业管理知识和能力方面的不足，协助领导人员做决策，是一种有助于提高管理效率的组织结构形式。

2. 【答案提示】促销组合是指企业根据促销的需要，对广告、销售促进、宣传与人员推销等各种促销方式进行的适当选择和综合编配。从促销的历史发展过程来看，企业最先划分出人员推销职能，其次是广告，再次是销售促进，最后是宣传。一般来讲，企业在将促销预算分配到各种促销工具或在确定促销组合时，需考虑以下因素：

(1) 产品类型。其主要指产品是消费品还是产业用品。消费品与产业用品的促销组合是有区别的。广告一直是消费品的主要促销工具，而人员推销则是产业用品的主要促销工具。销售促进在这两类市场上同等重要。

(2) 推式与拉式策略。企业是选择推式策略还是选择拉式策略来创造销售，对促销组合也具有重要影响。推式策略是指利用推销人员与中间商促销将产品推入渠道，生产者将产品积极推到批发商手上，批发商又积极地将产品推给零售商，零售商再将产品推向消费者。拉式策略是指企业针对最终消费者，花费大量的资金进行广告宣传及消费者促销活动，以增进产品的需求。

(3) 促销目标。确定最佳促销组合，尚需考虑促销目标。广告、销售促进和宣传在建立购买者知情度方面，比人员推销的效益要好得多。在促进购买者对企业及其产品的了解方面，广告的成本效益最好，人员推销居其次。购买者对企业及其产品的信任，在很大程度上受人员推销的影响，其次才是广告。购买者订货与否以及订货多少主要受推销访问的影响，销售促进则起协调作用。

(4) 产品生命周期阶段。在产品生命周期的介绍期和成熟期，促销是一个十分重要的市场营销组合因素。在介绍期，广告与销售促进的配合使用能促进消费者认识、了解企业产品。在成长期，社交渠道沟通方式开始产生明显效果，口头传播越来越重要。在成熟期，竞争对手日益增多，为了与竞争对手相抗衡，保持已有的市场占有率，企业必须增加促销费用。在衰退期，企业应把促销规模降到最低限度，以保证足够的利润收入。

(5) 经济前景。企业应随着经济前景的变化，及时改变促销组合。在这种情况下，企业至少可采取以下对策：①提高销售促进相对于广告的分量；②在促销中，特别强调产品价值与价格；③提供信息咨询，帮助顾客知道如何明智地购买。

六、案例分析题

案例一【答案提示】

1. 在战略分析中，行业环境分析的重点是对行业内竞争程度的评估。波特提出的五种力量模型是最具代表性并被广泛应用的行业竞争分析工具。按照波特的理论，一个产业中的竞争，远不止在原有竞争对手中进行，而是存在着五种基本的竞争力量。这五种竞争力量为：潜在的进入者、现有竞争者之间的竞争、替代品、供应商讨价还价的能力、购买者讨价还价的能力。这五种竞争力量共同决定了该产业的竞争强度和获利能力。既然行业中存在这五种力量，就说明该行业还是具有很强的吸引力。

2. 福喜家居集团目前所采用的低成本领先战略不是最佳战略。该企业应该根据客户、市场、供应商、竞争者变化调整战略，最合适的战略是差别化战略。企业实施差别化战略后，可以形成进入障碍，降低顾客对价格的敏感度，增强讨价还价的能力，防止替代品威胁。

案例二【答案提示】

1. 长期借款的资本成本 = 利息率 ×(1 − 所得税率) = 6%×(1 − 25%) = 4.5%

2. 发行债券的资本成本 = 利息率 ×(1 − 所得税率) = 8%×(1 − 25%) = 6%

3. 发行普通股的资本成本 = 每股股利 / 股票价格 + 股利增长率 = 1/10 + 5% = 15%

4. 加权平均资本成本 = 2 000/10 000×4.5% + 3 000/10 000×6% + 5 000/10 000×15% = 10.2%

2018年同等学力人员申请硕士学位

学科综合水平全国统一考试

工商管理试卷

一、单项选择题（每题1分，共10分。请从A、B、C、D中选择一个正确答案）

1. 被称为企业"宪法"的是（　　）。

 A. 管理制度   B. 企业基本制度

 C. 个人行为规范   D. 业务规范

2. 提出期望理论的是（　　）。

 A. 亚当斯   B. 马斯洛

 C. 弗鲁姆   D. 斯金纳

3. 关系市场营销是建立企业与顾客之间的（　　）。

 A. 关注   B. 关联   C. 反馈   D. 信任

4. 市场细分的本质是因顾客的（　　）。

 A. 个性   B. 差异化

 C. 共性   D. 同质性

5. 在现有企业的行业中，影响进入壁垒高低的因素是（　　）。

 A. 行业竞争结构   B. 行业规模

 C. 进入壁垒的大小   D. 顾客讨价还价的能力

6. 企业的战略管理过程不包括（　　）。

 A. 战略形成   B. 战略分析

 C. 战略变革   D. 战略实施

7. 业务经理管理售前售后等工作属于价值链的（　　）。

 A. 基本活动   B. 财务活动

 C. 支持活动   D. 经营活动

8. 企业的 β 系数是2，市场的平均报酬率是9%，无风险报酬率是4%，则企业的必要报酬率为（　　）。

 A. 4%   B. 10%   C. 8%   D. 14%

9. 以下属于企业短期偿债能力的指标是（　　）。

 A. 所有者权益比率   B. 资产负债率

 C. 速动比率   D. 利息周转倍数

10. 以下对于认股权证表述正确的是（　　）。

 A. 认股权证不能自由转让   B. 认股权证股东有权参与股利分配

 C. 认股权证属于债务资本   D. 认股权证可在证券市场上单独进行交易

二、多项选择题（每题 2 分，共 8 分。请从 A、B、C、D、E 中选择所有你认为正确的答案）

11. 管理过程流派一直致力于研究和说明（　　）。

A. 管理的职能 　　B. 如何行使管理职能 　　C. 组织和管理的基础

D. 管理研究中的方法论 　　E. 管理的经验

12. 垂直整合战略（　　）。

A. 前向于最终产品的终端使用者 　　B. 后向于资源的供应者

C. 前向于资源的供应者 　　D. 扩展了原来同产业的竞争范围

E. 后向于最终产品的终端使用者

13. 顾客关系管理的主要功能包括（　　）。

A. 顾客获取 　　B. 顾客开发 　　C. 顾客规模

D. 顾客保持 　　E. 顾客分布

14. 以下属于贴现现金流量指标的是（　　）。

A. 投资回收期 　　B. 平均报酬率 　　C. 净现值

D. 内部报酬率 　　E. 利润指数

三、名词解释（每题 3 分，共 12 分）

1. 沟通

2. 集中化战略

3. 人员推销

4. 经营杠杆

四、简答题（每题 7 分，共 28 分）

1. 简述强化激励的方法。

2. 简述钻石模型的分析方法。

3. 简述包装决策的类型。

4. 简述股利分配政策的内容。

五、论述题（每题 11 分，共 22 分）

1. 论述决策的过程。

2. 论述本土企业如何迎接跨国公司的挑战。

六、案例分析题（每题 10 分，共 20 分）

案例一：

柯达公司——一个衰败的案例

近日，国外有媒体报道，柯达如果出售数码专利失败，将在未来几周申请破产保护。

柯达的英雄末路，可以说并不出乎人们的意料。前段时间，《福布斯》杂志公布了 2015 年最可能消失的品牌调查结果，柯达位居首位，并称没有人对这一排位感到吃惊，因为这家企业的长期发展战略很差劲，"没有任何前景"并且"没有采取任何改变措施"。

不过，柯达将要破产的消息一出，还是立刻成为人们的关注焦点，不少人为此扼腕叹息。

遍布大街小巷的黄色柯达店伴随了几代人的成长，作为全球影像和冲印行业的领导者，柯达曾是摄影领域的代名词，1997 年市值达到顶峰，约 300 亿美元。然而，眼下这家有着 132 年历史的公司市值却只有 1.45 亿美元。由于股价连续 30 天低于 1 美元，处于困境中的柯达日前表示，如果未来 6 个月内公司无法提高股价，则有可能从纽约证券交易所退市。

柯达的衰败可以说是时代变迁的一个缩影，也可以说是一家企业战略失败的经典案例。当摄影技术从"胶卷时代"大踏步进入"数字时代"之际，柯达舍不得放弃传统胶片领域的帝王地位，面对新技术的出现和应用，反应迟钝。其实，并不是柯达不具备数字影像方面的技术和能力，相反，柯达早在 1976 年就开发出了数字影像技术，并将数字影像技术用于航天领域，而且其在 1991 年就有了 130 万像素的数字相机。但是，倚重传统影像业务的柯达高层不仅没有重视数字技术，反而把关注的重点不恰当地放在了防止胶卷销量受到不利影响上，导致该公司未能大力发展数字业务。结果就是舍不得"自杀"，只能"他杀"。2002 年，柯达的产品数字化率只有 25% 左右，而竞争对手富士胶片已达到了 60%。随着胶卷的失宠，以及智能手机的出现，柯达走向了末路。

今天，产业技术换代加快，各种技术路线和产业链之间在基础研究、标准制定、市场应用等各个层面激烈竞争，企业要基业长青，就需要把握产业技术竞争演变的态势，随机应变，在技术驱动扮演重要角色的战略性新兴产业领域尤其如此。柯达曾经是美国高技术产业的骄傲，但其忽视了数码技术兴起对摄影领域带来的颠覆性创新的机遇，因而最终无力回天。

问题：

1. 从市场营销角度分析柯达公司衰败的原因。

2. 分析新产品开发与市场开拓的关系。

案例二：

息税前每股收益的决策

某公司 2017 年年初的负债与股东权益总额为 9 000 万元，其中，公司债券 1 000 万元（按面值发行，票面年利率为 8%，每年年末付息，三年到期）；普通股股本 4 000 万元（面值 1 元，4 000 万股）；资本公积 2 000 万元；留存收益 2 000 万元。2017 年该公司为扩大生产规模筹集资金 1 000 万元，现有以下两个筹资方案可供选择：方案一，增加发行普通股 200 万股，预计每股发行价格为 5 元；方案二，增加发行同类公司债券，按面值发行，票面年利率为 8%，每年年末付息，三年到期。预计 2017 年该公司可实现息税前盈余 2 000 万元，企业所得税率为 25%。

要求：计算每股盈余无差别点处的息税前盈余，并据此确定该公司应当采用哪种筹资方案。

2018年同等学力人员申请硕士学位
学科综合水平全国统一考试
工商管理答案及解析

一、单项选择题

1. 【正确答案】B

   【所属学科】《管理学》第六章，组织。

   【难易程度】中度

   【考点解析】A. 管理制度是比企业基本制度层次略低的制度规范。它是用来约束集体性行为的成体系的活动和行为规范，主要针对集体，而非个人。在组织管理的体系中，相当一部分就是管理制度，它是把单独分散的个人行为整合为有目的的集体化行为的必要环节，是管理依托的基本手段。B. 企业基本制度是企业的"宪法"。它是企业制度规范中具有根本性质的，规定企业形成的组织方式、决定企业性质的基本制度。它规定了企业的所有者，经营管理人员，企业组织成员各自的权利、义务和相互关系；确定了财产的所有关系和分配方式；制约着企业活动的范围和性质；是涉及企业所有层次、决定企业组织的根本制度。C. 个人行为规范是所有对个人行为起制约作用的制度规范的统称。它是企业组织中层次最低，约束范围最宽，但也是最具基础性的制度规范。个人行为规范是组织中对行为和活动约束的第一个层次，其效果好坏、程度如何往往是更高层约束能否有效实现的先决条件。D. 业务规范是针对业务活动过程中那些大量存在、反复出现的，又能摸索出科学处理办法的事务所制定的作业处理规定。业务规范大都有技术背景，以经验为基础，是概括了的工作程序和处理办法，如安全规范、服务规范、业务规程、操作规范，等等。

2. 【正确答案】C

   【所属学科】《管理学》第八章，激励。

   【难易程度】中度

   【考点解析】A. 权衡激励模式的理论基础源于美国管理学家亚当斯提出的公平理论。亚当斯认为，在企业环境中，员工更为关注的不是报酬的绝对值的大小，而是报酬的分配是否公平合理，以及自己是否受到公平的对待。B. 马斯洛提出的"需要层次理论"的应用价值在于，管理者可以根据该理论对员工的多种需要进行确认和归类；然后针对未满足的或正在追求的需求提供诱因，进行激励；同时更加注重高层次需要的激励作用。C. 目标激励模式的理论基础源于美国心理学家弗鲁姆提出的期望理论。弗鲁姆提出的期望理论认为，激励是评价选择的过程，人们采取某项行动的动力或激励力取决于他对行动结果的价值评价和预期实现目标可能性的估计。D. 强化激励模式所依据的激励原理是美国心理学家斯金纳所创立的强化理论。强化理论是斯金纳在对有意识行为特性进行深入研究的基础上提出的一种新行为主义理论。

3. **【正确答案】** D

　　【所属学科】《市场营销》第一章，市场营销导论。

　　【难易程度】 中度

　　【考点解析】 在关系市场营销情况下，企业与顾客保持广泛、密切的联系，价格不再是最主要的竞争手段，竞争者很难破坏企业与顾客的关系。关系市场营销强调顾客忠诚度，提高忠诚度的有效办法就是增强顾客的信任。企业的回头客比率越高，市场营销费用越低。关系市场营销的最终结果将为企业带来一种独特的资产，即市场营销网络。

4. **【正确答案】** B

　　【所属学科】《市场营销》第二章，企业战略计划过程与市场营销管理过程。

　　【难易程度】 中度

　　【考点解析】 市场细分有利于企业发现最好的市场机会，提高市场占有率。因为企业通过市场营销研究和市场细分，可以了解不同购买群体的需求情况和目前的满足情况。在满足程度较低的子市场上，可能存在最好的市场机会。这对小企业尤为重要。因为小企业资金薄弱，在整个市场或较大的子市场上竞争不过大公司。小企业通过市场细分，就可以发现某些尚未被满足的需要，找到市场机会，然后见缝插针，拾遗补缺，从而在激烈的市场竞争中得以生存和发展。

5. **【正确答案】** A

　　【所属学科】《企业战略管理》第二章，企业战略态势分析——外部环境分析。

　　【难易程度】 中度

　　【考点解析】 决定产业内企业之间竞争激烈程度的因素：竞争者的多寡及力量对比（行业的竞争结构）、市场增长率、固定成本和库存成本、产品差异性及转换成本、产业生产能力的增加幅度、产业内企业采用的策略和背景的差异以及竞争中利害关系的大小、退出壁垒。

6. **【正确答案】** C

　　【所属学科】《企业战略管理》第二章，企业战略态势分析——外部环境分析。

　　【难易程度】 中度

　　【考点解析】 战略的过程管理是指战略的 How、Who 和 When，即战略如何分析、构思和制定，战略涉及谁，以及在什么时候采取什么行动。战略的管理过程具体包括战略分析、战略形成、战略实施和战略控制四个环节。

7. **【正确答案】** A

　　【所属学科】《企业战略管理》第三章，企业内部环境与资源均衡分析。

　　【难易程度】 中度

　　【考点解析】 波特认为企业的每项生产经营活动都是其创造价值的经济活动。企业所有的互不相同但又相互关联的生产经营活动，便构成了创造价值的一个动态过程，即价值链。价值链将企业生产经营活动分成基本活动和支持性活动两大类：基本活动涉及企业生产、营销与销售、进货物流、出货物流、售后服务； 支持性活动是指用以支持基本活动，而且内部之间又相互支持的活动，包括企业投入的采购管理、技术开发、人力资源管理和企业基础设施建设。

8. 【正确答案】D

【所属学科】《财务管理》第二章，财务管理的价值观念。

【难易程度】中度

【考点解析】企业的必要报酬率＝无风险报酬率＋β系数×（市场平均报酬率－无风险报酬率）＝4%＋2×（9%－4%）＝4%＋10%＝14%。

9. 【正确答案】C

【所属学科】《财务管理》第三章，财务分析。

【难易程度】中度

【考点解析】企业的短期偿债能力是指企业偿还其短期债务的能力。短期偿债能力是财务分析中必须十分重视的一个方面，短期偿债能力不足，企业无法满足债权人的要求，可能会引起破产或造成生产经营的混乱。企业短期偿债能力的指标包括流动比率、速动比率、现金比率、现金流量比率。

10. 【正确答案】D

【所属学科】《财务管理》第三章，财务分析。

【难易程度】中度

【考点解析】认股权证是由公司发行的一种凭证，它规定其持有者有权在规定的期限内，以特定价格购买发行公司一定数量的股票。其特点：(1) 认股权证是给予持有者的一种期权，持有人既可以在将来实施这种权利，也可以不实施这种权利。(2) 认股权证经常和公司的其他证券，通常是长期债券一起发行，以增加这些证券对投资者的吸引力。(3) 认股权证具有可分离性。一般情况下，认股权证同原有的债券或股票是可以分离的，即它发行以后可以与其基础证券脱离，具有独立的价值，可以在证券市场上单独进行交易。(4) 认股权证的持有者一般不参加公司股利的分配，也没有对公司的控制权和投票权，对公司的资产和收入也没有要求权。认股权证筹资的作用：(1) 吸引投资者； (2) 为公司筹集额外资金。

二、多项选择题

11. 【正确答案】AB

【所属学科】《管理学》第一章，管理的发展历史。

【难易程度】中度

【考点解析】管理过程流派一直致力于研究和说明"管理人员做些什么和如何做好这些工作"，侧重说明管理工作实务。

12. 【正确答案】ABD

【所属学科】《企业战略管理》第五章，企业公司层战略与管理。

【难易程度】中度

【考点解析】垂直整合是一种提高或降低公司对于其投入和产出分配的控制水平的方法，即公司对其生产投入、产品或服务的分配的控制程度。垂直整合战略扩展了原来同产业的竞争范围。后向于资源的供应者，前向于最终产品的终端使用者。

13.【正确答案】ABD

【所属学科】《市场营销》第一章，市场营销导论。

【难易程度】中度

【考点解析】顾客关系管理 (CRM) 即专门搜集、整理顾客与企业相互联系的所有信息，借以改进企业经营管理，提高企业营销效益。CRM 包括各种营销理念、战略和策略，如根据顾客行为方式的变化安排分销渠道，借助顾客数据来规划和实施分销、促销和服务战略等。但从总体上讲，CRM 的主要功能集中在以下三个方面：(1) 顾客的获取；(2) 顾客的开发；(3) 顾客的保持。

14.【正确答案】CDE

【所属学科】《财务管理》第六章，企业投资决策。

【难易程度】中度

【考点解析】投资决策指标很多，但可以概括为贴现现金流量指标和非贴现现金流量指标。非贴现现金流量指标是指不考虑时间价值的各种指标。这类指标主要有：投资回收期（用 PP 表示），其是指回收初始投资所需要的时间，一般以年为单位，是一种运用很久、很广的投资决策指标；平均报酬率（用 ARR 表示），其是投资项目寿命周期内平均的年投资报酬率，也称平均投资报酬率。贴现现金流量指标是指考虑了资金时间价值的指标。这类指标主要有：净现值（用 NPV 表示），其是指投资项目投入使用后的净现金流量，按资本成本或企业要求达到的报酬率折算为现值，减去初始投资以后的余额；内部报酬率（用 IRR 表示），又称内含报酬率，是使投资项目的净现值等于零时的贴现率；利润指数（用 PI 表示），又称现值指数，是投资项目未来报酬的总现值与初始投资额的现值之比。

三、名词解释

1.【答案提示】沟通是指为了设定的目标，凭借一定的符号载体，在个人与群体之间传达思想、交流情感与互通信息的过程。

2.【答案提示】集中化战略是指企业集中力量为某一特定的细分市场提供产品和服务或重点经营某种产品的特定部分、特定市场而建立的竞争优势战略。

3.【答案提示】人员推销是指企业通过派出销售人员与一个或一个以上可能成为购买者的人交谈，作口头陈述，以推销商品，促进和扩大销售。

4.【答案提示】经营杠杆是指在企业生产经营过程中，由于存在固定生产成本而造成的息税前利润变动率大于销售额变动率的现象。

四、简答题

1. 【答案提示】强化激励模式所依据的激励原理是斯金纳所创立的强化理论。企业运用强化激励模式时，可以采用以下三种方法：

(1) 正强化，又称积极强化，指利用强化物刺激行为主体，来保持和增强某种积极行为重新出现的频率。正强化包括表扬、奖励等。

(2) 负强化，又称消极强化，指利用强化物抑制不良行为重复出现的可能性。负强化包括批评、惩罚等。

(3) 消退，即对行为不施以任何刺激，任其反应频率逐渐降低，以至自然消退。

2. 【答案提示】迈克尔·波特提出的钻石模型分析法是国家竞争优势的分析工具，他认为一个国家影响某个行业的竞争优势的因素包括以下几个方面：

(1) 生产要素，是指企业进行社会生产经营活动时所需要的各种社会资源，包括基础要素和高级要素。基础要素有自然资源、地理位置、气候和人口等。高级要素有通信设备、已熟练掌握高技术的劳动力、科研设施和技术诀窍等。

(2) 需求状况。对绝大多数企业来说，最初的销售是从国内市场开始的。这种以本国需求为基本出发点而发展起来的生产方式、组织形式、营销经验是否有利于本国企业打入国际市场，建立竞争优势，取决于本国需求状况与国际需求状况的相对优劣势。

(3) 相关产业。任何行业要在国际市场领先，必须要求其供货商和其他相关行业也是世界一流的。一个国家的优势行业往往表现为优势行业群。

(4) 组织战略和竞争，主要受到人力资源和企业战略的影响，具体体现在企业的战略、结构和竞争状况等方面。

①不同的国家有着不同的"管理意识形态"，这些"管理意识形态"帮助或妨碍竞争优势的形成。

②一个行业中存在激烈的国内竞争与该行业保持竞争优势二者之间存在密切的联系。在某个具体行业中，激烈的国内竞争会促使企业设法提升自身的生产效率。

3. 【答案提示】包装是企业的某些人员对某种产品的容器或包装物的设计和制造活动。符合设计要求的包装固然是良好的包装，但良好的包装只有同包装决策结合起来才能发挥应有的作用。可供企业选择的包装决策有以下几种：

(1) 相似包装决策，即企业生产的各种产品，在包装上采用相似的图案、颜色，体现共同的特征。

(2) 差异包装决策，即企业的各种产品都有自己独特的包装，在设计上采用不同的风格、色调和材料。

(3) 相关包装决策，即将多种相关的产品配套放在同一包装物内出售，如系列化妆品包装。

(4) 复用包装决策或双重用途包装决策，即包装内产品用过之后，包装物本身还可作其他用途使用，如奶粉包装铁盒。

(5) 分等级包装决策，即对同一种商品采用不同等级的包装，以适应不同的购买力水平，如送礼商品和自用商品采用不同档次的包装。

(6) 附赠品包装决策，即在包装上或包装内附赠奖券或实物，以吸引消费者购买。

(7) 改变包装决策，即当某种产品销路不畅或长期使用一种包装时，企业可以改变包装设计、包装材料，使用新的包装。

4. 【答案提示】公司分配股利时，一般必须遵循的股利分配政策如下：

(1) 剩余股利政策，即在保证公司最佳资本结构的前提下，税后利润首先用来满足公司投资的需求，有剩余时才用于股利分配的股利政策。

(2) 固定股利或稳定增长的股利政策，即每年发放固定的股利或者每年增加固定数量股利的股利政策。

(3) 固定股利支付率股利政策，即每年从净利润中按固定的股利支付率发放股利的股利政策。

(4) 低正常股利加额外股利政策，即每期都支付稳定的但相对较低的股利额，当公司盈利较多时，再根据实际情况发放额外股利的股利政策。

五、论述题

1. 【答案提示】决策就是人们为了达到一定的目标，在掌握有限的信息资料的基础上，通过对有关情况进行分析，用科学的方法拟订并评估各种方案，从中选出合理方案的过程。决策过程包含以下四个阶段：

(1) 搜集信息阶段。搜集组织所处环境中有关经济、技术等方面的信息，为拟订、选择计划提供依据。

(2) 拟订计划阶段。以组织所需解决的问题为目标。

(3) 选定方案阶段。根据当时的情况和对未来发展的预测来选择。

(4) 对已选定的方案进行评价。

决策过程还可以细分为更加具体的识别问题、确定决策标准、为标准分配权重、拟订方案、分析方案、选择方案、实施方案和评价效果八个阶段。

2. 【答案提示】一个企业在一个国家的竞争地位受到它在其他国家市场竞争地位的影响，本土企业在迎接跨国公司的挑战时，有以下几种战略可供选择：

(1) 利用本土优势进行防御。把目光集中在喜欢本国产品的客户身上；频繁地调整产品和服务，以适应客户特别的需要；加强分销网络的建设和管理。

(2) 向海外延伸本土优势。在向海外延伸本土优势时，应当注意寻找在消费者偏好、地缘关系、分销渠道和政府管制等方面与本国市场相类似的市场。

(3) 避开跨国公司的冲击。重新考虑自己的商业模式；与跨国公司建立合资、合作企业；将企业出售给跨国公司。避开跨国公司冲击时应当注意：①必须对战略进行大调整；②谨慎选择突破口。

(4) 在全球范围内对抗。找到一个定位明确、易于防守的市场；不再拘泥于成本上的竞争，而是学着从发达国家获取资源。

根据以上论述，我们可以看出行业的国际竞争不是在一国一地之间展开的，而是表现为跨国公司体系之间的"牵一发动全身"的整体竞争。因此，企业在向全球扩张时，要根据本地市场、地区市场、全国市场、海外相邻市场、全球市场的特点有步骤地进行。

六、案例分析题

案例一【答案提示】

1. (1) 从营销的角度讲：①柯达的竞争者推出的产品，市场定位于柯达企业产品的附近，侵占了柯达企业品牌的部分市场，使柯达企业品牌的市场占有率有所下降；②柯达的消费者偏好发生变化，从喜爱柯达企业品牌转移到喜爱竞争对手的某品牌。柯达的衰败表明企业的长久发展需要顺应时代的变化，不可故步自封，停滞不前。老品牌要抓住良机，赢得市场需要，密切关注行业、市场、消费者需求的变化，及时调整发展战略，维持企业活力和创新性。

(2) 从战略上讲：虽然柯达最先开发出数码技术，但由于太过于留恋传统的胶片全球霸主地位，对于数码科技革命的突飞猛进认识不清，最终在企业战略方向上铸成大错。

(3) 从技术上讲：柯达虽然曾经处于行业前端，但在自己的优势地位上止步不前，不能积极寻求创新，自然难以抵御数字科技给传统胶片带来的致命性冲击。企业只有把握市场需求，及时转变观念，创新突破，才能在市场竞争中立于不败之地。

2. 一般来讲，当一种产品投放市场时，企业就应当着手设计新产品，使自己在任何时期都有不同的产品处在产品生命周期的各个阶段，从而保证企业盈利的稳定增长。具体可以采用的方法有：向现有市场提供新产品、想办法扩大现有市场、在现有市场上把产品卖给新顾客。

案例二【答案提示】

(1) 假设每股盈余无差别点处的息税前盈余为 $EBIT$。

方案一在增加发行普通股 200 万股的情况下：

原有债券利息＝ $1\,000 \times 8\% = 80$（万元）

新增普通股股数＝ 200（万股）

方案二在增加发行同类公司债券的情况下：

新增债券利息＝ $1\,000 \times 8\% = 80$（万元）

原有普通股股数＝ $4\,000$（万股）

$(EBIT - 80) \times (1 - 25\%)/4\,200 = (EBIT - 160) \times (1 - 25\%)/4\,000$

所以 $EBIT = 1\,760$（万元）

当企业实现的息税前利润为 1 760 万元时，两种筹资方案下的每股收益相等，$EPS_1 = EPS_2 = 0.30$（元）。

(2) 预计 2017 年该公司可实现息税前盈余 2 000 万元，方案一的每股盈余＝ $(2\,000 - 80) \times (1 - 25\%)/4\,200 = 0.34$（元/股）；方案二的每股盈余＝ $(2\,000 - 160) \times (1 - 25\%)/4\,000 = 0.35$（元/股）。因为方案二的每股盈余大于方案一的每股盈余，所以方案二为最佳筹资方案。

2019年同等学力人员申请硕士学位
学科综合水平全国统一考试
工商管理试卷

一、单项选择题（每题1分，共10分。请从A、B、C、D中选择一个正确答案）

1. 理想的行政组织理论是（　　）提出的。
   A. 泰罗　　　　　　　　　　　　　B. 法约尔
   C. 马克斯·韦伯　　　　　　　　　D. 梅奥

2. 对新颖、例外的问题做出的决策是（　　）。
   A. 程序化决策　　　　　　　　　　B. 非程序化决策
   C. 满意决策　　　　　　　　　　　D. 理性决策

3. 在SWOT分析方法中，多种经营战略实施的条件是（　　）。
   A. 内部竞争优势和外部威胁　　　　B. 内部竞争优势和外部机会
   C. 内部竞争劣势和外部威胁　　　　D. 内部竞争劣势和外部机会

4. 数控机床的销售表现为增长良好，但占有率仍然很低，这是（　　）。
   A. 明星类业务　　　　　　　　　　B. 问题类业务
   C. 现金牛类业务　　　　　　　　　D. 瘦狗类业务

5. 以下对战略与组织结构的关系描述正确的是（　　）。
   A. 战略先、结构后　　　　　　　　B. 战略变化包含组织结构变化
   C. 先组织、后战略　　　　　　　　D. 组织包含战略

6. 一个企业根据不同产品分别使用多个不同的品牌，这属于（　　）策略。
   A. 统一品牌　　　　　　　　　　　B. 多品牌
   C. 分类品牌　　　　　　　　　　　D. 个别品牌

7. 以下属于需求导向定价方法的是（　　）。
   A. 随行就市定价法　　　　　　　　B. 目标利润定价法
   C. 投标定价法　　　　　　　　　　D. 感受价值定价法

8. 以下哪项属于非系统性风险？（　　）
   A. 营销失败　　　　　　　　　　　B. 宏观货币政策变化
   C. 宏观利率政策变化　　　　　　　D. 通货膨胀

9. 以下与销售收入有关的盈利指标是（　　）。
   A. 利息周转倍数　　　　　　　　　B. 销售毛利率
   C. 流动比率　　　　　　　　　　　D. 投资收益率

10. 以下股利政策的资本结构最优的是 (　　)。

    A. 固定股利政策　　　　　　　　　　B. 剩余股利政策

    C. 固定股利支付率政策　　　　　　　D. 低正常股利加额外股利政策

二、多项选择题（每题 2 分，共 8 分。请从 A、B、C、D、E 中选择所有你认为正确的答案）

11. 制度规范包括 (　　)。

    A. 企业基本制度　　　　B. 管理制度　　　　　　C. 业务规范

    D. 技术规范　　　　　　E. 安全管理制度

12. 细分市场的有效性体现在 (　　)。

    A. 可进入性　　　　　　B. 可测量性　　　　　　C. 可盈利性

    D. 可开发性　　　　　　E. 价格敏感性

13. 以下属于企业战略要素的是 (　　)。

    A. 资源配置　　　　　　B. 定价策略　　　　　　C. 竞争优势

    D. 销售渠道　　　　　　E. 协同作用

14. 与债券相比，普通股筹资的缺点主要表现在 (　　)。

    A. 高风险性　　　　　　B. 股价可能下跌　　　　C. 控制权分散

    D. 筹资成本高　　　　　E. 需要支付固定股利

三、名词解释（每题 3 分，共 12 分）

1. 管理幅度

2. 战略联盟

3. 分销渠道宽度

4. 财务杠杆

四、简答题（每题 7 分，共 28 分）

1. 简述正式组织的三要素。

2. 简述外包战略的优势。

3. 简述服务的特征。

4. 简述加权平均资本成本的含义和作用。

五、论述题（每题 11 分，共 22 分）

1. 论述组织结构的主要形式。

2. 试论影响产业购买者决策的因素。

六、案例分析题（每题 10 分，共 20 分）

案例一：

阿迪尔公司把沃尔玛打出德国

    阿迪尔公司每种产品只选一两个品牌，单个产品采购量可达 4 000 万欧元，自有品牌占有率大于 90%，而沃尔玛只有 40%。阿迪尔成本比较低，对低薪阶层有吸引力，同时，一部分中薪阶层也被吸引。阿迪尔的商品种类数量是沃尔玛的五分之一，产品品种有 600~700 个，单个产品的年销售量是 4 000 万欧元。店面小，用人少，购物便利。人员身兼多职，多才多艺。手推车使用需硬币，减少回收人员的投入；供应商货物直接放地上，客户直接取；产品每个侧面都有条形码，方便结算。

问题：

1. 阿迪尔公司采用了什么战略？这种战略有什么特点？

2. 分析阿迪尔公司的价值链，总结企业要如何管理价值链才能提高竞争优势。

案例二：

某企业计划购置一台设备，价值 4 200 万元，使用寿命 5 年，5 年后残值 200 万元，采用直线法计提折旧。企业只有追加投资 2 000 万元才能使设备立即投入使用。每年营业收入 4 800 万元，付现成本 3 000 万元，所得税率 25%，要求达到的报酬率是 9%。

该项目在利率 9% 时的年金现值系数、复利现值系数表

期数	1	2	3	4	5
(9%) 年金现值系数	0.917 4	1.759 1	2.531 3	3.239 7	3.889 7
(9%) 复利现值系数	0.917 4	0.841 7	0.772 2	0.708 4	0.649 9

要求：

1. 计算方案的折旧额。

2. 确定方案的现金流量。

3. 计算净现值。

4. 判断方案是否可行。

2019 年同等学力人员申请硕士学位

学科综合水平全国统一考试
工商管理答案及解析

一、单项选择题

1. 【正确答案】C

【所属学科】《管理学》第一章，管理的发展历史。

【难易程度】中度

【考点解析】本题旨在考查考生对管理理论演变与发展的基本知识点的掌握。A 项泰罗的最大贡献是在管理研究中采用近代科学方法，开辟了在管理研究中采用科学方法之先河。B 项法约尔明确指出管理是企业的一种基本活动，其过程或职能为计划、组织、指挥、协调、控制，为研究管理过程打下了坚实基础。C 项马克斯 · 韦伯提出的理论通常被称作"官僚制""科层制"或"理想的行政组织"理论，对工业化以来各种不同类型的组织产生了广泛而深远的影响，成为现代大型组织广泛采用的一种组织管理方式。D 项梅奥通过霍桑实验证明了工人是社会人，企业组织中存在着非正式组织，由此开启了人际关系学说的先河。

2. 【正确答案】B

【所属学科】《管理学》第四章，决策。

【难易程度】中度

【考点解析】本题旨在考查考生在管理实践中对决策中相关方法的应用。A 项程序化决策是指处理例行问题的决策。B 项非程序化决策是指处理例外问题的决策。C 项满意决策是指在现实条件下，用满意标准选择一个合适的方案，追求一个满意目标的决策。D 项理性决策简称理性模型，起源于传统经济学的理论。传统经济学理论是以"经济人"的假设为前提的，其舍弃了一些次要变量，使问题的分析得以简化，形成了有效的分析框架，能用来解释经济中的诸多现象。

3. 【正确答案】A

【所属学科】《企业战略管理》第三章，企业内部环境与资源均衡分析。

【难易程度】中度

【考点解析】本题旨在考查考生对最佳经营战略分析工具——SWOT 分析法的掌握程度。SWOT 分析方法，是一种综合考虑企业内部条件和外部环境的各种因素，进行系统评价，从而选择最佳经营战略的常用方法。S 是指企业内部的优势 (Strengths)，W 是指企业内部的劣势 (Weaknesses)，O 是指企业外部环境的机会 (Opportunities)，T 是指企业外部环境的威胁 (Threats)。在企业实践中，当企业具有一定的内部优势，但外部环境存在威胁时，应采取多种经营战略，利用自己的优势，在多样化经营上寻找长期发展的机会；当企业具有很好的内部优势以及众多的外部机会时，应当采取增长型战略；当企业内部存在劣势，外部面临强大威胁时，应采用防御型战略，进行业务调整，设法避开威胁和消除劣势； 当企业面临巨大的外部机会，却受到内部劣势的限制时，应采用扭转型战略。

4. 【正确答案】B

【所属学科】《企业战略管理》第三章，企业内部环境与资源均衡分析。

【难易程度】中度

【考点解析】本题重点考查企业最佳经营业务的分析工具——波士顿矩阵的原理。波士顿矩阵的基本原理是根据相对市场增长率和相对市场占有率将企业的经营业务划分为四种。其中，处于高市场增长率和高市场占有率的业务为 A 项明星类业务； 处于高市场增长率和低市场占有率的业务为 B 项问题类业务； 处于低市场增长率和高市场占有率的业务为 C 项现金牛类业务； 处于低市场增长率和低市场占有率的业务为 D 项瘦狗类业务。本题中，数控机床的销售表现为增长良好，但占有率仍然很低，这是典型的问题类业务。

5. 【正确答案】A

【所属学科】《企业战略管理》第七章，战略控制与组织结构。

【难易程度】中度

【考点解析】战略与组织结构的关系基本上是受产业经济发展制约的。在不同的发展阶段，企业应有不同的战略，企业的组织结构也要做出反应。在现实中，企业最先对经济发展做出反应的是战略，而不是组织结构，即在反应的过程中存在着战略的前导性和组织结构的滞后性现象。因此，企业战略具有前导性，组织结构具有滞后性。

6. 【正确答案】D

【所属学科】《市场营销》第六章，产品策略。

【难易程度】中度

【考点解析】本题旨在考查企业品牌策略。企业可以决定其大部分或全部产品都使用自己的品牌，也可以决定其产品分别使用不同的品牌，或者统一使用一个或几个品牌，在这个问题上，企业有多种可供选择的策略。统一品牌策略，即企业所有的产品都统一使用一个品牌名称。多品牌策略，即企业同时经营两种或两种以上互相竞争的品牌。分类品牌策略，即将企业的各类产品分别命名，一类产品使用一个品牌。个别品牌策略，即企业中的各种不同的产品分别使用不同的品牌。一个企业根据不同产品分别使用多个不同的品牌，这是典型的个别品牌策略。

7. 【正确答案】D

【所属学科】《市场营销》第七章，定价策略。

【难易程度】中度

【考点解析】企业产品价格的高低要受市场需求、成本费用和竞争情况等因素的影响和制约。企业制定价格时，理应全面考虑这些因素。但是，实际定价工作往往只侧重某一个方面的因素。大体上，企业定价有三种导向，即成本导向（包括成本加成定价法、目标利润定价法）、需求导向（包括感受价值定价法、反向定价法）和竞争导向（包括随行就市定价法、投标定价法）。

8. 【正确答案】A

【所属学科】《财务管理》第二章，财务管理的价值观念。

【难易程度】简单

【考点解析】非系统性风险又叫可分散风险或公司特别风险，是指某些因素对单个证券造成经济损失的可能性，如个别公司的工人罢工、公司在市场竞争中的失败等。这种风险，可通过证券持有的多样化来抵消，即多买几家公司的股票，其中某些公司的股票报酬上升，另一些公司的股票报酬下降，从而将风险抵消。因此，这种风险被称为可分散风险。本题正确答案为 A 项营销失败。B 项宏观货币政策变化、C 项宏观利率政策变化、D 项通货膨胀均为系统性风险，这些风险会影响所有的证券，不能通过证券组合分散掉。因此，对投资者来说，这种风险是无法消除的，故称其为不可分散风险。

9. 【正确答案】B

【所属学科】《财务管理》第三章，财务分析。

【难易程度】较难

【考点解析】本题旨在考查考生对企业财务盈利分析指标的掌握情况。A 项利息周转倍数反映的是息税前盈余相当于所支付利息的倍数，其计算公式为利息周转倍数＝息税前盈余 ÷ 利息费用。B 项销售毛利率反映的是由毛利与销售收入进行对比所确定的比率，其计算公式为销售毛利率＝(销售收入－销售成本)÷ 销售收入 ×100%。C 项流动比率是流动资产与流动负债进行对比所确定的比率，其计算公式为流动比率＝流动资产 ÷ 流动负债 ×100%。D 项投资收益率又称投资利润率，是指在达到投资方案设计的一定生产能力后一个正常年份的年净收益总额与方案投资总额的比率，其计算公式为投资收益率＝年平均利润总额 ÷ 投资总额 ×100%。

10. 【正确答案】B

【所属学科】《财务管理》第七章，股利分配决策。

【难易程度】中度

【考点解析】企业的股利分配政策主要包括固定股利或稳定增长的股利政策、剩余股利政策、固定股利支付率政策、低正常股利加额外股利政策。A 项固定股利或稳定增长的股利政策是指每年发放固定的股利或者每年增加固定数量股利的股利政策。B 项剩余股利政策就是在保证公司最佳资本结构的前提下，税后利润首先用来满足公司投资的需求，有剩余时才用于股利分配的股利政策。C 项固定股利支付率政策是指每年从净利润中按固定的股利支付率发放股利的股利政策。D 项低正常股利加额外股利政策是指每期都支付稳定的但相对较低的股利额，当公司盈利较多时，再根据实际情况发放额外股利的股利政策。

二、多项选择题

11. 【正确答案】ABCD

【所属学科】《管理学》第六章，组织。

【难易程度】简单

【考点解析】制度规范，是指组织管理过程中借以约束全体组织成员行为，确定办事方法，规定工作程序的各种章程、条例、守则、规程、程序、标准、办法等的总称。依照制度规范涉及的层次和约束的内容不同，可将其分为五大类：企业基本制度、管理制度、技术规范、业务规范、个人行为规范。本题正确答案为 ABCD 项。E 项安全管理制度为干扰项，安全管理制度属于企业的业务规范，与以上的制度规范不在同一层次上。

12.【正确答案】ABC

【所属学科】《市场营销》第二章，企业战略计划过程与市场营销管理过程。

【难易程度】简单

【考点解析】市场细分是指企业按照某种标准将市场上的顾客划分成若干个顾客群，每一个顾客群构成一个子市场，不同子市场之间，需求存在着明显的差别。市场是否细分，主要通过几个指标进行判断。其有效标志主要有：可进入性，即企业有能力进入所选定的子市场；可测量性，即各子市场的购买力能够被测量；可盈利性，即企业进行市场细分后所选定的子市场的规模足以使企业有利可图。

13.【正确答案】ACE

【所属学科】《企业战略管理》第一章，战略管理理论。

【难易程度】中度

【考点解析】企业战略是指企业面对激烈变化、严峻挑战的经营环境，为求得长期生存和不断发展而进行的总体性谋划。一般来讲，企业战略由以下四个要素组成：经营范围、资源配置、竞争优势、协同作用。本题正确答案为 ACE 项。B 项定价策略、D 项销售渠道为干扰项，都属于市场营销学科的内容。

14.【正确答案】BCD

【所属学科】《财务管理》第四章，企业筹资方式。

【难易程度】较难

【考点解析】与债券相比，企业利用普通股筹资的缺点主要表现在：承担的风险最大，报酬也最高，高收益往往伴随着高风险，所以在各种筹资方式中，普通股的筹资成本最高；企业增发股票后，增加了新的股东，所以容易分散公司的控制权；会导致公司股价下跌。本题五个备选项中表述正确的是 BCD。A 项高风险性是债券筹资的缺点，因为债券有固定到期日，需要定期支付利息，所以会给公司带来较大的财务风险，有时会导致企业破产；E 项需要支付固定股利是干扰项，该项是优先股筹资的优点。

三、名词解释

1.【答案提示】管理幅度指管理者能直接有效协调的下属人数。

2.【答案提示】战略联盟是两个或两个以上有着共同战略利益和对等经营实力的企业，为达到共同占有市场、共同使用资源的战略目标，通过协议、契约而形成的优势互补、资源共享、风险共担的一种松散型的合作模式。

3. 【答案提示】分销渠道宽度是指渠道的每个层次使用同种类型的中间商的数目多少。它与分销策略密切相关。企业的分销策略一般包括密集分销、选择分销、独家分销三种。

4. 【答案提示】财务杠杆是指由于固定利息费用和优先股股利的存在，使得普通股每股收益的变动幅度大于息税前利润的变动幅度的现象。

四、简答题

1. 【答案提示】正式组织是两个或两个以上的人有意识地加以协调的行为或力的系统。正式组织的三要素是美国管理学家巴纳德提出的有关组织构成的理论。巴纳德认为作为正式组织的协作系统，不论其级别的高低和规模的大小，都包含三个基本要素：

(1) 协作意愿。协作意愿是组织成员向组织提供劳务和为组织目标的实现做出贡献的意愿。没有这种协作意愿，就无法把每个组织成员的努力统一起来，无法使各人的努力持续下去，因而组织的目标也就难以达到。

(2) 共同目标。共同目标是协作意愿的必要前提。协作意愿没有协作的目的是不能发展起来的；有共同目标，就可以统一决策，统一组织中各个成员的行动。

(3) 信息沟通。上述两个基本要素只有通过信息沟通，才能成为动态的过程。共同的目标即使存在，如果不通过信息沟通使组织中的成员对此目标有所了解，那便是没有意义的。

2. 【答案提示】外包战略指企业整合利用其外部最优秀的专业化资源，从而达到降低成本、提高效率、充分发挥自身核心竞争力和增强企业对环境的迅速应变能力的一种管理模式。其优势主要表现在：

(1) 在业务上，可以降低成本、缓解资金压力，克服很多规模经济的弱点。

(2) 在市场上，有利于企业开拓市场，降低经营风险。

(3) 可以优化公司人力资源、创造价值，激励员工发挥潜能，使企业增值。

(4) 优化企业资本结构，打造企业的核心竞争力。

(5) 可以使公司的服务专业化，获得专业配套的服务支持。

3. 【答案提示】服务的特征如下：

(1) 无形性。①若与有形的消费品或产业用品比较，服务的特质及组成服务的元素往往是无形无质的，让人不能触摸或凭肉眼看见其存在。②服务不仅其特质是无形无质的，甚至使用服务后的利益也很难被察觉，或要等一段时间后享用服务的人才能感觉到利益的存在。

(2) 相连性。有形的产业用品或消费品在从生产、流通到最终消费的过程中，往往要经过一系列的中间环节，生产与消费的过程具有一定的时间跨度。

(3) 易变性。易变性是指服务的构成成分及其质量水平经常变化，很难统一界定。

(4) 时间性。基于服务的形态不可感知以及服务的生产与消费同时进行，使服务不可能像有形的消费品和产业用品一样被贮存起来，以备未来出售；而且消费者在大多数情况下，也不能将服务携带回家安放。

(5) 无权性。无权性是指在服务的生产和消费过程中不涉及任何东西的所有权转移。服务是无形的、不可贮存的，服务在交易完成后便消失了，消费者并没有"实质性"地拥有服务。

4.【答案提示】加权平均资本成本是根据各种资本的个别资本成本，以个别资本占全部资本的比重为权数进行加权平均计算的，又称综合资本成本。其作用主要有以下几点：

（1）加权平均资本成本可以为进行筹资组合决策提供依据。

（2）加权平均资本成本可以作为评价投资项目、比较投资方案的标准。

（3）加权平均资本成本可以用来衡量企业的经营业绩，可以作为制定激励报酬计划的基准。

五、论述题

1.【答案提示】企业的组织结构形式很多，在此，重点介绍几种基本的组织结构形式及其适用范围：

（1）直线制。直线制是一种最简单的集权式组织结构形式，又称军队式结构。其领导关系按垂直系统建立，不设专门的职能机构，自上而下形同直线。直线制结构的适用范围是有限的，它只适用于那些规模较小或业务活动简单、稳定的企业。

（2）直线职能制。直线职能制是一种以直线制结构为基础，在厂长（经理）领导下设置相应的职能部门，实行厂长（经理）统一指挥与职能部门参谋、指导相结合的组织结构形式。它在保留直线制统一指挥优点的基础上，引入管理工作专业化的做法。因此，既能保证统一指挥，又可以发挥职能管理部门的参谋、指导作用，弥补领导人员在专业管理知识和能力方面的不足，协助领导人员做决策。

（3）事业部制。事业部制也称分权制结构，是一种在直线职能制基础上演变而成的现代企业组织结构形式。事业部制结构遵循"集中决策，分散经营"的总原则，实行集中决策指导下的分散经营，按产品、地区和顾客等标志将企业划分为若干相对独立的经营单位，分别组成事业部。

（4）矩阵制。矩阵制结构由横纵两个管理系列组成：一个是职能部门系列，另一个是为完成某一临时任务而组建的项目小组系列，纵横两个系列交叉，即构成矩阵。矩阵制结构的最大特点在于其具有双道命令系统，小组成员既要服从小组负责人的指挥，又要受原所在部门的领导，这就突破了一个员工只受一个直接上级领导的传统管理原则。

（5）子公司和分公司。子公司是指受集团公司或母公司控制但在法律上独立的法人企业。子公司的界定一般有四种形式：

① A 公司拥有 B 公司一半以上的普通股股本。

② A 公司拥有相对控制 B 公司多数表决权的股本。

③ A 公司能实际控制 B 公司的董事会。

④ B 公司是 A 公司拥有的子公司的子公司。

凡符合上述之一者，B 公司即为 A 公司的子公司。如果一个子公司被百分之百地控股，那么该子公司便是母公司的全资子公司。分公司是母公司的分支机构或附属机构，在法律上和经济上均无独立性，不是独立的法人企业。

综上所述，在现实中，企业采用何种组织结构与企业的所属行业、企业的经营业务、行业所处的生命周期、企业的战略目标有关。

2. 【答案提示】影响产业购买者决策的主要因素有以下几点：

(1) 环境因素，即一个企业外部周围环境的因素。例如，如果经济前景不佳，市场需求不振，产业购买者就不会增加投资，甚至会减少投资，减少原材料采购量和库存量。

(2) 组织因素，即企业本身的因素，如企业的目标、政策、步骤、组织结构、系统等。显然，这些组织因素也会影响产业购买者的购买决策和购买行为。

(3) 人际因素，企业的采购中心通常包括使用者、影响者、采购者、决定者和信息控制者，这五种成员都参与购买决策过程。这些参与者在企业中的地位、职权、说服力以及他们之间的关系有所不同。这种人事关系也必然会影响产业购买者的购买决策和购买行为。

(4) 个人因素，即各个参与者的年龄、受教育程度、个性等。这些个人的因素会影响各个参与者对要采购的产业用品和供应商的感觉、看法，从而影响购买决策和购买行为。

六、案例分析题

案例一 【答案提示】

1. 阿迪尔公司采用了低成本领先战略。这种战略的特点在于：①能够长期保持自己的成本比竞争对手低的成本竞争优势，从而获得收益；②实施低成本领先战略要面对整体市场持续降低成本；③为保证规模经济，采用低成本领先战略的企业必须保持产品标准化。

2. 阿迪尔公司通过重构价值链来提高竞争优势，表现在：①在采购系统方面降低基本成本。例如，供应商货物直接放地上，客户直接取。②在基础作业上降低费用。例如，产品每个侧面都有条形码，方便结算。③在人力资源管理上，有效培训员工，提高效率，降低成本。例如，人员身兼多职，多才多艺等。

案例二 【答案提示】

1. 该设备年折旧额：$(4\,200 - 200)/5 = 800($万元$)$

2. 该方案的现金流量：

初始现金流量：$4\,200 + 2\,000 = 6\,200($万元$)$

营业中现金流量＝营业收入－付现成本－所得税

$$= 4\,800 - 3\,000 - (4\,800 - 3\,000 - 800) \times 25\%$$

$$= 1\,800 - 250 = 1\,550($万元$)$$

终结现金流量＝$200 + 2\,000 = 2\,200($万元$)$

3. 净现值＝总现值－初始现金量＝$1\,550 \times PVIFA_{9\%,5} + 2\,200 \times PVIF_{9\%,5} - 6\,200$

$$= 1\,550 \times 3.889\,7 + 2\,200 \times 0.649\,9 - 6\,200$$

$$= 6\,029.04 + 1\,429.78 - 6\,200$$

$$= 7\,458.82 - 6\,200$$

$$= 1\,258.82($万元$)$$

4. 由于该方案净现值为 $1\,258.82$ 万元大于 0，所以该方案可行。

第四部分

（模拟卷）

适用于新版考试大纲

考试说明

1. 本试卷满分 100 分。

2. 请考生务必将本人准考证号最后两位数字填写在本页右上角方框内。

3. 第一题、第二题的答案一律用 2B 铅笔填涂在指定的答题卡上，写在试卷上或答题纸上的答案一律无效。

4. 在答题卡上正确的填涂方法为在答案所代表的字母上画线，如 [A] [B] [C] [D]。

5. 其他题一律用蓝色或黑色墨水笔在答题纸指定位置上按规定要求作答，未写在指定位置上的答案一律无效。

6. 监考员收卷时，考生须配合监考员验收，并请监考员在准考证上签字（作为考生交卷的凭据）。否则，若发生答卷遗失，责任由考生自负。

同等学力人员申请硕士学位

学科综合水平全国统一考试
工商管理模拟卷一

一、单项选择题（每题 1 分，共 10 分。请从 A、B、C、D 中选择一个正确答案）

1. 古典管理学的奠基人不包括（　　）。

   A. 泰罗　　　　　　　　　　　　　B. 法约尔

   C. 马克斯·韦伯　　　　　　　　　D. 梅奥

2. （　　）是指揭示组织形成、生存和发展的内在必然性，探讨管理原理和管理方法的流派，主要致力于组织过程的研究。

   A. 管理过程流派　　　　　　　　　B. 行为科学流派

   C. 经验管理流派　　　　　　　　　D. 组织管理流派

3. 企业并购的优势不包括（　　）。

   A. 能够实现资源互补　　　　　　　B. 能够有效地占领市场

   C. 可以获得自主的融资渠道　　　　D. 可以持续获得战略资源和增值

4. 企业战略管理的维度不包括（　　）。

   A. 战略管理的过程　　　　　　　　B. 战略管理的层次和内容

   C. 战略管理的背景　　　　　　　　D. 战略管理的环境

5. 成熟产业的战略选择不包括（　　）。

   A. 削减边际产品　　　　　　　　　B. 国际化扩展

   C. 培养核心竞争能力　　　　　　　D. 保持产品和服务的创新

6. 企业给那些购买过季商品或服务的顾客的一种减价，使企业的生产和销售在一年中保持相对稳定，这种定价策略是（　　）。

   A. 分部定价　　　　　　　　　　　B. 渗透定价

   C. 季节定价　　　　　　　　　　　D. 数量定价

7. 对于产品生命周期（　　）的产品，企业只能采取主动出击的策略，延长或使产品生命周期出现再循环，为此企业可以采取市场、产品、营销组合的改良策略。

   A. 介绍期　　　　　　　　　　　　B. 成长期

   C. 成熟期　　　　　　　　　　　　D. 衰退期

8. 十全公司拟发行优先股 150 万元，预定年股利率 12.5%，预计筹资费用 5 万元，则该公司优先股的资本成本率是（　　）。

   A. 6.35%　　　　B. 7.98%　　　　C. 12.93%　　　　D. 9.56%

9. 企业把不同的外币余额，在按照一定的汇率折算为本国货币的过程中，由于交易发生日的汇率和折算日的汇率不一致，使会计账面上的有关项目发生变动的风险称为（　　）。

　　A. 折算风险　　　　　　　　　　　B. 交易风险

　　C. 经济风险　　　　　　　　　　　D. 外汇风险

10. 企业通过发行普通股股票筹措资金，共发行普通股 4 000 万股，每股面值 1 元，发行价为每股 5.80 元，发行手续费率为 5%，发行后第一年的每股股利为 0.24 元，以后预计每年股利增长率为 4%，则该普通股的资金成本为（　　）。

　　A. 8.138%　　　　　B. 4.2%　　　　　C. 4.36%　　　　　D. 8.36%

二、多项选择题（每题 2 分，共 8 分。请从 A、B、C、D、E 中选择所有你认为正确的答案）

11. 在企业组织中，领导的外在性权力表现为（　　）。

　　A. 统御权　　　　　　　B. 奖励权　　　　　　　C. 强制权

　　D. 专长权　　　　　　　E. 法定权

12. 企业战略的构成要素包括（　　）。

　　A. 企业目的　　　　　　B. 经营范围　　　　　　C. 资源配置

　　D. 竞争优势　　　　　　E. 协同作用

13. 企业设计销售队伍规模的方法包括（　　）。

　　A. 销售百分比法　　　　B. 量力而行法　　　　　C. 竞争对等法

　　D. 分解法　　　　　　　E. 工作量法

14. 反映企业长期偿债能力的指标不包括（　　）。

　　A. 现金比率　　　　　　B. 所有者权益比率　　　C. 速动比率

　　D. 资产负债率　　　　　E. 利息周转倍数

三、名词解释（每题 3 分，共 12 分）

1. 非正式沟通

2. 紧缩战略

3. 产品延伸

4. 风险报酬

四、简答题（每题 7 分，共 28 分）

1. 简述人员配置的重要性。

2. 简述如何运用 PEST 分析方法进行宏观环境分析。

3. 简述市场主导者扩大市场需求总量的方法。

4. 如何在股利支付中对股票进行分割？

五、论述题（每题 11 分，共 22 分）

1. 试述制度化管理与人性。

2. 试用波特的钻石模型分析国际竞争优势的来源。

六、案例分析题（每题 10 分，共 20 分）

案例一：

"笑雪"内衣品牌推广策划活动案例

中国的内衣行业，可谓中国市场竞争最为激烈的行业之一，概念战、促销战、价格战，企业纷纷采取各种各样的手段"诱惑"消费者。笑雪集团是一家固定资产过亿元并筹备上市的大型纺织集团。企业出品的"笑雪"内衣在竞争如此激烈的市场中，如何通过吸引消费者的注意来扩大市场，一度成为公司最棘手的问题。"笑雪"内衣最后选择与申度广告公司合作，来扩大自己的品牌效应。申度广告公司根据其品牌特点：重内在、以质取胜，款式简洁而隽永，更加明确了其品牌定位和产品特点。三年前，申度广告公司为之挑选了最适合的代言人——蒋雯丽。同样的低调和含蓄，掩盖不了内在的风采，代言人与品牌浑然一体，散发出知性之美。该企业配合全国范围营销传播策略及视觉系统，通过召开新闻发布会、品牌形象整合等形式，把代言人的价值发挥到了最大。在笑雪集团和申度广告公司合作的 5 年里，通过不断地深入了解，它们又碰撞出新的火花，使得"笑雪"这个品牌在内衣市场中占有的份额不断扩大。目前了解到，申度广告公司正与笑雪集团一起打造旗下目标品牌——做成国内第一男士内裤的品牌"东方圣"。从前期的品牌定位、全套视觉形象，到营销渠道的建设及品牌市场进入策略，都是在深刻调查市场实际情况的基础上，给予了客户最契合其品牌发展的规划与市场推广方案。通过申度广告公司与笑雪集团的共同努力，我们必将共同见证另一个行业强势品牌的诞生及成长。

问题：

1. 企业采用的促销方式有哪些？如何评价这些方式？

2. 影响企业选择促销方式的因素有哪些？

3. 选择广告媒体必须考虑哪些因素？

4. 宣传的促销作用有哪些？

案例二：

企业原来的资金结构及资金成本如下：普通股总额为 2000 万元，资金成本 15%；长期债券 3000 万元，资金成本为 8%。该公司准备向银行借款 1000 万元购买一项固定资产，已知借款利率为 5%，每年复利一次。不考虑银行借款的筹资费用。预计该资产投产后每年可为企业增加息前税后利润为 100 万元。该设备可使用 5 年，按直线法计提折旧，期满无残值。由于企业的财务风险加大，公司普通股市价降为 10 元，当年每股股利为 0.8 元，预计普通股股利以后每年增长 2%。已知，企业要求的必要报酬率为 6%，公司的所得税税率为 25%。（$PVA_{6\%,5} = 4.2124$）

根据上述资料，回答下列问题：

1. 该公司新增银行借款后的综合资金成本是多少？

2. 该投资项目的净现值是多少？

3. 假设企业另一投资项目的内含报酬率为 10%，该项目的内含报酬率为 8%，则企业应该选择哪个方案？

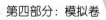

同等学力人员申请硕士学位

学科综合水平全国统一考试
工商管理模拟卷一答案及解析

一、单项选择题

1. 【正确答案】D

   【所属学科】《管理学》第一章，管理的发展历史。

   【难易程度】容易

   【考点解析】古典管理学的三个主要代表人物，为管理学奠定了坚实的基础。泰罗率先在管理研究中采用近代科学方法，开辟了在管理研究中采用科学方法之先河。法约尔明确指出管理是企业的一种基本活动，其过程或职能为计划、组织、指挥、协调、控制，为研究管理过程打下了坚实基础。马克斯·韦伯的官僚制理论，提出了最适合企业组织发展需要的组织类型和基本管理理论，成为各类大型组织的"理想模型"。这一时期管理研究的实践，为管理思想的进一步发展打下了良好的基础。梅奥认为领导的权威来自内在和外在，虽然外在权力属于法理权威，但领导的权威更广泛。

2. 【正确答案】A

   【所属学科】《管理学》第一章，管理的发展历史。

   【难易程度】容易

   【考点解析】管理过程流派一直致力于研究和说明"管理人员做些什么和如何做好这些工作"，侧重说明管理工作实务。管理过程流派的开山鼻祖为古典管理时期的法约尔，而当代最著名的代表人物是孔茨。管理过程流派是从心理学、社会学角度侧重研究个体需求行为、团体行为、组织行为和激励、领导方式的流派；是通过揭示组织形成、生存和发展的内在必然性，探讨管理原理和管理方法的流派；主要致力于组织过程的研究；是以大企业管理人员的管理经验为主要研究对象，重视案例分析的流派。

3. 【正确答案】C

   【所属学科】《企业战略管理》第五章，企业公司层战略与管理。

   【难易程度】容易

   【考点解析】并购的一般战略利益：

   (1) 企业通过并购有效地占领市场。

   (2) 企业通过并购实现资源互补。

   (3) 企业通过并购获得一定的竞争优势。

   (4) 企业通过并购持续获得战略资源和增值。

4. 【正确答案】D

   【所属学科】《企业战略管理》第一章，战略管理理论。

【难易程度】容易

【考点解析】企业战略管理涉及过程、内容和背景三个维度。战略的过程管理是指战略的 How、Who 和 When，即战略如何分析、构思和制定，战略涉及谁，以及在什么时候采取什么行动。战略管理的内容是指战略的 What，即公司和各业务单位的战略是什么或应该是什么。战略管理的内容涉及四个层次：(1) 网络层次，涉及企业之间的合作决策等。(2) 企业层次，涉及整个企业的定位和发展等。(3) 业务层次，涉及产品线的定位、投资、研发、运作等。(4) 职能层次，涉及企业品牌决策、产品决策、价格决策、渠道决策、促销决策等。战略管理的背景是指战略过程和战略内容只能在特定的环境中实行，战略管理者并不真正具有完全的自由来进行战略决策。相反，战略管理的过程、内容决策往往是由战略管理者不能操纵的环境所决定的。

5. 【正确答案】C

【所属学科】《企业战略管理》第四章，企业业务层竞争战略。

【难易程度】容易

【考点解析】成熟产业的战略选择包括：削减边际产品；强调价值链中的革新（产品创新—工艺创新—战略创新）；非常关注成本削减；增加对现有顾客的销售力度；以竞争性的价格收购竞争者；扩展国际化市场；建立新的、更柔性化的竞争能力。

6. 【正确答案】C

【所属学科】《市场营销》第六章，产品策略。

【难易程度】容易

【考点解析】分部定价，即服务性企业经常收取一笔固定费用，再加上可变的使用费。例如，电话用户每月都要支付一笔最少的使用费，如果使用次数超过规定，还要再交费。渗透定价，即企业把它的创新产品的价格定得相对较低，以吸引大量顾客，提高市场占有率。季节定价，是企业给那些购买过季商品或服务的顾客的一种减价，使企业的生产和销售在一年四季保持相对稳定。数量定价，是企业给那些大量购买某种产品的顾客的一种减价，以鼓励顾客购买更多的货物。

7. 【正确答案】C

【所属学科】《市场营销》第六章，产品策略。

【难易程度】容易

【考点解析】对成熟期的产品，企业只能采取主动出击的策略，使成熟期延长，或使产品生命周期出现再循环。为此，企业可以采取以下三种策略：(1) 市场改良，这种策略不是要改变产品本身，而是要发现产品的新用途或改变推销方式等，以使产品销售量增加。(2) 产品改良，这种策略是以产品自身的改变来满足顾客的不同需要，吸引有不同需求的顾客。整体产品概念的任何一个层次的改良都可视为产品再推出。(3) 市场营销组合改良，即通过对产品、定价、渠道、促销四个市场营销组合因素进行综合改革，以刺激销售量的回升。

8. 【正确答案】C

　　【所属学科】《财务管理》第五章，企业筹资决策。

　　【难易程度】容易

　　【考点解析】优先股资本成本率 $= \dfrac{\text{优先股股利}}{\text{筹资额} \times (1 - \text{筹资费用率})}$

$$= \dfrac{150 \times 12.5\%}{150 - 5} = 12.93\%$$

9. 【正确答案】A

　　【所属学科】《财务管理》第九章，国际财务管理。

　　【难易程度】容易

　　【考点解析】折算风险又称会计风险、会计翻译风险或转换风险，是指企业在把不同的外币余额按照一定的汇率折算为本国货币的过程中，由于交易发生日的汇率与折算日的汇率不一致，使会计账簿上的有关项目发生变动的风险。交易风险是指企业因进行跨国交易而取得外币债权或承担外币债务时，由于交易发生日的汇率与结算日的汇率不一致，可能使收入或支出发生变动的风险。经济风险是指由于汇率变动对企业的产销数量、价格、成本等产生的影响，从而使企业的收入或支出发生变动的风险。外汇风险是指一个企业的成本、利润、现金流或市场价值因外汇汇率波动而引起的潜在的上涨或下跌的风险。

10. 【正确答案】D

　　【所属学科】《财务管理》第五章，企业筹资决策。

　　【难易程度】容易

　　【考点解析】普通股资金成本率 $= \dfrac{\text{普通股股利}}{\text{筹资额} \times (1 - \text{筹资费用率})}$

$$= \dfrac{0.24}{5.8 \times (1 - 5\%)} + 4\% = 8.36\%$$

二、多项选择题

11. 【正确答案】BCE

　　【所属学科】《管理学》第九章，领导。

　　【难易程度】容易

　　【考点解析】在企业组织中，领导的外在性权力具体表现为决策权、用人权、指挥权、奖惩权、强制权、法定权等。这些权力通常以职权的形式体现出来。职权是职位和责任结合在一起的制度化的权力。统御权和专长权是一种与外在性权力截然不同的内在性权力。它不以社会的法律、组织规定为基础，无须外界授予，也没有正式的授权形式，仅仅来自领导者本身的因素，权力的大小取决于领导人的品格、知识、才能等个人素质。内在性权力对权力施受双方均没有强制性的约束力。

12.【正确答案】BCDE

【所属学科】《企业战略管理》第一章，战略管理理论。

【难易程度】容易

【考点解析】一般来讲，企业战略由以下四个要素组成：经营范围，是指企业从事生产经营活动的领域，又称为企业的定域；资源配置，是指企业过去和目前资源和技能配置的水平和模式；竞争优势，是指企业通过其资源配置的模式与经营范围的决策，从而在市场上所形成的与其竞争对手不同的竞争地位；协同作用，是指企业从资源配置和经营范围的决策中所能寻求到的共同努力的效果。

13.【正确答案】ADE

【所属学科】《市场营销》第九章，促销策略。

【难易程度】容易

【考点解析】企业设计销售队伍规模通常有三种方法：(1) 销售百分比法。企业根据历史资料，计算销售队伍的各种耗费占销售额的百分比以及销售人员的平均成本，然后对未来销售额进行预测，从而确定销售人员的数量。(2) 分解法。这种方法是把每一位销售人员的产出水平进行分解，再同销售预测额进行对比，就可判断出销售队伍的规模大小。(3) 工作量法。确定一个销售代表每年可进行的平均访问数，通过总的年访问次数即可求得销售人员规模。

14.【正确答案】ACE

【所属学科】《财务管理》第三章，财务分析。

【难易程度】较难

【考点解析】企业的长期偿债能力，是企业偿还长期债务的能力。企业的长期偿债能力与企业的盈利能力、资金结构有十分密切的关系。企业的长期偿债能力可通过以下指标进行分析：D 项资产负债率又称负债比率或负债对资产的比率，是企业的负债总额与资产总额进行对比所确定的比率；B 项所有者权益比率是企业的所有者权益与资产总额进行对比所确定的比率。本题中，E 项利息周转倍数是息税前盈余相当于所支付利息的倍数，虽然能反映企业的偿债能力，但无法判断是短期还是长期，所以不符合本题题意。C 项速动比率反映的是速动资产与流动负债的比率，属于反映短期偿债能力的指标。A 项现金比率反映的是可立即动用的现金与流动负债的比率，也属于反映短期偿债能力的指标。

三、名词解释

1.【答案提示】非正式沟通，是指不按组织结构中正式的沟通系统传达消息，而让消息在组织结构中任意流动。

2.【答案提示】紧缩战略，是指对公司的股本或资产进行重组，从而缩减主营业务范围或缩小公司规模的各种资本运作的途径和方法。

3.【答案提示】产品延伸，是指全部或部分地改变公司原有产品的市场定位，具体做法有向下延伸、向上延伸和双向延伸三种。

4. 【答案提示】风险报酬，是指投资者因冒风险进行投资而获得的超过时间价值的那部分报酬。风险报酬有两种表示方法：风险报酬额和风险报酬率。

四、简答题

1. 【答案提示】人员配置是对企业各类人员进行恰当而有效的选择、使用、考评和培养，以合适的人员去充实组织结构中所规定的各项职务，从而保证企业正常运转并实现预定目标的职能活动。在现代企业管理中，人员配置包括拟订组织工作计划、选拔、储备、任用、调动、考核评价、培养训练等相互关联的一系列环节和工作，因而可以将其视为一个职能系统。在企业管理过程中，合理配置人员对促进整个经营管理的有效运行具有重要的作用：

(1) 充分开发企业人力资源。在管理过程中，通过适当选拔、配备和使用人员，可以充分挖掘每个员工的内在潜力，实现人员与工作任务的协调匹配，做到能岗匹配，从而使人力资源得到高度开发。

(2) 有效发挥组织结构的功能。只有人员的配备尽量适应各类职务的性质要求，使各职务应承担的职责得到充分履行，组织设计的目标才能实现，组织结构的功能才能发挥出来。反之，如果人员的安排和使用不符合各类职务的要求，或人员的选择与培养不能满足组织设计的预期目标，企业组织结构的功能则难以得到有效发挥。

(3) 提高群体质量，形成最佳工作组合。通过人员配置，将群体成员加以合理组合，形成群体内部最佳的知识结构、能力结构、性格结构等，可以极大地提高群体工作质量，促进成员关系的协调一致，发挥互补优势，减少或避免因互斥而造成的损耗，增强群体的活动效率。

(4) 强化管理职能，完善企业管理系统。管理人员的配置是企业人员配置的核心和关键。合理选择、任用和培养管理人员，把素质好、能力强、能胜任管理工作的人配备到各级管理岗位上，进而形成一支强有力的管理人才队伍，可以促进管理职能的有效实施，不断提高管理效率，推动企业管理系统的持续稳定运行。

2. 【答案提示】宏观环境又称一般环境，指影响一切行业和企业的各种宏观因素，主要包括政治 (Political)、经济 (Economic)、社会 (Social) 和技术 (Technological) 这四大类影响企业的外部环境因素，因此，宏观环境分析又简称为 PEST 分析法。宏观环境分析的意义在于评价这些因素对企业战略目标和战略制定的影响。

(1) 政治法律环境。政治法律环境是指对企业经营活动具有实际与潜在影响的政治力量和有关的法律法规等因素。具体来说，政治环境主要包括国家的政治制度与体制、国家权力机构、国家的方针政策、政治团体和政治形式。法律环境主要包括国家制定的法律、法规、法令以及国家执法机关等因素。

(2) 经济环境。经济环境是指构成企业生存和发展的社会经济状况及国家的经济政策。经济环境主要包括宏观和微观两个方面的内容。宏观经济环境主要指一个国家的人口数量及其增长趋势，国民收入、国民生产总值及其变化情况以及通过这些指标能够反映的国民经济发展水平和发展速度的因素。微观经济环境主要指企业所在地区或所服务地区的消费者的收入水平、消费偏好、储蓄情况、就业程度等因素。这些因素直接决定着企业目前及未来的市场大小。

(3) 社会文化环境。社会文化环境是指企业所在社会中的成员的民族特征、文化传统、价值观念、宗教信仰、教育水平以及风俗习惯等因素。其中，人口环境是社会文化环境的重要组成部分，也是对企业经营有较大影响的因素。人口环境主要包括人口规模、年龄结构、人口分布、种族结构以及收入分布等。

(4) 技术环境。技术环境不仅包括那些引起时代发生革命性变化的发明，而且包括与企业生产有关的新技术、新工艺、新材料的出现和发展趋势以及应用前景。

3. 【答案提示】市场主导者扩大市场需求总量时，受益最大的是处于领先地位的企业。例如，在 2004 年之前，如果美国消费者增加拍照片的数量，受益最大的将是柯达公司，因为它占有美国 70% 以上的胶卷市场。一般来说，市场主导者可从三个方面扩大市场需求量：一是发现新用户；二是开辟新用途；三是增加使用量。

(1) 发现新用户。每种产品都有吸引新用户、增加用户数量的潜力。因为可能有些消费者对某种产品还不甚了解，或产品定价不合理，或产品性能还有缺陷等。一个制造商可从三个方面找到新的用户，如香水企业可设法说服不用香水的妇女使用香水 (市场渗透战略)、说服男士使用香水 (市场开发战略)、向其他国家推销香水 (地理扩展战略)。

(2) 开辟新用途。为产品开辟新的用途，可扩大需求量并使产品销路久畅不衰。例如，美国杜邦公司的尼龙就是一个成功的典型。

(3) 增加使用量。促进用户增加使用量是扩大需求的一种重要手段。例如，宝洁公司劝告消费者在使用海飞丝香波洗发时，每次将使用量增加一倍，洗发效果更佳。

4. 【答案提示】股票分割是指将面额较高的股票分割为面额较低的股票的行为。

股票分割可以将原来的一股股票分割为若干股新的股票。股票分割对公司的权益资本账户不产生任何影响，但会使公司股票面值降低、股票数量增加。由于股票分割会导致公司股本规模扩大，因此，如果公司的市盈率不变，股票分割后股票的价格也将会下降。

实行股票分割的最主要动机往往是降低股票价格，并进而实现以下两个目的：第一，增强股票的流动性。如前所述，公司的股票价格有一个合理的区间。如果股票价格过高，则不利于股票交易活动。通过股票分割活动，可以使公司股票更广泛地分散到股东手中，增强股票的流动性。第二，为发行新股做准备。股票价格过高，会使许多潜在的股东不敢轻易对公司股票进行投资。在新股发行之前，利用股票分割降低股票价格，有利于提高股票的可转让性，促进新股票的发行。

五、论述题

1. 【答案提示】制度化管理倾向于把管理过程和企业组织设计为一架精确、完美无缺的机器。它只讲规律，只讲科学，只讲理性，而不考虑人性。极端的制度化管理既不可能，也不理想。制度化管理强调的不是极端的制度化，而是以制度化管理体系为基本，谋求制度化与人性、制度化与活力之间的平衡。在此意义上，在推行制度化管理的同时，要处理好以下两组矛盾的平衡关系：

(1)"经"与"权"的关系。

"经"与"权"，即所谓原则性与灵活性，或者说坚持按制度办事与适当变通之意。在管理中，"经"就是坚持管理的基本原则、基本制度，坚持原则性；"权"就是从实际出发，根据情况的变化采取适当措施，必要时采取变通办法。根据现实情况和经验反映出的问题，处理"经"与"权"的矛盾，需要注意以下两点：

第一，根据企业组织中的实际情况，应加强"经"的一面，推行制度化管理。即使牺牲部分灵活性也在所不惜。

第二，在基本的、关系全局的方面应坚持原则不动摇；而在局部的、无关宏旨的方面可以适当放宽，灵活一些。

(2)他律与自律的关系。

涉及个人行为的管理时，究竟应该更多地借助于教育、惩罚、强制、约束等外部规范方式，还是应该更多地依靠个人的觉悟、自觉性、自我约束来达到目的。借助于约束、强制手段来规范个体行为叫作"他律"；依靠个人自我控制、自我管理来约束个体行为称作"自律"。

强调他律还是自律，从根本上来说，取决于管理者心目中关于人性的假设。认为人性是"恶"的，以他律为主；认为人性是"善"的，多依靠自律。尽管在处理他律与自律的矛盾方面有各种不同主张，但有两点是必须注意的：

第一，个体自觉性、自我约束程度有限，许多组织活动仅靠个体自觉性无法按部就班、协调一致地进行，所以，必须充分依靠他律，发挥制度规范的作用。

第二，在保证组织活动正常进行的范围内，应尽可能发挥自律的作用，缩小他律的范围。过度的他律会导致信任感降低，助长破坏性，因此必须将他律控制在必要限度内。

2.【答案提示】钻石模型是国际竞争优势的分析工具，波特认为一个国家影响某个行业的竞争优势取决于生产要素、需求状况、相关产业、组织战略和竞争。

(1)生产要素。生产要素的划分有两种：一是基本生产要素和高级生产要素；二是通用要素和特殊要素。

(2)需求状况。对绝大多数企业来说，最初的销售是从国内市场开始的。这种以本国需求为基本出发点而发展起来的生产方式、组织形式、营销经验是否有利于本国企业打入国际市场，建立竞争优势，取决于本国需求状况与国际需求状况的相对优劣势。

(3)相关产业。任何行业要在国际市场领先，必须要求其供货商和其他相关行业也是世界一流的。任何国家的优势行业往往表现为优势行业群。

(4)组织战略和竞争，主要受到人力资源的影响和企业战略的影响。

六、案例分析题

案例一【答案提示】

1.企业采用的促销方式：广告方式、人员推销、销售促进、宣传。

从现代市场营销发展史来看，消费品与产业用品的促销组合是有区别的。广告一直是消费品的主要促销工具，而人员推销则是产业用品的主要促销工具。销售促进在这两类市场上具有同等重要作用。宣传能给公众留下难忘的印象，企业并不需要花钱购买媒体的版面或时间，虽然制作供刊播的新闻并且说服媒体予以采用要有所花费，但这项费用微乎其微。如果企业真有重要新闻发布，所有的新闻媒体都会抢着报道，其效果要比广告好得多。

广告、销售促进和宣传在建立购买者知情度方面，比人员推销的效果要好得多。在促进购买者对企业及其产品的了解方面，广告的成本效益最好，人员推销居其次。购买者对企业及其产品的信任，在很大程度上受人员推销的影响，其次才是广告。购买者订货与否以及订货多少主要受推销访问影响，而销售促进则起协调作用。

2. 影响企业选择促销方式的因素：产品类型、推式和拉式策略、促销目标、产品的生命周期、经济前景。

3. 选择广告媒体必须考虑的因素：目标受众的媒体习惯、产品特性、信息类型、成本。

4. 宣传的促销作用：利用宣传介绍产品，可以打开市场销路；宣传可以增加人们对产品的兴趣，增加需求和销量；宣传可以提高企业知名度；宣传可以改善企业形象。

案例二【答案提示】

1. 新增银行借款的资金成本＝银行借款总额×借款利率×(1－所得税税率)/ 银行借款总额

$$＝[1000×5\%×(1－25\%)]/1000＝3.75\%$$

普通股的资金成本＝每股股利/普通股市价＋普通股增长率

$$＝0.8/10＋2\%＝10\%$$

企业共有资金总额＝普通股总额＋长期债券＋银行借款

$$＝2000＋3000＋1000＝6000(万元)$$

综合资金成本＝2000×10%/6000＋3000×8%/6000＋1000×3.75%/6000＝7.96%

2. 该投资项目的现金流量＝100＋1000/5＝300(万元)

净现值＝现金净流量×年金现值系数－初始投资

$$＝300×4.2124－1000＝263.72(万元)$$

3. 尽管本项目的内含报酬率8%大于企业要求的必要报酬率6%，是可行的；但是在多个项目中，应该选择内含报酬率最大的投资方案，所以应该选择内含报酬率为10%的投资项目。

同等学力人员申请硕士学位

学科综合水平全国统一考试

工商管理模拟卷二

一、单项选择题（每题 1 分，共 10 分。请从 A、B、C、D 中选择一个正确答案）

1. 理想的行政组织建立在下述哪种权威基础上？（　　）

    A. 传统的权威　　　　　　　　　　B. 神授的权威

    C. 法理的权威　　　　　　　　　　D. 领导的权威

2. 正式组织的要素不包括（　　）。

    A. 协作意愿　　　　　　　　　　　B. 共同目标

    C. 信息沟通　　　　　　　　　　　D. 结构完善

3. 对竞争对手的分析的主要内容不包括（　　）。

    A. 竞争对手的未来目标　　　　　　B. 竞争对手的资源

    C. 竞争对手的现行战略　　　　　　D. 竞争对手的潜在能力

4. 母公司价值创造的类型不包括（　　）。

    A. 业务影响　　　　　　　　　　　B. 连接影响

    C. 职能和服务影响　　　　　　　　D. 人员选择影响

5. 战略控制的基本原则不包括（　　）。

    A. 领导与战略相适应　　　　　　　B. 组织与战略相适应

    C. 计划与战略相适应　　　　　　　D. 资源配置与战略相适应

6. 参与购买决策过程的人员不包括（　　）。

    A. 使用者　　　　　　　　　　　　B. 影响者

    C. 发起者　　　　　　　　　　　　D. 信息控制者

7. 服务市场营销与产品市场营销的区别不包括（　　）。

    A. 产品特点相同　　　　　　　　　B. 顾客对生产过程的参与

    C. 人是产品的一部分　　　　　　　D. 质量控制问题

8. 年金的形式不包括（　　）。

    A. 无限年金　　　　　　　　　　　B. 后付年金

    C. 先付年金　　　　　　　　　　　D. 永续年金

9. 根据风险程度划分，企业财务决策不包括（　　）。

    A. 确定性决策　　　　　　　　　　B. 风险性决策

    C. 常规性决策　　　　　　　　　　D. 不确定性决策

10. 长期借款的优点不包括 (   )。

    A. 筹资速度快　　　　　　　　　　B. 借款成本高

    C. 借款弹性大　　　　　　　　　　D. 可以发挥财务杠杆作用

二、多项选择题 (每题 2 分，共 8 分。请从 A、B、C、D、E 中选择所有你认为正确的答案)

11. 人的需要的特点包括 (   )。

    A. 多样性　　　　　　B. 结构性　　　　　　C. 社会制约性

    D. 发展性　　　　　　E. 动机性

12. 平衡计分卡的分析内容包括 (   )。

    A. 学习与成长　　　　B. 内部经营流程　　　C. 客户

    D. 财务　　　　　　　E. 公众形象

13. 依据渠道的宽度，分销策略可以分为 (   )。

    A. 密集分销　　　　　B. 选择分销　　　　　C. 独家分销

    D. 一级分销　　　　　E. 直销

14. 影响股利政策的因素包括 (   )。

    A. 公司的投资机会　　B. 公司的资本成本　　C. 公司的现金流量

    D. 公司所处的生命周期　　E. 行业因素影响

三、名词解释 (每题 3 分，共 12 分)

1. 激励

2. 企业使命

3. 交叉销售

4. 直接标价法

四、简答题 (每题 7 分，共 28 分)

1. 简述人际沟通过程的特殊性。

2. 简述分散产业竞争的特点及选择的战略。

3. 简述影响消费者行为的主要因素。

4. 外汇风险有哪些？如何规避？

五、论述题 (每题 11 分，共 22 分)

1. 试述变革的困难及其步骤。

2. 试述广告媒体的选择。

六、案例分析题 (每题 10 分，共 20 分)

    案例一：

耐克的生产政策和程序

    当耐克公司决定实施由独立的制造商 (出于成本考虑，所有这些制造商均位于泰国、印度尼西亚和中国) 在国外生产其所有的运动鞋类产品的战略时，公司制订了一系列的政策和生产规定以监督与其 "生产伙伴" (这是一个耐克公司精心考虑的字眼，因为它意味着联合的责任）的工作关系。

耐克的人员被安置于所有关键制造机构的现场，每一个耐克公司的代表一般要在同一个工厂待几年的时间以详细了解合作方的人员和其生产过程。他们的作用相当于与总部之间的联络官，努力使耐克的研究开发活动和新产品的设计与工厂的生产能力相配合，并根据最新的销售数据预测新产品的订购数量。

耐克公司在每个工厂实施一项质量保证计划以不断加强其现时的、有效的质量管理活动。

耐克公司在制造其享有溢价的一流模型工厂，努力使每月生产订购量的起伏最小化（每日产量一般为 20 000 ~ 25 000 双）；其政策是保持月度之间的订购数量的变动幅度不超过 20%。这些工厂独家生产耐克的鞋类产品，并有望共同开发新的模型和合作投资新的技术。

那些大量制造从中等到低等的耐克产品的工厂（通常每天生产 70 000 ~ 85 000 双）被称为"批量生产者"，他们自己来处理每月订购数量的变动，这些工厂通常同时生产 5 ~ 8 家其他品牌的鞋子，这使他们能灵活地处理订货，使生产保持稳定性。

按时向生产伙伴支付购买款项，使其获得可以预测的现金流量是耐克的一项严格的政策。

根据耐克公司的事例：

1. 谈谈你对战略控制的特点、制约因素的认识。

2. 耐克公司实施企业外包战略的战略优势以及采取该战略需要注意的关键问题是什么？

案例二：

某企业 2009 年度赊销收入净额为 2 000 万元，销售成本为 1 600 万元；年初、年末应收入账款余额分别为 100 万元和 400 万元；年初、年末存货余额分别为 200 万元和 600 万元。该企业年末现金为 560 万元，流动负债为 800 万元，假定该企业流动资产由速动资产和存货组成，速动资产由应收账款和现金组成，一年按 360 天算。

要求：

1. 计算 2009 年应收账款周转天数。

2. 计算 2009 年存货周转天数。

3. 计算 2009 年年末速动比率。

4. 计算 2009 年年末流动比率。

同等学力人员申请硕士学位

学科综合水平全国统一考试
工商管理模拟卷二答案及解析

一、单项选择题

1. 【正确答案】C

【所属学科】《管理学》第一章，管理的发展历史。

【难易程度】容易

【考点解析】理想的行政组织理论的实质在于以科学确定的"法定的"制度规范为组织协作行为的基本约束机制，主要依靠个人的、科学合理的理性权威实行管理。在人类组织管理历史上，由于管理所依托的基本手段不同，有不同类型的权威关系和相应的管理方式。早期组织管理中多依靠个人的权威，以传统的权威和神授的超凡权威为基本的控制手段。马克斯·韦伯指出，组织管理过程中依赖的基本权威将由个人转向法理，以理性的、正式规定的制度规范为权威中心实施管理。

2. 【正确答案】D

【所属学科】《管理学》第二章，组织管理原理。

【难易程度】容易

【考点解析】正式组织产生于具有协作意愿，能相互沟通的个体围绕共同目标努力之时。正式组织有三个基本要素：协作意愿、共同目标和信息沟通。

3. 【正确答案】B

【所属学科】《企业战略管理》第二章，企业战略态势分析——外部环境分析。

【难易程度】容易

【考点解析】对竞争对手的分析有四个方面的主要内容，即竞争对手的未来目标、现行战略、自我假设和潜在能力。

4. 【正确答案】D

【所属学科】《企业战略管理》第五章，企业公司层战略与管理。

【难易程度】容易

【考点解析】母公司价值创造的四种类型：(1) 业务影响。通过这种影响，母公司增进了独立的业务单位的绩效。(2) 连接影响。通过这种影响，母公司增进了各业务单位之间的价值连接。(3) 职能和服务影响。通过这种影响，母公司为各业务单位提供职能上的领导和具有成本有效性的服务。(4) 公司发展活动。母公司通过改变业务单位组合构成的方式创造价值。

5. 【正确答案】C

【所属学科】《企业战略管理》第七章，战略控制与组织结构。

【难易程度】容易

【考点解析】战略控制的基本原则：(1) 领导与战略相适应。企业的主要领导人必须负责研究、执行战略。(2) 组织与战略相适应。战略要有合适的组织结构相匹配。(3) 执行计划与战略相适应。战略必须有起作用的行动计划支持。(4) 资源配置与战略相适应。资源配置必须支持战略目标的实现。(5) 企业文化与战略相适应。企业文化，特别是企业高层管理人员的心理必须与执行战略相适应。(6) 战略具有可行性。企业的战略应该能够根据企业的环境与条件，切实可行地贯彻和执行。(7) 企业要有战略控制的预警系统。从系统的角度看，企业在实施战略时应有一套预警系统，及时提示与防范战略实施时出现的问题。(8) 严格执行完整的奖惩制度。企业对成功的执行者必须给予奖励和报酬。

6. 【正确答案】C

【所属学科】《市场营销》第四章，市场购买行为分析。

【难易程度】容易

【考点解析】在任何一个企业中，除了专职的采购人员之外，还有一些其他人员也参与购买决策过程。所有参与购买决策过程的人员构成采购组织的决策单位，市场营销学称之为采购中心。企业采购中心通常包括五种成员：(1) 使用者，即具体使用购买的某种产业用品的人员。公司购买实验室用的电脑，其使用者是实验室的技术人员；购买打字机，其使用者是办公室的秘书。使用者往往是最初提出购买某种产业用品意见的人，他们在计划购买产品的品种、规格中起着重要作用。(2) 影响者，即在企业外部和内部直接或间接影响购买决策的人员，他们通常协助企业的决策者决定购买产品的品种、规格等。企业的技术人员是最主要的影响者。(3) 采购者，即在企业中具有组织采购工作 (如选择供应商、和供应商谈判等) 正式职权的人员。在较复杂的采购工作中，采购者还包括参加谈判的公司高级人员。(4) 决定者，即在企业中有批准购买产品权力的人员。在标准品的例行采购中，采购者常常是决定者；而在较复杂的采购中，公司领导人常常是决定者。(5) 信息控制者，即在企业外部和内部能控制市场信息流到决定者、使用者的人员，如企业的购买代理商、技术人员等。

7. 【正确答案】A

【所属学科】《市场营销》第六章，产品策略。

【难易程度】中度

【考点解析】服务市场营销与产品市场营销的不同，具体表现为以下几个方面：(1) 产品特点不同。如果说有形产品是一个物体或一样东西的话，服务则表现为一种行为、绩效或努力。(2) 顾客对生产过程的参与。由于顾客直接参与生产过程，如何引导顾客使得服务推广有效地进行，成为服务市场营销管理的一个重要内容。(3) 人是服务的一部分。服务的过程是顾客与服务提供者广泛接触的过程，服务的好坏不仅取决于服务提供者的素质，也与顾客的行为密切相关。(4) 质量控制问题。由于人是服务的一部分，服务的质量很难像有形产品那样用统一的质量标准来衡量，因而其缺点和不足也就不易被发现和改进。

(5) 服务无法贮存。由于服务的无形性以及生产与消费的同时进行，使服务具有不可贮存的特性。(6) 时间因素的重要性。在服务市场上，既然服务生产和消费过程是由顾客与服务提供者面对面进行的，服务的推广就必须及时、快捷，以缩短顾客等候服务的时间。(7) 分销渠道的不同。服务企业不像生产企业那样通过物流渠道把产品从工厂运送到顾客手里，而是借助电子渠道 (如广播) 把生产、零售和消费的地点连在一起来推广产品。

8. 【正确答案】A

【所属学科】《财务管理》第二章，财务管理的价值观念。

【难易程度】容易

【考点解析】年金是指在一定时期内，每期都有相等金额的收付款项。折旧、利息、租金、保险费等均表现为年金的形式。年金按付款方式，可分为普通年金或后付年金、即付年金或先付年金、延期年金和永续年金。

9. 【正确答案】C

【所属学科】《财务管理》第二章，财务管理的价值观念。

【难易程度】容易

【考点解析】企业的财务决策，几乎都是在风险和不确定的情况下做出的。离开了风险，就无法正确评价企业报酬的高低。风险是客观存在的，按照风险程度，可以把企业财务决策分为三种类型：(1) 确定性决策，决策者对未来的情况是完全确定的而做出的决策。(2) 风险性决策，决策者对未来的情况不能完全确定，但他们出现的可能性 (概率) 的具体分布是已知的或可以估计的。(3) 不确定性决策，决策者对未来的情况不仅不能完全确定，而且对其可能出现的概率也不清楚。

10. 【正确答案】B

【所属学科】《财务管理》第四章，企业筹资方式。

【难易程度】容易

【考点解析】长期借款筹资的优点：(1) 筹资速度较快。与发行股票、债券相比，长期借款筹资不需要经过证券发行前的准备、印刷等程序，一般所需的时间较短，程序较为简单，可以迅速获得资金。(2) 借款成本较低。利用长期借款筹资，利息可以在税前支付，可以减少公司实际负担的利息费用，因此，比股票筹资的成本要低得多；与债券相比，借款利率通常低于债券利率；此外，由于借款是公司和银行之间直接商定的，所以可以大大降低交易成本。(3) 借款弹性大。在借款前，公司根据当时资本的需要与银行直接商定贷款的时间、数量和条件。在借款期间，若公司财务状况发生某些变化，也可以与银行进行再协商，变更借款条件。因此，借款筹资对公司而言具有较大的灵活性。(4) 可以发挥财务杠杆作用。无论公司盈利多少，银行只收取固定的利息，而更多的收益则为借款公司所拥有。

二、多项选择题

11. 【正确答案】ABCD

【所属学科】《管理学》第八章，激励。

【难易程度】容易

【考点解析】一般而言，人的需要具有以下几种基本特性：(1) 多样性。由于人的社会实践活动范围极其广泛，在此基础上形成的需要也是多种多样的，除了衣食住行等基本物质生活需要外，人们还有知识、交往、尊重、成就等社会和精神方面的需要。(2) 结构性。人的多种需要之间相互关联、相互制约，由此构成复杂的结构体系。(3) 社会制约性。需要是人的主观感受与客观环境共同作用的结果，因而必然受到所处环境条件的制约。(4) 发展性。一定社会历史条件制约着人的需要。

12. **【正确答案】**ABCD

【所属学科】《企业战略管理》第三章，企业内部环境与资源均衡分析。

【难易程度】容易

【考点解析】平衡计分卡反映了财务、非财务衡量方法之间的平衡，长期目标与短期目标之间的平衡，外部和内部的平衡，结果和过程的平衡，管理业绩和经营业绩的平衡等多个方面。①在客户方面，管理者们确认了组织将要参与竞争的客户和市场部分，并将目标转换成一组指标，如市场份额、客户满意度、客户留住率、客户获得率、客户获利水平等。②在内部经营流程方面，管理者需关注对客户满意度和实现组织财务目标影响最大的那些内部流程，并为此设立衡量指标。③在学习与成长方面，管理者们确认了组织为实现长期的业绩而必须进行的对未来的投资，包括对雇员的能力、组织的信息系统等方面的衡量。④在财务方面，管理者们列出了组织的财务目标，并衡量战略的实施和执行是否在为最终的经营成果的改善做出贡献。

13. **【正确答案】**ABC

【所属学科】《市场营销》第八章，分销策略。

【难易程度】容易

【考点解析】分销渠道的宽度是指渠道的每个层次使用同种类型的中间商的数目多少。它与企业的分销策略密切相关。而企业的分销策略通常可分为三种：密集分销、选择分销和独家分销。

14. **【正确答案】**ABCDE

【所属学科】《财务管理》第七章，股利分配决策。

【难易程度】容易

【考点解析】公司在制定股利政策时应考虑以下因素：(1) 公司的投资机会。公司的投资机会是影响公司股利政策的一个非常重要的因素。(2) 公司的资本成本。资本成本是公司选择筹资方式的基本依据。(3) 公司的现金流量。公司在经营活动中，必须有充足的现金，否则就会导致支付困难。(4) 公司所处的生命周期。一般来说，处于快速成长期的公司有较多的投资机会，通常不会发放很多股利。这是因为公司需要大量的现金流量来扩大公司规模，公司不愿意用其大量盈余向股东发放股利。而在公司的成熟期，公司一般会发放较多股利。(5) 行业因素影响。不同行业的股利支付比率存在系统性差异。其原因在于，投资机会在行业内是相似的，而在不同行业之间则存在差异。(6) 股权结构的影响。股利政策必须经过股东大会决议通过后才能实施，而不同的股东对现金股利和资本利得的偏好不同，因此股权结构对公司股利政策具有重要的影响。(7) 其他因素的影响。其他因素包括法律因素和契约性约束等。法律因素是指有关法律、法规对公司股利分配的限制，如我国的《公司法》《证券法》规定，不能用筹集的经营资本发放股利、公司必须在保证公司偿债能力的基础上才能发放股利等。契约性约束是指，当公司以长期借款协议、债券契约、优先股协议以及租赁合约等形式向公司外部等筹资时，常要接受的一些关于现金股利支付的限制性条款。

三、名词解释

1. 【答案提示】激励是指人类活动的一种心理状态，它具有加强和激发动机，推动并引导行为，使之朝向预定目标前进的作用。通常认为，一切内心要争取的条件 (欲求、需要、希望、动力等) 都构成人的激励。

2. 【答案提示】企业使命是指企业管理者确定的企业生产经营的总方向、总目的、总特征和总的指导思想。它反映企业管理者的价值观和企业力图为自己树立的形象，揭示本企业与同行业其他企业在目标上的差异，界定企业的主要产品和服务范围，以及体现企业试图满足的顾客基本需求。

3. 【答案提示】交叉销售是指借助顾客关系管理，发现现有顾客的多种需求，并通过满足其需求而销售多种相关服务或产品的一种新兴营销方式。

4. 【答案提示】直接标价法又称应付标价法，是以一定单位 (一、百、万等) 的外国货币为标准，折算为一定数额的本国货币的方法。

四、简答题

1. 【答案提示】人际沟通的过程有其特殊性：

    (1) 人际沟通主要是通过语言 (或语言的文字形式) 来进行的。

    (2) 人际沟通不仅是信息的交流，而且是情感、思想、态度、观点的交流。

    (3) 在人际沟通过程中，心理因素有着重要意义。在信息的发出者与接收者之间，需要了解双方进行信息交流的动机和目的，而信息交流的结果是可能改变人的行为。

    (4) 在人际沟通中，会出现特殊的沟通障碍。这种障碍不仅是由于信息渠道 (传递) 的失真或错误，而且还由于人所特有的心理障碍。

2. 【答案提示】

    (1) 分散产业竞争的特点：没有拥有大量市场份额的先导者；顾客需求过于分散或者地理上过于分散，要求有大量的企业满足顾客需求；进入壁垒低；缺乏规模经济；顾客只需要少量的定制化产品；产品或服务市场正在向全球化发展，因此很多企业在竞争国际市场的过程中只能占有某些市场；技术开发迫使企业实行专业化；产业处于幼稚期，聚集了大量的竞争者，没有企业试图争夺大规模的市场份额。

(2) 分散产业竞争的战略选择：建立和运作规范化设备和流程（特许经营和连锁运作）；成为低成本经营者；通过技术创新实现规模经济；增加附加价值，实现竞争优势；专业化于特定的产品类型；专业化于特定的顾客类型；集中于有限的地理市场。

3. 【答案提示】消费者不可能在真空里做出自己的购买决策，其购买决策在很大程度上受到文化、社会、个人和心理等因素的影响。

(1) 文化因素。文化、亚文化和社会阶层等文化因素，对消费者的行为具有最广泛和最深远的影响。文化是人类欲望和行为最基本的决定因素，每一种文化都包含着能为其成员提供更为具体的认同感和社会化的较小的亚文化群体，如民族群体、宗教群体、种族群体、地理区域群体等。在一切人类社会中，还存在着社会层次。它们是按等级排列的，每一阶层的成员具有类似的价值观、兴趣爱好和行为方式。

(2) 社会因素。消费者购买行为也受到诸如参照群体、家庭、社会角色与地位等一系列社会因素的影响。一个人在其一生中会加入许多群体，如家庭、俱乐部及其他各种组织。每个人在各个群体中的位置可用角色和地位来确定。每一个角色都将在某种程度上影响其购买行为。每一角色都伴随着一种地位，这一地位反映了社会对他或她的总评价。而地位标志又随着不同阶层和地理区域有所变化。

(3) 个人因素。消费者购买决策也受其个人特性的影响，特别是受其年龄所处的家庭生命周期阶段、职业、经济状况、生活方式、个性以及自我观念的影响。生活方式是一个人在世界上所表现的有关其活动、兴趣和看法的生活模式。个性是一个人所特有的心理特征，它导致一个人对其所处环境的相对一致和持续不断的反应。

(4) 心理因素。消费者购买行为还会受动机、知觉、学习以及信念和态度等主要心理因素的影响。动机是一种升华到足够强度的需要，它能够及时引导人们去探求满足需要的目标。

4. 【答案提示】外汇风险是多种多样的，可概括为以下三类：

(1) 交易风险，指企业因进行跨国交易而取得外币债权或承担外币债务时，由于交易发生日的汇率与结算日的汇率不一致，可能使收入或支出发生变动的风险。

(2) 折算风险，又称会计风险、会计翻译风险或转换风险，是指企业在把不同的外币余额按着一定的汇率折算为本国货币的过程中，由于交易发生日的汇率与折算日的汇率不一致，使会计账簿上的有关项目发生变动的风险。

(3) 经济风险，是指由于汇率变动对企业的产销数量、价格、成本等产生影响，从而使企业的收入或支出发生变动的风险。

因此，管理经济风险是整个企业管理承担的责任，而交易风险与折算风险的管理一般都由财务人员来承担。

目前，国际上避免外汇风险的方法较多，这里介绍几种最常见的方法：(1) 利用远期外汇交易；(2) 利用外汇期权交易；(3) 适当调整外汇受险额；(4) 平衡资产与负债数额；(5) 采用多元化经营。

五、论述题

1.【答案提示】企业变革是对旧有模式的一种转换。企业的一种模式一旦形成，就有了保守、排斥其他类型的特点。换言之，在原有模式内部依靠其自身是很难转变的。

企业变革的困难具体有以下几点：

(1) 一定的模式已经存在于人们的头脑中，具有潜意识特点。人们往往自觉或不自觉地受其支配，按照模式的支配行事。这是变革最困难的一个组成部分。

(2) 缺乏一般舆论和观念的支持。对企业有意义的时机往往是社会一般还没有认识到、一般观念不接受的时期。这一阶段，除少数人外，大部分人很难理解为什么要革新、转换和调整，观念和舆论方面的阻力是另一个困难因素。

(3) 来自主要领导人的阻力。主要领导人是原有模式的创造者，从原有模式的形成和运用中曾获得巨大的成功，对原有模式最熟悉，切身体会最多，感情最深，最难改变。有时，领导者自认为已经摆脱了旧有模式的束缚，实际上仍然在原有模式内行事。福特汽车公司的兴衰，就是一个很好的例证。

(4) 即使在环境完全改变了以后，旧有的模式也并非立即失去作用，仍然可以维持一段时间，使人看不清模式转换、组织变革的必要性。特别是在新的模式形成之前，旧有模式仍然在顽强地发挥作用。

变革的四个步骤：

(1) 提出问题。这里不是指简单地提出问题，而是有意识地使矛盾、不平衡或挑战明朗化、尖锐化，为变革创造条件。因此，首先要做的就是提出问题，使各层次明确企业面临的处境，突出矛盾和危机，使企业上上下下都意识到问题的深刻性和严重性，为转换和变革创造条件。

(2) 探索变革。在第一阶段充分的舆论准备前提下，转换或变革的实际过程从部分探索、实验开始。没有不经过探索和实验就能实现变革的。在这一阶段，充当探索和变革主体的，往往是企业当中某一个部门或更小规模的单位。这种探索和实验或者是经营方式方面的，或者是新技术、新产品、新型服务方面的。但不管是哪一方面，都预示着企业管理基本方面的转换。在这一阶段，主要管理者所能做的和应该做的，就是为探索和实验创造条件，从人、财、物等几个方面给予必要的权宜行事的权力。

(3) 全面展开。第三阶段是在企业全面推广经实验已实现变革的部门或单位的成功经验，由点到面推开的阶段，或者说是由一个局部变化引起其他方面连锁反应的阶段。

(4) 模式重塑。变革的最后一个阶段是重塑新模式的阶段。这一阶段，可以说相当一部分是与第三阶段同时进行的。所谓模式重塑，是在企业整体意义上，根据变革所展现出的新的发展机会和方向以及成功的模式，重新确定企业的经营观念、战略目标和经营战略，并据此确定相应的管理体系和方式方法，形成新的发展模式。

变革往往涉及企业基本观念和发展范围的变化。不管是技术方面的，还是发展范围方面的，甚至可能是有关自我看法、自我认识方面的变化，结果都会导致有关企业发展基本问题上的变化。成功的企业变革过程往往是企业中某一部分率先变革，随后引起一系列连锁反应，最终导致整个模式转换。这是企业变革的一般程序。

2. 【答案提示】企业媒体计划人员必须评价和审核各种主要媒体到达特定目标受众的能力，以便决定采用何种媒体。主要媒体有报纸、杂志、直接邮寄、广播、户外广告等。这些主要媒体在送达率、频率和影响价值方面存在差异。

(1) 媒体的特性。媒体计划人员在选择媒体种类时，需了解各媒体的特性。报纸的优点是弹性大、及时、对当地市场的覆盖率高、易被接受和被信任；其缺点是时效短、转阅读者少。杂志的优点是可选择适当的地区和对象、可靠且有名气、时效长、转阅读者多；其缺点是广告购买前置时间长、有些发行量是无效的。广播的优点是大量使用、可选择适当的地区和对象、成本低；其缺点是仅有音响效果、不如电视吸引人、展露瞬间即逝。电视的优点是视、听、动作紧密结合且引人注意、送达率高；其缺点是绝对成本高、展露瞬间即逝、对观众无选择性。直接邮寄的优点是受众是已经选择过的、有灵活性、无同一媒体的广告竞争；其缺点是成本比较高、容易造成滥寄的现象。户外广告的优点是比较灵活、展露重复性强、成本低、竞争少；其缺点是不能选择对象、创造力受到限制等。

(2) 企业媒体计划人员在选择媒体种类时，应考虑以下因素：①目标受众的媒体习惯。例如，生产或销售玩具的企业，在把学龄前儿童作为目标受众的情况下，绝不会在杂志上做广告，而只会在电视或电台上做广告。②产品特性。不同的媒体在展示、解释、可信度与颜色等各方面分别有不同的说服能力。例如，照相机之类的产品，最好通过电视媒体做活生生的实例广告说明；服装之类的产品，最好在有色彩的媒体上做广告。③信息类型。例如，宣布明日的销售活动，必须在电台或报纸上做广告；而如果广告信息中含有大量的技术资料，则应在专业杂志上做广告。④成本。不同媒体所需成本也是一个重要的决策因素。电视是最昂贵的媒体，而报纸则较便宜。不过，最重要的不是绝对成本数字的差异，而是目标受众的人数构成与成本之间的相对关系。如果用每千人成本来计算，则可能会得出在电视上做广告比在报纸上做广告更便宜的结论。

六、案例分析题

案例一【答案提示】

1. 战略控制的特点：

(1) 企业战略活动必须考虑企业的外部环境，因而控制具有开放性。

(2) 战略控制是企业高层管理对战略实施过程进行的总体控制。

(3) 战略控制所依据的标准是企业的总体目标，而不是战略计划本身的目标。

(4) 战略控制既要使战略计划保持稳定性，又要使其具有灵活性。

(5) 战略控制根据企业的效益，客观地评价与衡量战略行为的正确性。

战略控制的制约因素一般有以下几个方面：

(1) 人员，人员既是执行战略控制的主体，又是战略控制的对象。(2) 组织，指企业的人事系统、权力与控制结构、领导体制及方式等。(3) 企业文化是企业组织成员共有的价值观念、传统习惯、行为准则的系统，影响着企业成员的态度和行为方式。

2. 实施企业外包战略的战略优势：降低成本；优化企业资本结构；实现风险分散；有利于开拓市场；打造企业核心竞争力；服务行为公司化；获得专业化服务和相关配套支持；优化人力资源。

实施外包战略需要注意的关键问题：

(1) 流程衔接：做好外包环节与上下游工序 (广义的，不仅指制造) 流程上的衔接。

(2) 质量控制：做好外包过程中的质量控制和风险控制。

(3) 供应商评估：注重对外包业务供应商的考察，以及对新的供应商的选择。

(4) 学习核心技术：学习外包供应商的核心技术，模仿并提高自主制造能力。

(5) 建立战略合作关系：与供应商建立更紧密的关系。

案例二【答案提示】

1. 应收账款周转次数 $= 2\,000/[(100 + 400)/2] = 8(\text{次})$

应收账款周转天数 $= 360/8 = 45(\text{天})$

2. 存货周转次数 $= 1\,600/[(200 + 600)/2] = 4(\text{次})$

存货周转天数 $= 360/4 = 90(\text{天})$

3. 年末速动比率 $= (400 + 560)/800 = 1.2$

4. 年末流动比率 $= (400 + 560 + 600)/800 = 1.95$

2020 年同等学力人员申请硕士学位
学科综合水平全国统一考试
工商管理试卷

一、单项选择题（每题 1 分，共 10 分。请从 A、B、C、D 中选择一个正确答案）

1. 最早提出人际关系学说的是（　　）。
   A. 泰罗　　　　　B. 法约尔　　　　　C. 马克斯·韦伯　　　D. 梅奥

2. 通过强化物来减弱某种不良行为的强化方法是（　　）。
   A. 正强化　　　　B. 消退　　　　　C. 负强化　　　　　D. 规避

3. 导致现有企业间竞争加剧的情况是（　　）。
   A. 产业内对手分散，实力差距大　　　B. 产业内需要更高的固定资产投资
   C. 同行业产品差异大　　　　　　　　D. 产业处于被少数大企业控制的半垄断状态

4. 餐饮市场有区域广、对手多、顾客相对分散的特点，企业寻求发展的战略是（　　）战略。
   A. 通过特许经营实现规模经济　　　　B. 从竞争者手中夺取更多客户
   C. 严密防控替代品的竞争　　　　　　D. 专注成本削减，用低价格吸引顾客

5. 制造商尽可能地通过多家适当的批发商和零售商推销其产品的分销策略是（　　）。
   A. 选择分销　　　　B. 独家分销　　　C. 密集分销　　　D. 机构分销

6. 促销的核心是（　　）。
   A. 出售商品　　　　B. 沟通信息　　　C. 建立良好关系　　D. 寻找顾客

7. 能辨识、预期及满足消费者与社会需求，并且为企业带来利润和持续发展的营销策略是（　　）。
   A. 关系营销　　　　B. 口碑营销　　　C. 绿色营销　　　D. 交叉销售

8. 投资总额 1 000 万元，固定资产投资 800 万元，运营资金垫支 200 万元。已知固定资产使用寿命 10 年，预计残值 20 万元，按直线折法计提折旧，终结现金流量为（　　）。
   A. 200 万元　　　　B. 220 万元　　　C. 800 万元　　　D. 280 万元

9. 使公司的股利支付与公司的盈利状况密切相关的政策是（　　）。
   A. 剩余股利政策　　　　　　　　　　B. 固定股利政策
   C. 固定股利支付率政策　　　　　　　D. 低正常股利加额外股利政策

10. 不可通过投资组合分散的风险是（　　）。
    A. 公司投资失败引起的风险
    B. 公司经营决策失误引起的风险
    C. 公司因在经营中偷税漏税而在法律诉讼中败诉引起的风险
    D. 货币政策变化引起的风险

二、多项选择题（每题 2 分，共 8 分。请从 A、B、C、D、E 中选择所有你认为正确的答案）

11. 正式组织的基本要素包括（　　）。
    A. 信息沟通　　　　　　B. 协作意愿　　　　　　C. 组织结构
    D. 共同目标　　　　　　E. 制度规范

12. 对于航空公司而言，高铁企业带来的威胁大小取决于（　　）。
    A. 航空公司的规模　　　B. 高铁企业的盈利能力　　　C. 顾客转向高铁时的转换成本
    D. 航空公司的反击意图　　E. 高铁企业的运营策略

13. 市场主导者扩大市场需求总量的方法有（　　）。
    A. 发现新用户　　　　　　B. 大量推销　　　　　　C. 开辟新用途
    D. 增加使用量　　　　　　E. 广告宣传

14. 在资本成本计算中，不需要考虑所得税影响的有（   ）。

　　A. 长期借款成本　　　　B. 普通股成本　　　　C. 优先股成本

　　D. 债券成本　　　　　　E. 留存收益成本

三、名词解释（每题3分，共12分）

1. 激励

2. 进入壁垒

3. 产品组合宽度

4. 内部报酬率

四、简答题（每题7分，共28分）

1. 简述管理概念的基本点。

2. 简述基本竞争战略。

3. 简述产品生命周期成熟期的策略。

4. 简述股票筹资的优点。

五、论述题（每题11分，共22分）

1. 论述信息沟通体现在组织结构上有哪些要求。

2. 论述影响消费者行为的因素。

六、案例分析题（每题10分，共20分）

案例一：

美团多元化发展之路

　　八年来美团一路披荆斩棘，从单一服务品类到多元化服务品类，从团购到餐饮外卖，再到酒店旅行，随后又收购摩拜进军出行业务。关于美团"无边界扩张"的话题，成为科技圈讨论的焦点。

　　从起家时的团购跨界到外卖、酒店、旅游、民宿、电影和生鲜等，秉承多元化发展的美团，其业务已超过200个生活服务品类。有人说，美团就像一条"八爪鱼"，颇有几分阿里巴巴和腾讯当年以核心业务为基石布局全产业帝国的野心。美团要围绕整个"吃、住、行"领域建立的竞争优势，来继续开展多元化扩张。

　　问题：

　　1. 美团在扩张中积累了哪些核心能力与资源？并分析其对未来战略的影响。

　　2. 实施多元化战略的优势及风险。

案例二：

　　某企业2019年度赊销收入净额为2 000万元，销售成本为1 600万元；年初、年末应收账款余额分别为100万元和400万元；年初、年末存货余额分别为200万元和600万元。该企业年末现金为560万元，流动负债为800万元，假定该企业无其他流动资产项目，一年按360天计算。

　　要求：

　　1. 计算2019年应收账款周转次数。

　　2. 计算2019年存货周转天数。

　　3. 计算2019年年末速动比率。

　　4. 计算2019年年末流动比率。

2020 年同等学力人员申请硕士学位
学科综合水平全国统一考试
工商管理答案及解析

一、单项选择题

1. 【正确答案】D

   【所属学科】《管理学》第一章，管理的发展历史。

   【难易程度】容易

   【考点解析】泰罗的科学管理理论通过在管理研究中采用近代分析科学方法，开辟了管理研究中采用科学方法的先河。法约尔的一般管理理论说明管理是企业的一种基本活动，其过程或职能为计划、组织、指挥、协调、控制，为研究管理过程打下了坚实基础。马克斯·韦伯提出了最适合于企业组织发展需要的组织类型和基本管理精神，成为各类大型组织的"理想模型"。梅奥通过霍桑试验，提出了著名的人际关系学说，开辟了行为科学研究的道路。因此，正确答案为 D 项。

2. 【正确答案】C

   【所属学科】《管理学》第八章，激励。

   【难易程度】中度

   【考点解析】本题主要考查考生对斯金纳（B.F.Skinner）创立的强化理论方法的掌握。企业运用强化激励模式时，可以采用以下三种方法：（1）正强化，又称积极强化，即利用强化物刺激行为主体，来保持和增强某种积极行为重复出现的频率；（2）消退，即对行为不施以任何刺激，任其反应频率逐渐降低，以至自然消退；（3）负强化，又称消极强化，即利用强化物抑制不良行为重复出现的可能性而运用的管理手段。因此，正确答案为 C 项。

3. 【正确答案】D

   【所属学科】《企业战略管理》第二章，企业战略态势分析——外部环境分析。

   【难易程度】较难

   【考点解析】本题主要考查考生对波特五力模型中的"现有企业之间的竞争力量"的理解和掌握。现有企业之间的竞争是指产业内各个企业之间的竞争关系和竞争程度。企业共同为外部侵入者设置障碍，相互为对方设置障碍，既有联合的一面，也有分裂的一面。某个企业要想成为产业的领先企业，就要付出较高的代价；如果产业内只有少数几个大的竞争者，形成了半垄断状态，那么企业之间的竞争便趋于缓和，企业的获利能力就会加强。所以，行业中的竞争者为了成为少数的半垄断企业，而致使行业中现有企业之间的竞争加剧。因此，正确答案为 D 项。

4. 【正确答案】A

   【所属学科】《企业战略管理》第四章，企业业务层竞争战略。

   【难易程度】中度

   【考点解析】本题主要考查考生对行业周期战略的理解和掌握，根据题意，本题是在考核分散行业的战略选择。分散行业的战略选择：建立和运作规范化设备和流程（特许经营和连锁运作）；成为低成本经营者；通过技术创新实现规模经济；增加产品附加价值，实现竞争优势；专业化于特定的产品类型；专业化于特定的顾客类型；集中于有限的地理市场。因此，正确答案为 A 项。

5. 【正确答案】C

   【所属学科】《市场营销》第八章，分销策略。

   【难易程度】中度

【考点解析】本题主要考查考生对分销策略的掌握。企业的分销策略通常可分为三种，即密集分销、选择分销和独家分销。密集分销，是指制造商尽可能地通过许多负责任的、适当的批发商和零售商推销其产品。选择分销，是指制造商在某一地区仅仅通过少数几个精心挑选的、最合适的中间商推销其产品。独家分销，是指制造商在某一地区仅选择一家中间商推销其产品，通常双方协商签订独家经销合同，规定经销商不得经营竞争者的产品，以便控制经销商的业务经营，调动其经营积极性，占领市场。D 项机构分销为干扰选项。因此，正确答案为 C 项。

6. 【正确答案】B

【所属学科】《市场营销》第九章，促销策略。

【难易程度】中度

【考点解析】出售商品是促销的终极目标。沟通信息是指在一特定的时间内，把产品或服务以及与之相关的有吸引力、说服力的能唤起购买欲望的信息告知目标顾客群的市场营销活动，它包括广告、人员推销、销售促进、成交四个基本步骤。因此，促销的核心是营销管理者与目标市场之间的信息沟通和传递。建立良好关系是指市场营销者通过大量促销手段取得顾客的认可，进而增进信任，来建立长期的关系。寻找顾客是指市场营销者通过大量促销手段传递信息，以期望获得顾客。因此，正确答案为 B 项。

7. 【正确答案】C

【所属学科】《市场营销》第一章，市场营销导论。

【难易程度】中度

【考点解析】本题主要考查考生对各种营销手段的理解和掌握。关系营销是指企业要与顾客建立和保持广泛、密切的联系，价格不再是最主要的竞争手段。关系营销强调顾客忠诚度，认为保持老顾客比吸引新顾客更为重要。口碑营销就是指由个人或者群体发起并进行的，关于某一特定产品、服务、品牌或组织的一种双向的信息沟通行为。绿色营销是指以促进可持续发展为目的，实现经济利益、消费者需求和环境利益的统一，根据科学性和规范性的原则，通过有目的、有计划地开发及同其他市场主体交换产品价值来满足市场需求的一种管理过程。交叉销售是指借助顾客关系管理，发现现有顾客的多种需求，并通过满足其需求而销售多种相关产品或服务的一种新兴营销方式。因此，正确答案为 C 项。

8. 【正确答案】B

【所属学科】《财务管理》第六章，企业投资决策。

【难易程度】较难

【考点解析】本题主要考查考生对现金流量构成中的"终结现金流量"的理解和掌握。终结现金流量是指投资项目完结时所发生的现金流量，主要包括：（1）固定资产的残值收入或变价收入；（2）原有垫支在各种流动资产上的资金的收回；（3）停止使用的土地的变价收入等。根据本题的已知条件，构成企业终结现金流量的只有垫付的运营资金 200 万元和残值 20 万元。因此，正确答案为 B 项。

9. 【正确答案】C

【所属学科】《财务管理》第七章，股利分配决策。

【难易程度】较难

【考点解析】本题主要是考查考生对股利分配政策的理解和掌握。剩余股利政策就是在保证公司最佳资本结构的前提下，税后利润首先用来满足公司投资的需求，有剩余时才用于股利分配的股利政策。固定股利或稳定增长的股利政策是指每年发放固定的股利或者每年增加固定数量的股利的股利政策。固定股利支付率政策是指每年从净利润中按固定的股利支付率发放股利的股利政策，这种股利政策使公司的股利支付与公司的盈利状况密切相关。低正常股利加额外股利政策是指每期都支付稳定的但相对较低的股利额，当公司盈利较多时，再根据实际情况发放额外股利的股利政策。因此，正确答案为 C 项。

10. 【正确答案】D

【所属学科】《财务管理》第二章，财务管理的价值观念。

【难易程度】中度

【考点解析】本题主要考查考生对可分散风险与不可分散风险的理解和掌握。在选项中，A、B、C 三项都属于可分散风险，这种风险可通过证券持有的多样化来抵消。货币政策变化引起的风险属于不可分散的风险，这种风险会影响到所有的证券，不能通过投资组合分散掉。因此，正确答案为 D 项。

二、多项选择题

11. 【正确答案】ABD

【所属学科】《管理学》第二章，组织管理原理。

【难易程度】容易

【考点解析】本题主要考查考生对于正式组织的要素构成的理解和掌握。正式组织产生于具有协作意愿，能相互沟通的个体围绕共同目标努力之时。正式组织包括三个基本要素：协作意愿、共同目标和信息沟通。因此，正确答案为 ABD 项。

12. 【正确答案】BCE

【所属学科】《企业战略管理》第二章，企业战略态势分析——外部环境分析。

【难易程度】较难

【考点解析】本题主要考查考生对波特五力模型中替代品给行业中的企业造成压力的因素的理解和掌握。替代品是指那些与本企业产品具有相同功能或类似功能的产品。决定替代品压力大小的因素主要有：替代品的盈利能力、购买者的转换成本、替代品生产企业的运营策略。因此，正确答案为 BCE 项。

13. 【正确答案】ACD

【所属学科】《市场营销》第五章，市场竞争战略。

【难易程度】容易

【考点解析】本题主要考查考生对在市场营销战略中市场主导者扩大市场需求总量的方法的理解和掌握。当一种产品的市场需求总量扩大时，受益最大的是处于领先地位的企业。一般来说，市场主导者可以从三个方面扩大市场需求总量：发现新用户、开辟新用途、增加使用量。因此，正确答案为 ACD 项。

14. 【正确答案】AD

【所属学科】《财务管理》第五章，企业筹资决策。

【难易程度】容易

【考点解析】本题主要考查考生对资本成本的计算方法的理解和掌握。由于债券成本与长期借款成本的构成都是利息费用，而根据税法的规定，允许企业在交纳所得税之前支付利息费用，所以债券成本与长期借款成本的计算与企业所得税无关。公式为：[筹资总额 × 利息率 ×（1− 所得税率）] / 筹资总额 ×（1− 筹资费用率）= 利息率 ×（1− 所得税率）/（1− 筹资费用率）。而优先股成本与普通股成本、留存收益成本属于权益类，它们的成本都是由企业交纳所得税后的利润形成的，所以成本的高低与企业交纳所得税的多少有关。公式为：股利 ÷ 股票价格 ×（1− 筹资费用率）+ 股利增长率。因此，正确答案为 AD 项。

三、名词解释

1. 【答案提示】激励是指人类活动的一种心理状态，它具有激发和加强动机，推动并引导行为，使之向预定目标前进的作用。一般来讲，欲望、需要、希望、动力等都构成人的激励。

2. 【答案提示】进入壁垒是指要进入一个产业需克服的障碍和付出的代价。影响进入壁垒高低的因素主要有：规模经济、产品差异、资本需求、转换成本、分销渠道、与规模经济无关的成本优势。

3. 【答案提示】产品组合宽度又称产品线，是指一个企业有多少产品大类、产品系列，是一组密切相关的产品项目。例如，对于家电生产企业来说，可以有电视机生产线、电冰箱生产线等。

4. 【答案提示】内部报酬率，又称内含报酬率（用 IRR 来表示），是使投资项目的净现值等于零的贴现率，反映了投资项目的真实报酬。计算公式为：现金净流量 /(1+ 内部报酬率)- 初始投资额 = 0。

四、简答题

1. 【答案提示】管理是组织中维持集体协作行为延续发展的有意识的协调行为。管理概念建立在组织理论基础之上，管理的必要性来自组织生存和发展的需要。管理概念的基本点包括：

    (1) 管理是组织的特殊器官。管理行为是一种分解和综合、协调其他行为的一般职能，是组织的一部分职能，是组织的特殊器官。离开组织或协作的行为不存在管理。

    (2) 管理的实质是协调。管理的实质在于围绕共同目标解决矛盾、协调力量、形成一致。

    (3) 管理协调是有意识的协调。管理协调是有意识、有目的的协调，是以组织目标为协调出发点、依据和标准的有目的的协调行为。

    (4) 管理是维持集体协作延续发展的行为。作为一种连续不断的，包括目标战略决策、调整、转化、实现过程的行为，管理是维持集体协作延续发展的行为，是一种维持组织生存发展的行为。

2. 【答案提示】基本竞争战略是由美国哈佛商学院著名的战略管理学家迈克尔·波特提出的。其包括：成本领先战略、差异化战略、集中化战略。

    (1) 成本领先战略，又称低成本战略，是指企业通过有效途径降低成本，使企业的全部成本低于竞争对手的成本，甚至使企业的全部成本成为同行业中的最低成本，从而获取竞争优势的一种战略。采用成本领先战略的优势：①抵挡住现有竞争对手的对抗；②抵御购买商讨价还价的能力；③更灵活地处理供应商的提价行为；④形成进入障碍；⑤降低替代品威胁。采用成本领先战略的风险：①利润水平低；②用户偏好发生转变；③竞争对手容易模仿。

    (2) 差异化战略，是指企业通过提供与众不同的产品和服务，来满足顾客的特殊需求，从而形成竞争优势的战略。这种战略的核心是取得某种对顾客有价值的独特性。采用差异化战略的优势：①保持较高的售价；②增加销售量；③建立品牌忠诚度。采用差异化战略的风险：①差异化超越了顾客的需求；②不是真正的差异化；③来自竞争者的威胁。

    (3) 集中化战略，是指企业集中力量为某一特定的细分市场提供产品和服务或重点经营某种产品的特定部分、特定市场而建立的竞争优势战略。采用集中化战略的优势：①目标明确；②产品服务品质高，顾客认可；③战略目标集中且明确，经济效果易于评价，战略管理过程也容易控制，从而带来管理上的简便。采用集中化战略的风险：①竞争能力失去；②顾客需求发生转换；③细分市场减少。

3. 【答案提示】根据成熟期市场的特点，为维持市场占有率，获取最大利润，以延长周期，企业针对成熟期的产品可以采取以下三种策略：

    (1) 市场改良，这种策略不是要改变产品本身，而是要发现产品的新用途或改变推销方式等，以使产品销售量增加。

(2) 产品改良，这种策略是以产品自身的改变来满足顾客的不同需要，吸引有不同需求的顾客。整体产品概念的任何一个层次的改良都可以视为产品再推出。

(3) 市场营销组合改良，即通过对产品、定价、渠道、促销四个市场营销组合因素进行综合改革，以刺激销售量的回升。

4.【答案提示】普通股是股份公司资本结构中最基本的部分。目前我国股票市场上绝大部分的股票为普通股票。股票筹资的优点包括：

(1) 筹资没有固定的利息负担。若公司盈利较多，并认为适合支付股利，就可以支付股利；若公司盈利较少，或虽有盈利但资金短缺，或有更好的投资机会，也可以少支付或不支付股利。

(2) 股本没有固定的到期日，无须偿还，在公司经营期内可自行安排使用。普通股股本是公司的永久性资本，是公司最稳定的资本来源，除非公司破产清算才予以偿还。

(3) 筹资风险较小。由于股票不存在还本付息的风险，这就可以避免因销售或盈余波动而给公司正常的生产经营秩序带来冲击。

(4) 发行股票能增强公司的信誉。股本以及由此产生的资本公积和留存收益有利于提高公司的信用价值，同时也为利用更多的债务筹资提供强有力的支持。

(5) 由于预期收益较高，用股票筹资容易吸收社会资本。尤其是向社会公众发行小面额的股票时，筹资速度快，取得资本的数额较大，从而能为公司筹集到更多的权益资本。

五、论述题

1.【答案提示】信息沟通贯穿于管理活动的全过程。如果说组织结构是组织的骨骼系统，那么信息系统就是组织的神经系统。信息沟通体现在组织结构上，有六个方面的具体要求：

(1) 明确工作内容和性质、职权和职责等，信息必须通达于每个组织成员。

(2) 信息沟通的渠道要短捷、高效。信息传递要借助于载体，往往容易造成信息传递的失真，引起误解。信息传递的路线越长，失真的概率也就越大。所以，信息沟通的渠道要尽可能地短捷、高效。

(3) 信息必须按既定的路线和层次进行有序传递。不论是上传还是下达，都应经过信息联系的每一个层次，不能随意越过。

(4) 要在信息联系中心设置称职的管理人员。根据组织工作的需要，必要时可配置专门的机构和人员，协助管理人员承担此项工作。

(5) 保持信息联系的连续性。这要求组织设计把重点放在职位上，而不能放在个人上，即要因事择人，而非因人设岗。

(6) 重视非正式组织在信息沟通中的作用。共同工作会使人们形成一种独特的人际关系，它可以沟通正式组织所不能提供的信息。所以，组织结构设计必须尊重非正式组织及其沟通方式。

因此，为确保信息沟通高效、完整，组织必须建立起一个完整、畅通、清晰、高效的信息沟通体系。

2.【答案提示】消费者是指为达到个人消费使用目的而购买各种产品与服务的个人或最终产品的个人使用者。消费者不可能在真空里做出自己的购买决策，其购买决策在很大程度上受到文化、社会、个人和心理等因素的影响。

(1) 文化因素。文化、亚文化和社会阶层等文化因素，对消费者的行为具有最广泛和最深远的影响。文化是人类欲望和行为最基本的决定因素。(对文化、亚文化和社会阶层进行解释或举例说明)

(2) 社会因素。消费者的购买行为也受到诸如参照群体、家庭、社会角色与地位等一系列社会因素的影响。(围绕参照群体、家庭、社会角色与地位如何影响进行说明)

(3) 个人因素。消费者购买决策也受其个人特性的影响，特别是受其年龄所处的家庭生命周期阶段、职业、经济状况、生活方式、个性以及自我观念的影响。（针对职业、经济状况、生活方式、个性的影响进行说明）

(4) 心理因素。消费者的购买行为还会受动机、知觉、学习以及信念和态度等主要心理因素的影响。（针对动机、知觉、学习以及信念和态度进行说明）

因此，除了上述影响因素外，市场营销者还要重视营销活动和相关产品的能见度对消费者购买行为的影响。

六、案例分析题

案例一【答案提示】

1. 从美团的整体战略来讲，美团围绕"吃、住、行"领域建立部分优势，并以此开展多元化战略扩张。具体来看，美团的核心能力就是业务上延长、创新价值链，其核心资源就是线下的商家资源。

从目前来看，美团前期积累的流量和资源，在多元化战略实施中起到了事半功倍的作用。美团过去的发展主要采用了超级大平台战略（差异化战略），通过满足同一类顾客的不同需求，来实现用户的争夺，从而达到掌控用户流量的目的。现在多元化下的美团，各项业务都面临非常残酷的竞争，都急需更多的资金来保持和扩大用户规模，这些都需要新策略来帮助美团提高估值，获取更多融资。美团已经处于骑虎难下的困境，陷入了自我膨胀和迷失的境地。未来，美团与阿里巴巴、腾讯等行业巨头相比，并没有竞争优势，要想在这些领域取得足够的市场份额并不容易。（谈自己的观点：很有可能会因为管理能力的不足和资源的调配不均而影响原有的业务。）

2.(1) 实施多元化战略的优势：①获得更多的市场机会；②降低经营风险；③提高资源的配置效率。

(2) 实施多元化战略的风险：①管理幅度增大；②资源分散；③影响核心能力的培养。

案例二【答案提示】

1. 2019 年应收账款周转次数 = 赊销收入 / 应收账款平均占用额 =2 000/250=8（次）

2. 2019 年存货周转天数 =360× 存货平均占用额 / 销售成本

$$=\{360\times[（200+600）/2]\}/1\ 600=90（天）$$

3. 2019 年年末速动比率 = 速动资产 / 流动负债 =（400+560）/800=1.2

4. 2019 年年末流动比率 =（400+600+560）/800=1.95